W0051914

Konrad Lischka &
Frank Patalong

Dat Schönste am Wein
is dat Pilsken
danach

KONRAD LISCHKA &
FRANK PATALONG

Dat Schönste am Wein is dat Pilsken danach

Die wunderbare Welt des Ruhrpotts

LÜBBE

Dieser Titel ist auch als E-Book erschienen.

Lübbe Hardcover in der Bastei Lübbe GmbH & Co. KG

Originalausgabe

Dieses Werk wurde vermittelt durch Aenne Glienke, Agentur für
Autoren und Verlage, www.AenneGlienkeAgentur.de.

Copyright © 2011 by Bastei Lübbe GmbH & Co. KG, Köln

Textredaktion: Brigitte Döbert, Berlin
Umschlaggestaltung: Kirstin Osenau
Umschlagmotiv: © shutterstock/Camilo; shutterstock/abrakadabra;
shutterstock/daseaford; shutterstock/valeriya_gold; shutterstock/
kornilov007; shutterstock/Lora liu
Satz: Bosbach Kommunikation & Design GmbH, Köln
Gesetzt aus der Adobe Garamond Pro
Druck und Einband: GGP Media GmbH, Pößneck

Printed in Germany
ISBN 978-3-7857-2439-2

5 4 3 2 1

Sie finden uns im Internet unter: www.luebbe.de
Bitte beachten Sie auch: www.lesejury.de

Inhalt

Vorwort

MEIN TODESSTERN Ich wuchs mit der ersten Generation im Pott auf, für die Schwerindustrie vor allem Geschichte war. Im Süden von Essen hatte die letzte Zeche vor
Jahrzehnten dichtgemacht, die Kokerei im Norden schloss,
als ich in der Grundschule war. Wir sind nie auf Halden
geklettert, nur auf stillgelegte Bahngleise von alten Kohle-
strecken. Gestunken haben in meinem Ruhrgebiet nur die
Autobahn, die Gülle auf den Feldern in Richtung Ruhr und
ab und zu die Köttelbecke, in die wir Stöcke (wir nannten
sie Stöcker) warfen. Als Teenager gingen wir in die frühere
Schlosserei der Krupp-Zeche Sälzer & Neuack, weil da
Drum 'n' Bass aufgelegt wurde. Da war es ein bisschen ros-
tiger und verfallener als anderswo und draußen unglaublich
still, weil das gesamte Krupp-Gelände drumherum noch
Niemandsland war.

Schwerindustrie hab ich nie gerochen, aber ihre Folgen
habe ich als sehr lebendig erlebt. Jede Woche fuhr der oberschlesische Metzger durch unsere Hochhaussiedlung, und
meine Mutter kaufte bröckelige Sahnebonbons (Krówki, also

Kühchen) und Krupnioki – Graupenwurst, deren Füllung beim Anbraten eine wunderbare Kruste ergibt. Den Einwanderern verdankt der Ruhrpott neben den oberschlesischen Metzgern auch Schalke 04 und das wunderbare Wort Motek. Das heißt Hammer, aber wenn jemand zeigen will, wo »der Motek hängt«, klingt das viel besser.

Als 1920 ein paar Städte in der Region den Siedlungsverband Ruhrkohlenbezirk gründeten (der umfasste die Gegend, die man heute als Ruhrgebiet kennt), war alles auf Zeit gebaut wie eine Goldgräberstadt. Die Gebäude der heute als Weltkulturerbe mühsam erhaltenen Zeche Zollverein wurden in den Zwanzigern als Wegwerfarchitektur errichtet: Sechzig Jahre sollten die elf Zentimeter dicken Ziegelsteinwände zwischen Eisenträgern halten, länger nicht, schließlich waren dann die Kohlevorkommen erschöpft.

Gerade deshalb gibt es im Ruhrgebiet den unbändigen Drang, die Region als fertig zu deklarieren, ihr eine Tradition und Identität zu attestieren und diese Behauptungen zu feiern. Die Vorfahren der meisten Einwohner sind erst vor ein paar Generationen hier gestrandet (Frank Patalongs vor dem Zweiten Weltkrieg, meine erst während des Kalten Kriegs). Geblieben ist aus der Goldgräberzeit die Irrsinnslandschaft. Vor sich hin brennende Halden, verfallene Fabrikhallen, leere Hochhäuser, dazwischen ein paar neue Parks auf Industriebrachen – es sieht an vielen Stellen so aus, als würde das Ruhrgebiet gerade noch gebaut. Die Region ist jünger, unfertiger und entwurzelter als jede andere Millionengegend Deutschlands. Das ist sehr sympathisch und prägt die Gegend heute noch.

DJ Kay Shanghai, der in Essen einen Club betreibt, hat ein großartiges Bild für dieses Ruhrgebiet gefunden: »Das sieht hier aus wie der Todesstern.«

Das ist ein Kompliment. Denn das Ruhrgebiet war ein

ähnlich größenwahnsinniges Projekt wie der künstliche Mond in den »Star Wars«-Filmen. Der Todesstern wie die Region entstanden zu einem einzigen Zweck: Jener sollte Planeten zerstören, der Pott sollte Stahl und Waffen produzieren. Man muss sich nun einmal vorstellen, die Besatzung des Todessterns erhält plötzlich das Kommando: Wir brauchen keine Planetenzerstörer mehr. Ihr könnt ruhig hierbleiben, aber macht mal etwas anderes. Schwer vorstellbar. Und dennoch ergeht es dem Ruhrgebiet genau so.

FECKELN WIR LOS! Manchmal, sehr selten, landen wir spät nach der Arbeit in kleiner Gruppe noch auf einen Absacker in einer Hamburger Kneipe. Die Redaktion, in der wir als Journalisten arbeiten, ist typisch für ein bundesweit publizierendes Angebot: Die Kollegen kommen aus allen Ecken des Landes. Einige wenige sind aus dem Ruhrgebiet.

Wenn wir also in kleiner Gruppe nach zwei, drei, vier Bier beieinandersitzen, kommt es in überraschend häufiger Zahl der Fälle vor, dass die Ruhrgebietler von zuhause erzählen. Wir Pöttler schwelgen dann in Vergangenheiten, die mit unserem jetzigen Leben nur noch wenig gemein haben.

Interessanterweise hören aber auch die anderen zu. Für sie klingt das manchmal wie Geschichten aus einer Parallelwelt. Denn – man begreift das erst, wenn man das Revier verlässt – der Pott ist tatsächlich ein gutes Stück anders als jede andere Region in diesem Land. Konrad Lischka und ich sind dort aufgewachsen, in zwei unterschiedlichen Teilen des Potts, zu zwei unterschiedlichen Zeiten, mit unterschiedlichen Hintergründen. Wir teilen eine Menge, aber wir unterscheiden uns auch in vielem, nicht zuletzt in unserer Wahrnehmung des Ruhrgebiets. Denn die ist auf völlig anderen Erfahrungen gewachsen.

Ich habe meine Jugend in den siebziger und frühen achtziger Jahren erlebt, für Konrad waren es die Neunziger. Uns trennen siebzehn Jahre, die das Ruhrgebiet von Grund auf veränderten.

Ich wuchs auf in einer Malocherschlafstadt mit erbärmlicher Infrastruktur, keinerlei Nachtleben, null Angeboten für Jugendliche, einem mitleiderregenden Nahverkehrsnetz und einer Zukunftsperspektive, die nichts Gutes verhieß: Erwachsen wurde ich kurz vor dem Kollaps der Schwer- und Montanindustrie. Bis dahin wurden Jobs quasi vererbt. In meiner Kindheit waren neunzig Prozent der Männer entweder in der Stahlindustrie oder »auf Zeche«, die anderen waren reich: Ärzte, Bäcker, Metzger, Priester. Standardberufe waren Schlosser (mit oder ohne Auto davor), Schweißer, Dreher, Hauer. In der gymnasialen Oberstufe warb das Arbeitsamt für das neue Berufsbild des Hüttenfacharbeiters, bis dahin eine reine Hilfsarbeit für Angelernte. Wir lachten nur noch darüber.

Denn unsere Perspektiven lösten sich gerade da in Luft auf, als unsere Schulzeit dem Ende zuging. Eineinhalb Jahre nach dem Abitur lebten von meinen langjährigen Freunden noch zwei in der Stadt und insgesamt fünf irgendwo im Ruhrgebiet, der Rest war fort. Ich zog wenig später weg (aber auch noch einmal wieder zurück). Es blieben die, die Arbeit hatten, alt waren oder zu wenig qualifiziert – oder ihr Glück in Handwerk, Dienstleistung oder Selbständigkeit suchten. Von meinen Freunden lebt heute noch einer in Bochum und einer in Oberhausen, das war's.

Als Konrad Lischka siebzehn Jahre später das Alter erreichte, das ich bei meinem (ersten) Wegzug hatte, erlebte er Ruhrstädte, denen man mittlerweile Kultur nachsagte. Auf die Idee wäre man früher nicht gekommen.

Was für meine Generation verfallene Infrastrukturen waren, die wir für Houseparty nutzten, zehn Jahre, bevor das Wort erfunden wurde, waren nun bestens gepflegte Industriedenkmäler, die man mit Millioneneinsatz teils zu spektakulären Clubs, zu Museen oder Kulturzentren umgebaut hatte.

Konrad schreibt: »Ich wuchs mit der ersten Generation im Pott auf, für die die Schwerindustrie vor allem Geschichte war.«

So ist das wohl.

Zu der gehöre ich nicht.

Interessant finde ich, dass ihm dadurch die Identifikation mit dem Ruhrgebiet leichterzufallen scheint als mir. Vielleicht hat das etwas damit zu tun, dass meine dort perspektivlose Generation, die vom sogenannten Strukturwandel voll erwischt wurde, das, was man anderswo Heimat nennen würde, als so große Ernüchterung erfahren hat. Sein Pott ist noch da, meiner ist vor allem eine Erinnerung.

Vielleicht gibt mir das die Perspektive eines enttäuschten Liebhabers? Die Frage, ob ich dort bleiben wollte, hatte sich mir nie gestellt. Als ich zwanzig, einundzwanzig Jahre alt war, war klar: Der Pott will dich nicht, er kann dich nicht gebrauchen, er hat dir nichts zu bieten.

Stattdessen nahm ich ihn mit. Erst außerhalb lernte ich, wie viel Ruhrgebiet in mir war. Wie »falsch« ich beispielsweise spreche. Echtes Hochdeutsch spreche ich bis heute nicht, warum auch? Inzwischen ist mein so ruhrtypischer Minderwertigkeitskomplex geschwunden, ich weiß, dass mir die raue Heimat Ruhr ein paar Fähigkeiten mitgegeben hat, die andere nicht haben. »Datten« und »Watten« diskreditiert einen nicht. Und dass sich mir mitunter sogar beim Schreiben was einschleicht und die Chefin vom Dienst anruft und fragt, ob »feckeln« etwas Unanständiges sei, ist okay. Heute weiß ich: Das ist kein Fehler, sondern ein Dialekt.

Ja, wir sind ein ganz eigenes Völkchen, mit eigener Sprache, spezifischen Bräuchen, eigener Denkweise. Ein seltsam unpatriotischer, flachwurzelnder, weltoffener, lauter, mal komplexbeladener, mal großspuriger Haufen. Ein stets nach unten orientierter, bodenständiger, nicht zur Arroganz neigender, pragmatischer, mitunter sogar nervtötend fatalistischer Schlag mit einem selbstironischen, aber gern auch schmutzigen Humor. Am liebsten lachen wir über uns und die Klischees, die man uns nachsagt: primitiv zu sein, ungebildet, prollig. Die Ruhr-Archetypen haben sich verändert – meiner ist Herbert Knebel, Konrads vielleicht Atze Schröder – aber sie sind eng verwandt. Proll sein ist Teil der Kultur.

Das ist nicht immer echt, es ist unsere Form des Understatements. Man ist kein echter Ruhrjunge, wenn man das nicht kann. Wir können lernen und promovieren und Titel ernten und erfolgreich werden, aber wir wissen, dass wir uns eine Fähigkeit erhalten müssen, wenn wir zuhause in der Kneipe »nich auffe Ömme« kriegen wollen: sich im richtigen Moment auch intellektuell fallen und den Proll raushängen lassen. Das erdet übrigens sehr effektiv.

Es gibt eine Duisburger Band, die vor ein paar Jahren eine richtig gelungene Hymne für ihre Stadt schrieb, die noch immer zu den unschönsten in Deutschland zählt. Die Band heißt »Die Bandbreite«, und der Refrain ihres Liedes geht so:

Ja, dat is Duisburg – hier will einfach keiner hin,
dat is Duisburg – und dat macht auch keinen Sinn,
du musst schon hier geboren sein, um dat zu ertragen,
allen Zugezogenen schlägt Duisburg auf 'n Magen.

Das stimmt, die meisten Duisburger nicken da wohl und sagen: »Jau, so is dat!« Bei YouTube hat das Lied bis heute rund 1,1 Millionen Aufrufe gesammelt – ungefähr dreimal so viele wie die erfolgreichste Live-Aufnahme von Herbert Grönemeyers Lobhudelei auf *Bochum*. Natürlich ist das Lied ironisch gemeint, aber es ist auch wahr: Es ist Ausdruck einer »Trotzdem!«-Mentalität.

Denn ich kenne viele, die wollen *trotzdem* nie aus Duisburg weg. Der Pöttler ist ein Meister darin, sich mit den Gegebenheiten zu arrangieren, selbst wenn die wirklich bitter sind – und es gibt wahrlich viele finstere Dinge über das Ruhrgebiet zu erzählen.

Wat sollet, kamman da nua saagen: Woanders is auch Scheiße. Außerdem, das hat schon Harald Schmidt sehr richtig erkannt, ist es mit dem Ruhrgebiet doch wie mit Mallorca: »Das Hinterland ist wunderbar!«

Stimmt. Jetzt müssen wir uns nur noch darüber einigen, wo das Hinterland anfängt, denn ein Zentrum hat der Pott nicht.

P. S.: »Feckeln« beschreibt ein schnelles Laufen mit sehr kleinen Schritten, so wie ganz kleine Kinder das tun. Feckeln wir mal los: Die Ruhr wartet.

Lothar Dohr: Der Fanbeauftragte von Rot-Weiß Essen war mit elf das erste Mal im Georg-Melches-Stadion – 1970.
© Konrad Lischka

1. Mensch
Mentalität
Milieu

RUHR IST EIN REDEFLUSS Im Dezember 2009 stand plötzlich überraschend Schibulski vor meiner Tür. »Mensch Patalong«, knarzte er wie immer ein Stück zu laut, »willse mich nich reinlassen? Dat is lausich hia draußen.«

Klar ließ ich ihn rein. Seine Schuhe zog der alte Stoffel natürlich nicht aus, sondern eine feuchte Schneematsch-spur vom Eingang zur Küche. Dort ließ er sich mit einem genüsslichen »Woaaaahrr!« auf einen Stuhl fallen. Wie üblich brauchte er nicht lange, um sich zu akklimatisieren: Schibulski war nie ein Freund weniger Worte.

»Mensch«, hob er an, »schicke Hütte. Hättse auch nich gedacht, datte ma so wait komms, wa? So mit eignen Häuss-ken und all dat. Hasse ma 'n Kaffee?«

»Fühl dich wie zuhause«, sagte ich und brachte den ver-langten Kaffee auf den Weg. Während ich hantierte, beob-achtete ich ihn. Schibulski sah sich die Küche gründlich an. Oder wie er selbst wohl sagen würde: Er war sie am Inspizie-ren. Bissken spinxen. »Schönen Gaaten«, nickte er beifällig, »doll, son bissken eignes Grün, wa?«

»Ham wa zuhause auch gehabt«, antwortete ich und erschrak: Hatte ich da gerade ge-ruhr-deutscht? War Schibulski ansteckend?

Ich hatte ihn seit langer, langer Zeit nicht gesehen und noch länger nicht an ihn gedacht. Er war ein Teil meiner Kindheit, ging schon im Haus meiner Großeltern ein und aus und hatte sich nicht die Bohne verändert. Wie immer war er leicht gebräunt, der faltige, alte Knochen. Wie immer trug er die Kappe auf dem Kopf, wie immer das blau-weiß gestreifte Hauerhemd und die schweren Schuhe. Seine ledrigen Hände sahen aus, als wären sie grob geschnitzt, die Nägel trug er kurz und breit und wie immer ein wenig schmutzig. Im Pott nennt man so was lobend eine »Pranke«.

Als Kind sah ich ihm zu, wie er die fahlblauen Adern, die sich auf seinen knorrigen Händen so prächtig abzeichneten, hin- und herspringen ließ. Er bewegte die Finger, als kraulte er einen seiner Schäferhunde im Nacken, und die Adern rollten über seine gespannten Sehnen. Lustig sah das aus: So was kann man nicht, wenn man jung ist. »Lass gut sein, Köttel«, tröstete der Alte dann, »dat kommt noch früh genuch.«

Wenn meine Mutter nicht hinsah, nahm er manchmal sogar seine Zähne für mich heraus und ließ sie klappern. »Dat sin die Praktischen«, erklärte er dann, »die brauchse nie putzen. Krisse auch ma. Kriegn wa alle.«

»Ach Schibulski, du …«, fuhr meine Mutter dazwischen und bremste kurz vor »Schwein« oder was auch immer sie da gerade gedacht hatte: »Musse den Jung imma so'n Mist zeigen?« Schibulski lachte. Musste er wohl. Immer wieder, tausendmal.

Hager war er schon damals, die Haut spannte über seinen Wangenknochen, und doch zeichneten sich deutlich seine Muskeln überall da ab, wo man Muskeln aufbaut, wenn man wirklich arbeitet.

Arbeit, so sieht das der Ruhrgebietler, ist Kraft mal Weg. Viel Kraft und viel Weg macht viel Arbeit. Ärzte, Apotheker, Rechtsanwälte, Immobilienmakler, Pfarrer, Musiker, Politiker, Lottobudenbesitzer, vor allem aber Beamte tun dieser Definition folgend nichts für ihr Geld. Sie leben quasi parasitär. Bäcker, Fleischer und andere Reiche müssen zumindest früh raus aus den Federn, wie sich das gehört, machen »ansonnest abba viel Schönwetta«, wie Schibulski so etwas erklärt, »weil die ham welche, wo wat die wirklich aabeiten müssen, un zwaa füa die.«

Deshalb gibt es ja auch relativ wenige davon. Der ganze große Rest der Menschheit muss derweil wirklich arbeiten für sein Geld. Unter Tage. »Die Schisser«, so Schibulskis weitere Erklärung der Härten dieser Welt, »die dat nich abkönn unter Tage, gehn auffe Hütte.«

Zu Deutsch: in die Stahlindustrie. So sieht sie aus, die alte Rangordnung der werktätigen Menschen: Ganz oben steht der Bergmann, der Hauer. Eigentlich drüber noch der Steiger, aber der ist meist ein Arsch. Dann kommt der Vorarbeiter, der so heißt, weil er vorher mal gearbeitet hat, jetzt aber daran arbeitet, sich charakterlich dem Steiger anzunähern, »un am liebsten von hinten«.

Es folgen Meister und Vorarbeiter »auf Hütte«, dann der Stahlkocher, Schlosser, Schweißer, Dreher. Und dann irgendwann die anderen, die vom Geld der Arbeiter leben.

Ach ja, dann gibt es ja noch diese Studierten, meist Ärzte, denen man schon ehrfürchtig, aber absolut nicht unterwürfig begegnet – weil Ahnung vom richtigen Leben haben die ja auch nicht. Normale Menschen verstehen ja meist noch nicht mal, worüber die reden. Weißkittel und alles mit einem Doktor, selbst wenn sie keine Erste Hilfe können, sind Fremdkörper. Der Ruhrpöttler sieht sie meist so, wie indigene Völker einst Missionare und westliche Mediziner wahrnahmen, die in den Dschungel einfielen: Immer wissen sie alles besser, haben aber letztlich keine Ahnung, würden in freier Wildbahn keine fünfzehn Minuten machen.

Sagen Sachen wie »Mit dem Rauchen, Herr Subjanek, sollten Sie mal aufhören!«. Und Subjanek sitzt da und sagt: »Jau. Schon klaa.« Und denkt an Kohlenstaub und Abgase, an den Gestank der Petrochemie bei Ostwind, den Asbest in seinen Nachtspeicheröfen, die er nicht loswird, und dass da, wo er heute seinen Schrebergarten hat, früher mal eine Müllkippe war. Is halt so. Woanders is auch Scheiße.

Aber woher sollen diese Studierten all das wissen? Sind zugezogen oder kommen aus Familien, wo nie einer unter Tage war, nie einer einen Anstich erlebt hat, nie einer Nachtschicht fuhr und sich die Hände am Verladebahnhof über der brennenden Öltonne wärmte. Oder noch schlimmer: Vielleicht wussten sie einst mal Bescheid und ließen sich dann im Studium in Heidelberg, Bonn oder ähnlichen Urlaubsorten Flausen in den Kopp setzen. Ne, Ahnung haben nur die, die noch wissen, wie der Dreck schmeckt. Die mit ihrem Körper, ihrer Gesundheit, ihrem Leben zahlen für den Wohlstand ihrer Familien. Sie sind die Helden der Arbeit. Das ist normal.

Man muss nicht weiter erklären, wo das beste Geld verdient wurde. Schibulski hustet übrigens oft und sehr, sehr trocken, aber hat »ne Rente wi'en Könich«. »Ich bin mit viazehn unter Tage«, hat er mir mal gesagt, »un hab da gut Geld vadient. Denk ma drüba nach. Ich weiß wiaklich nich, wat dea Scheiß soll mit dat Abitua.« Irgendwie hat er nie verdaut, was aus mir geworden ist. Einer mit sauberen Fingernägeln, einer ohne Schwielen, ein Studierter. So einer, für den Arbeit nur eine weit zurückliegende Erinnerung ist.

Schämen muss man sich nicht unbedingt dafür, aber ein bisschen peinlich ist das schon. Die Frage »Ach, den Patalongs ihr'n Frank?« beantwortet so ein Schibulski möglicherweise mit: »Dat is jezz son Studierten.«

Will sagen: Für die wahre Welt leider verloren.

So sieht er das, er ist eben einer der alten Fürsten. Auf seinen Unterarmen prangen als Insignien seines Standes leicht verblasst blaugraue Tätowierungen: Rechts die zwei Hämmer, gekreuzt, einer stumpf, einer spitz. Links ein Herz mit Pfeil und »Mia«.

»Dat Heaz«, hatte mir Schibulski einmal erklärt, als ich noch ein Kind war, »schläächt links. Imma links. Daafse nich vergessn.«

Damals fuhr er noch ein. Ich sah ihn manchmal bei Schichtwechsel, immer auf dem Fahrrad, am Lenker hing eine braune, ausgebeulte Lederaktenmappe, als sei er auf dem Weg zum Büro. Irgendwann fuhr er Zündapp, fünfzig Kubik, frisiert bis zum Anschlag. Am Wochenende kam dann wieder das alte Hollandrad heraus, und rechts neben ihm trabte dann Stinnes, der langhaarige Preisträger: Zwei Mal deutscher Meister, fast täglich trainiert auf dem Hundeplatz, wenn die Schicht passte. Ein Pfiff, und der Hund ging ab wie Lutzi. Hörte aufs Wort. »Voa Hunde«, belehrte uns Schibulski, »musse imma Respekt ham.« Auch vor Stinnes: Krumm angucken durfte man den nicht, wenn Schibulski nicht da war.

Angst hatten wir trotzdem keine. Irgendwie war da keine Angst vor etwas, was uns hätte drohen können, damals. Zwar veränderte sich die Welt in den Siebzigern rapide, und mit ihr veränderten sich die Städte und die Wohnungen erst recht. Anfang des Jahrzehnts kamen die Fernseher, und die Wohnzimmermöbel richteten sich mit einem Mal nicht mehr kommunikativ zueinander aus, sondern dem elektronischen Herdfeuer zu. Zugleich mutierten sie von Gebrauchsräumen zu familiären Museen, in denen man zeigte, was man hatte:

Rein durften wir Kinder plötzlich nur noch sonn- und feiertags oder unter Aufsicht, dreckig Machen war verboten.

Die Autos wurden mit jedem Jahrgang größer, schicker, besser. Ende der Siebziger – satt über hundert Jahre nach ihrer Erfindung – zogen die ersten Telefone in die Arbeiterwelt ein. Noch waren die ein Grund für einen steten Besucherstrom: »Hömma, kann ich ma eben telefonieren?«

Neben dem Telefon stand ein Sparschwein, ein Ortsgespräch kostete zehn, später zwanzig Pfennig, Ferngespräche gab's nicht. Als irgendwann alle ein Telefon hatten, versiegte der Besucherstrom in jeder Hinsicht. Die Überfälle aus Freundeskreis und Nachbarschaft verebbten, stattdessen rief man vorher an und traf Verabredungen: »Ne, Fine, am Donnastach passdat nich so gut. Wie isset mit Freitach?« Und anders als früher wurde dann vor dem Besuch »ersma die Bude auf Vordamann gebracht«. Wachsender Wohlstand und bessere Ausstattung gingen auch im Ruhrgebiet mit einer Verarmung des Soziallebens einher, wie überall, wenn auch langsamer als im Rest der Republik. Und wie überall ist es auch uns erst mal nicht aufgefallen. Wir sahen: Uns geht es immer besser. Unaufhaltsam.

Als 1973 die Entscheidung anstand, auf was für eine Schule ich wechseln sollte, war das Gymnasium eine Option, über die man fünf Jahre früher wohl nicht einmal nachgedacht hätte, inzwischen aber schon. Dass wir Arbeiterkinder dann wirklich »auffe höhere Schule« gingen, war Teil des Wandels – und schmeckte einigen unserer Lehrer absolut nicht. Selbst im Pott blieben wir ersten Arbeiter-Gymnasiasten-Jahrgänge Exoten, aber uns wurde klar, dass diese Nicht-Arbeiter viel häufiger vorkommen mussten, als bis dahin gedacht. Ein Trugschluss, natürlich: Wir drangen nur in ihr Revier vor. Einen Mittelstand gab es im Ruhrgebiet traditionell so gut wie nicht, das kam später. Man war entweder was, oder man war nichts. Und Sein war untrennbar verbunden mit Haben.

Auf meinem ersten Gymnasium packten sie die Proletariatsbrut in eine Klasse und steckten uns in eine als Behelfsklassenraum hochgezogene Asbestbaracke (»Nur für das erste Jahr!«), die wir für die folgenden Jahre natürlich nicht mehr verlassen sollten. Ich habe das damals nicht wahrgenommen, erst in der Rückschau erkannt, aber es stimmt wohl: Die machten uns von Anfang an klar, dass wir zweite Klasse waren. »Frank«, sagte mir vor wenigen Jahren ein alter Schulfreund, dessen Vater Hauer unter Tage und der wie ich am elitären Dünkel dieser Schule gescheitert war, »die wollten uns nicht. Die wollten uns einfach nicht.«

So ist das wohl, aber die Dinge veränderten sich. Mein oben zitierter Kumpel durfte schulisch seinen Hut nehmen, packte es auf anderem Wege und gehört heute (wie damals) zu der bestens vernetzten künstlerischen Avantgarde des Reviers. Viele von uns, die wir den vermeintlichen sozialen Aufstieg im Visier hatten, erwiesen sich als unaufhaltsam. Der aufstrebende »Unterstand« schuf sich seine Räume im Revier effektiver als irgendwo anders.

Natürlich. Wo auch sonst? Nur dort waren wir die Masse, nun auf der Suche nach Klasse. Andere urbane Räume leisten sich »Brennpunkte«. Die wahren Ghettos des alten Reviers hingegen waren die dünn gesäten gutsituierten Viertel – sozusagen die Nicht-Brennpunkte. Wir wuchsen in einer verkehrten Welt auf, der die bürgerliche Selbstgewissheit der alten BRD sehr fernlag. Der bessergestellte »Mittelstand« lebte (und lebt) in den Speckgürteln leicht außerhalb des Reviers und pendelte hinein in die Arbeits-, aber bitte nicht Lebensraum. Wir lebten da, als wäre der Pott eine Insel. »Draußen« war anfangs richtig exotisch.

Ich wechselte für die letzten drei Schuljahre aufs Clauberg, ein »Modellgymnasium« in Duisburg-Hamborn, das sich die »Integration« (!) von Arbeiterkindern ins Stammbuch geschrieben hatte. Da waren wir unter uns, Deutsche, Türken, Italiener, Polen, echte Pöttler. Leute aus dem Mittelstand waren Exoten, und der Anteil türkischer Schüler lag bei vielleicht dreißig Prozent, was damals etwa dem Ausländeranteil im Einzugsbereich der Schule entsprach. Heute soll der im engeren Umkreis (Marxloh und der nordwestliche Teil Hamborns) bei über siebzig Prozent der Bevölkerung liegen. Auch darum hatte sich das Clauberg kurz vor seinem Ende zur »Schule ohne Rassismus« gewandelt, in der Deutsche längst eine Minderheit waren, was dort aber über Jahrzehnte weitgehend problemlos funktionierte. Zuletzt kamen rund sechzig Prozent der Schüler aus rund zwanzig Nationen. Im Frühjahr 2010 wurde dieses prächtige, emanzipatorische Projekt als erstes Gymnasium im Duisburger Norden dichtgemacht. Für mich ist die Schließung ausgerechnet im so hochgejazzten Kulturhauptstadtjahr Ruhr2010 ein weiteres Zeichen für den fortdauernden Verfall des Ruhrgebietsnordens. Mit dem Clauberg wurde eine große Chance auf sozialen Aufstieg für eine Bevölkerungsgruppe, die es an anderen Gymnasien schwer haben wird, abgeschrieben. Auch das ist leider Revier.

Ernstlich begonnen hat der Verfall, dem sich der Pott heute entgegenstemmt, Ende der Siebziger. Vor der großen Industrieschmelze, der Krise im Ruhrgebiet, die wirklich alles verändern sollte, ahnten wir nicht, dass es so etwas wie Schließung, Rückbau, Abbau und Aufgabe geben könnte. Die Ölkrise war ein kurzer Schock und zeigte, dass da was im Fluss war, das eventuell das Leben aller betreffen könnte. Dem Ruhrgebietler aber ging das noch »am Aaasch vobei«: Wir hatten unseren Spaß daran, an autofreien Sonntagen auf der Autobahn mit dem Fahrrad »'n Stechen zu faan« oder die Tischtennisplatte aufzubauen. Ansonsten schien alles auf ewiges Wachstum gebürstet: Die Schlote rauchen, denn die Feuer verlöschen nie!

Die Männer fuhren ein oder ins Stahlwerk, die Frauen versorgten das Haus, gingen bei den parasitären Nicht-Arbeitern putzen oder saßen hinter der Supermarktkasse. Die Jungs hatten eine gesicherte Perspektive: Schlosser werden, Schweißer, Sprengmeister. Jobs mit vermeintlich lebenslanger Garantie, quasi geerbt vom Vater, Großvater, Urgroßvater. Was braucht eine Stadt mehr als ein, zwei Arbeitgeber, wenn die so mächtig und groß erscheinen, als gehörte ihnen die Welt? Und umgekehrt: »Mein Thyssen« sagten die Hüttenarbeiter, »unsa Schacht« die Hauer. Lebens- und Arbeitswelt waren aufs Engste verschmolzen. Man lebte in Werkswohnungen, deren Mieten bis weit in die Achtziger hinein billiger waren als jeder Sozialbau und sich auf einem Preisniveau bewegten, das dem Rest der Republik dreißig Jahre hinterherhinkte. Als mein Großvater 1993 starb, lag die Miete für sein Zechenhaus mit kleinen Stallgebäuden und dem Garten, der meine Großeltern jahrzehntelang zu fast autarken Gemüseselbstversorgern gemacht hatte, irgendwo knapp unter 200 Euro.

Klar also, dass die meisten Arbeiterfamilien zumindest ihr Auskommen hatten: Man wurde nicht reich »auf Hütte«, aber die Lebenshaltungskosten waren niedrig. Man hatte nicht genug für große Sprünge, blieb abhängig »vonne Maloche«, aber man hatte, was man brauchte. In Opas Garten gab es ein Stück Rasen und dahinter ein kleines Feld. Kartoffeln zog er, Kohl und Mohrrüben, Kirschbäume und Pflaumen, Johannis- und Stachelbeeren. Die Taubenschläge waren massiv gezimmert aus Platten, handgeklaut vom Industrieabbruchgelände. »Besoacht«, tadelt Schibulski in solchen Fällen, »heißt dat: Wia klauen nich. Nie. Wia finden wech. Wir besoagen nua.«

Denn auch das war wichtig, damals: eine ehrliche Haut sein. Hart, aber gerecht. Wenn dir oder der Familie einer krummkommt, kriegt er auffe Fresse, aber sonst war man friedlich. Ehrensache. Nicht so wie heute. Eine Welt voller harter Ehrenmänner, denen das Herz links schlägt. Die auf Asche Fußball spielen. Die auf Tauben wetten. Die man Sonntagmittag aus der Kneipe holen muss, wenn das Essen fertig ist. Die miteinander nie redeten, sondern immer brüllten. Als liefe selbst am Tresen noch die schwere Maschine, gegen die man anschreien musste, um gehört zu werden. Kneipen waren so laute Orte, dass man die Jukebox nur hören konnte, wenn man in der Ecke saß, wo das Ding stand.

Und doch sind es die stillsten Momente, die hängen bleiben, auf ewig im Gedächtnis. Die Augenblicke, in denen kaum Worte fielen.

Das ist eine meiner allerersten Erinnerungen: Im Garten des Zechenhäuschens lagen wir Kinder im Zelt. »Sitz«, sagte Schibulski ganz ruhig, fast beiläufig zu Stinnes. Und dann saß der da wie hingemauert, sein Profil im Mondlicht scharf umrissen vor dem nie wirklich dunklen Himmel. Im Westen blies Schacht Walsum schlagende Wetter ab, der Boden grollte, es fauchte dumpf und mächtig, die Flamme färbte den Himmel rötlich, als ginge nachts um drei im Westen die Sonne wieder auf, und Stinnes saß und wachte. Als am Morgen der Tau fiel, die Kälte in den Schlafsack kroch und uns weckte, saß er immer noch da. Stinnes, eine warme Statue.

»Dat iss vielleicht 'n bekoppten Hund«, hörte ich meinen Vater einmal sagen, aber er meinte natürlich nicht Stinnes, sondern dessen Herrchen. »Nix im Kopp außa Taubn und sein Köter, abba heazensgut. Un 'n echter Sausack.«

Sausack ist so ein Wort, bei dem man ganz wehmütig wird, wenn man weit weg ist vom Pott. Kein nettes Wort, außer man sagt es richtig.

»Eyh, bisse am Träumen?«, fragt Schibulski jetzt und reißt mich aus meinen Gedanken. »Wann bisse eigentlich wech von Walsum? Müssn mea als zwanzich Jahre sein, oda?« Wartet die Antwort nicht ab. »Musse ma ankucken gehen, dat glaubse nich. Wat sich dat allet verändat hat. Du glauuuubset nich. Un jezz der ganze Scheiss mit de Ruar zwanzich-zehn, waiß ich auch nich, wat dat soll. Mit uns hattat allet doch nix zu tun.«

»Ach Schibulski«, sage ich, »die Welt bleibt doch nicht stehen. Ist heute eben alles anders. War das nicht immer so? Das Ruhrgebiet von früher, das gibt's nicht mehr.«

Da ist er für einen kurzen Augenblick ruhig, der Schibulski. Denkt nach, sieht mich an. »Ach wat«, bellt er dann, »wat haißt schon imma? Ewich gibbet nich. Wat bleibt is, wie die Leute sind.«

So wie du, Schibulski? Ich habe da meine Zweifel. Der ewige Ruhrgebietler, der ewige Schibulski, das ist doch ein Klischee. Der Pott ist nicht mehr so, wie er zu meiner Kindheit war. Die Männer fahren nicht mehr ein, trainieren keine Hunde, keine Tauben mehr. Die älteren Frauen liegen nicht mehr auf Kissen in den Fenstern. Kittel und Jogginghose als Straßentracht: lang ausgedient. Auch die Menschen verändern sich, sag ich, alles verändert sich.

»Acht wat, eahlich, meinse?«, hämt der Schibulski. »Du waas ja imma eina, wo wat dea alles ganz genau wusste. Da frach mal deinen jungen Kumpel da, den Lischka. Dea is da noch näha dran. Dea sieht dat andas.«

Vielleicht ist das so. Ich frag ihn mal, den Lischka. Der ist gerade sowieso im Pott unterwegs, recherchieren. Auch eine Art Freizeit, wenn man Schibulski fragen würde. Zwar viel Weg, aber keine Kraft. Un dat gildet nich.

WIEDER DA »Also ich käm mit dem Scheißdingen nich klar«, ruft der Tankwart von der Kasse rüber, und es ist passiert: Ich fühle mich zuhause. Den Typen mit der roten Latzhose hinter den Schokoriegeln und dem *Bild*-Stapel kenne ich nicht. Achtzehn ist er vielleicht, kassiert hier wahrscheinlich im Nebenjob. In dieser Tanke bin ich noch nie gewesen, ich muss Zeit totschlagen am Nordrand von Essen-Holsterhausen, denn der Kollege, bei dem ich übernachte, steht gerade im Stau auf der A40.

Wenn ich heute ins Ruhrgebiet komme, bin ich erstmal ein Besucher. Neunzehn Jahre habe ich hier gelebt, zwei Mal bin ich weggezogen, zuletzt vor drei Jahren. Da braucht es jedes Mal diesen bestimmten Moment, der mich schlagartig zurückholt, mir das Gefühl gibt, nicht mehr Besucher, sondern daheim zu sein. In dem Fall ist es der Tankwart, der über das Scheißdingen schimpft. Er meint mein iPhone, auf dessen Bildschirm ich gerade E-Mails lese. »Warum kommse denn nicht klar mit sowat?«, frage ich zurück.

Der Tankwart kommt herüber an den Plastikstehtisch neben dem Kaffeeautomaten und erzählt von seinem Telefon, seiner neuen Freundin und den Klassenunterschieden in der Berufsschule. Das hängt alles zusammen, und zwar so: Der Tankwart braucht ein Telefon mit vielen Tasten, damit er schnell Kurznachrichten tippen kann. Eintausendvierhundert Nachrichten hat er in den vergangenen sechs Tagen geschrieben, so lange ist er mit seiner neuen Freundin zusammen. Er kann auf Bildschirmtastaturen schlecht tippen und überhaupt, die Tarife sind scheiße bei der Telekom, und die Ayse ist bei Ay Yildiz, und da sind die SMS von E-Plus kostenlos.

Weil ich mehr Webseiten und E-Mails lese und weniger schreibe mit meinem Telefon, ja, da versteht er schon, dass so ein großer Bildschirm eine feine Sache ist. Aber sonst, neee,

das ist überteuert, dieses Apple-Zeug, der Sohn vom Auto-
händler in der Berufsschule hat das alles, aber der kommt
damit auch nicht klar. »Aber is ja schick so wat«, sagt der
Tankwart, der schon eintausendvierhundert SMS lang etwas laufen hat, das Soziologen interkulturelle Partnerschaft
nennen würden.

So direkt drauflos hat mich in Hamburg oder München
noch nie jemand in ein Pläuschchen verwickelt. Das passiert
Zugereisten im Ruhrgebiet an der Tanke, an der Bude, in
der S-Bahn. Und wer hierherzieht, merkt es ohnehin daheim.
So gut wie in meiner letzten Wohnung im Ruhrgebiet habe
ich nirgends die Nachbarn kennengelernt. Es begann mit
einem Bier bei den Anwälten nebenan, die mir etwas von der
Dame in der unteren Etage erzählten. Die hatte mal etwas
mit Herrn B. aus dem obersten Stock gehabt. Das wusste
das ganze Haus, weil Herr B. sonntagmittags dann oft nach
unten durchs Treppenhaus rief, dass er nun gerne bald mal
etwas Warmes zu essen hätte.

Leider hatte ein Sondereinsatzkommando Herrn B. abgeholt, bevor ich eingezogen bin. Von der Verhaftung hatte
mir auch die Frau aus dem Erdgeschoss erzählt, der die Ex-
Freundin des Herrn B. ein Alkoholproblem anhängen wollte.
Das hatte die Dame vielleicht wirklich, aber der gerade be-
siegte Krebs setzte ihr mehr zu, wie sie mir einmal bei etwas
Likör an einem traurigen Abend erzählte, nachdem ich ihren
penetrant piepsenden Rauchmelder mit einem neuen Akku
zum Schweigen gebracht hatte.

Die einzige Bewohnerin des Hauses, mit der weder ich
noch sonst jemand je gesprochen hatte, wohnte direkt neben mir. Sie hatte wahrscheinlich ihre Gründe zur Zurück-
haltung, irgendwann durchsuchte die Polizei die Wohnung.
Der Kommissar, der mich über meine einzige mir völlig unbekannte Nachbarin ausfragte, kam aus Oberschlesien. Wir

haben dann noch über Wurst gequatscht, und er empfahl mir einen Metzger in Recklinghausen, bei dem die Krupnioki fantastisch sein sollen.

Das ist kein Klischee: Im Ruhrgebiet kommt man mit Fremden schneller als anderswo ins Quatschen. Was die Menschen dann an der Theke, vor der Bude oder in der S-Bahn erzählen, klingt oft sehr privat, und da beginnt das Klischee: Das sollte man nicht mit Offenheit verwechseln. Ein Hamburger, der in der S-Bahn nie die Zähne auseinander kriegt und im Ruhrgebiet plötzlich all die quatschenden Fremden für seine Freunde hält, irrt: Das ist nicht persönlich gemeint. Denn so unkompliziert und direkt es bei solchen Pläuschchen unter Fremden auch werden kann – es ist egal, wer dabei ist. Solange jemand nicht allzu sehr aus dem Rahmen fällt, wird halt gequatscht.

So wie der schluffige Typ, der immer in den Regionalexpress stieg, mit dem ich zu Schulzeiten jede Donnerstagnacht von der Arbeit in Bochum nach Essen zurückfuhr. Den immer leicht angetrunkenen Parka-Typen hatte ich ein paar Mal gesehen, einmal erzählte er einfach so vor sich hin von seiner »Scheißarbeit«. Als er beim nächsten Mal zustieg, habe ich in falsch verstandener Verbrüderung der nachts Bahnfahrenden gefragt, wie es nun läuft. Der Typ schaute mich nur entgeistert an und schlurfte weiter. Und das war wohl das Beste, was mir in dieser Situation passieren konnte.

KIEZKINDER Die erste tiefe, für mich schwer zu ertragende Ungerechtigkeit erlebte ich, als ich etwa fünf Jahre alt war. Mein Leben spielte sich damals in einem Dreieck ab, das weniger als hundert Meter Schenkellänge maß: Da war unsere Wohnung, ein vielleicht fünfzig Quadratmeter messender Sozialwohnungsschuhkarton in Hamborn, in

Laufentfernung nach Marxloh. Direkt nebenan lag mein Kindergarten. Wenn der schloss, dackelte ich hinüber zur Bäckerei Prinz, wo meine Mutter als Auslieferungsfahrerin arbeitete.

Manchmal nahm sie mich mit, sie fuhr einen T1-VW-Bus mit nur einer Sitzbank, hinten gab es Gestelle für Backbleche. Wenn sie gerade auf Tour war, saß ich in der Backstube und beschäftigte mich selbst. Ab fünf bekam ich dann den Schlüssel; wenn ich Langeweile hatte, konnte ich mich also auch allein ins (natürlich geteilte) Kinderzimmer zurückziehen: Meine Mutter hatte mit meiner drei Jahre jüngeren Schwester eh alle Hände voll zu tun. Nach heutigen Maßstäben war das Maß an scheinbarer Nicht-Beaufsichtigung kaum zu glauben.

Der Eindruck täuscht jedoch. Es gab genügend Erwachsene, die ein Auge auf mich hielten: Da waren die Eigner der Bäckerei, die anderen Verkäuferinnen. Da waren vor allem aber auch die Nachbarn: Wir Kinder gingen in vielen Wohnungen ein und aus.

Im gleichen Haus wohnte mein Freund Rolf. Wir beide waren echte TV-Junkies: Jede Woche mussten wir die zwanzig Minuten Fernsehen sehen, die man Kindern programmtechnisch damals gönnte. Das fand in der Wohnung über uns statt, bei einem alten Ehepaar, die sozusagen Early Adopters waren: Sie besaßen bereits Ende der Sechziger einen Schwarzweißfernseher, über den freitags ab 18:40 Uhr *Pat und Patachon* oder *Die kleinen Strolche* liefen.

Die Sendungen waren Vorläufer der *Väter der Klamotte*, die Anfang der Siebziger (und auch da wieder freitags, dann ab 18:25 Uhr) folgen sollten, und genau so gemacht – ein Mischmaschformat von mit ironischen Sprechertexten unterlegten Stummfilm-Clips. Sprecher all dieser Serien war der begnadete niederrheinische Kabarettist Hanns Dieter

Hüsch, der später auch Laurel und Hardy (damals natürlich Dick und Doof geheißen), Buster Keaton oder den kleinen Strolchen seine Stimme lieh.

Fast noch prägender wurde bei den *Vätern* die Musik von Quirin Amper und Fred Strittmacher, der später als Filmkomponist noch einige deutsche Softsexfilmchen vertonen sollte: Der beherzte Einsatz von Instrumenten wie Mundorgel (»Ptoiiiiing!«) und Pauke (»Bummmms!«) mag diese ganz spezifischen Karrieren befeuert haben. Ptoing, Bums und Hanns Dieter Hüsch wurden jedenfalls zur TV-Grundversorgung einer ganzen Generation, deren Konsum sich zunächst auf zwanzig Minuten pro Woche beschränkte. Sie brannten den Freitagstermin in unsere Hirne – wer den verpasste, erlebte eine Woche Fernsehentzug. Genau der wurde bald zu einer beliebten, wenn auch nicht der einzig üblichen Disziplinierungsmaßnahme.

Wie auch immer. Die alten Leutchen, sehr kultivierte, von irgendwo aus dem Süddeutschen zugewanderte Menschen, freuten sich jede Woche auf uns Kinder. Das klingt nach einem Stückchen heiler Welt, und das war es auch mehr oder minder: Es war eine kleine Blase der Geborgenheit in äußerst rauem Umfeld. Denn die Ecke, in der wir damals lebten, war ein ganz schön heißes Pflaster. Vor allem meine Mutter, die ursprünglich aus dem besitzenden Mittelstand kam, also vermeintlich »schlecht« geheiratet hatte, litt darunter. Häusliche Gewalt gehörte ringsum zum Alltag, auch Gewalt auf der Straße unter Kindern wie unter Erwachsenen: Wir lebten in einer sogenannten »Siedlung« – in anderen Städten würde man von einem Kiez reden.

Der Kiez ist eine stachelige Heimstatt. Im Kleinen hat er oft fast dörflichen Charakter: Es bilden sich anhand unausgesprochener Regeln definierte Untereinheiten, Nachbarschaften, in denen die Leute zusammenhalten wie Pech und

Schwefel, in der jeder alles vom anderen weiß. Zugleich ist es möglich, dass man keinerlei Verkehr hat mit dem Gesocks, den Paselacken vom Block nebenan oder gegenüber. Dass eine Mutter ihren Fünfjährigen warnt, nie weiter als »bis anne Ecke, wo die Bude is« zu gehen, aber »bloß nich inne Siedlung«. Zur anderen Seite raus durfte man unter Umständen laufen, solange die kleinen Füße trugen – Hauptsache, man lief nicht in diese kriminelle Siedlung hinein.

Die Siedlungen des Ruhrgebiets waren einst als Schlafstätten für Arbeiter konzipiert worden, und so sah das auch aus. Eine ernstzunehmende Infrastruktur gab es nicht. Die hat sich in den Siedlungen heute eher noch verschlechtert als verbessert: Wie überall sieht man auch im Pott einen Trend zur Konzentration, zum großen Supermarkt, zum Einkaufszentrum. Es entstehen urbane Landschaften, in denen man zum Einkauf pendelt, als lebe man auf dem Lande.

Wir wohnten am Ende der Straße, einem Zug von vielleicht zehn Häusern, wo es damals immerhin einen Bäcker, einen Kindergarten, eine Reinigung, eine Bude und einen winzigen Schrottplatz gab. In die andere Richtung gab es nichts außer großen, grauen Siedlungsblöcken mit ihren riesigen, mit slumartigen Bretterverschlags-Schrebergärten zugebauten Innenhöfen. Hier und dort wird eine Bude eine Art Notfallrundumversorgung geboten haben. Doch die Tiefe der Siedlungen war nicht nur Terra inkognita, sondern sogar gefährliches Gelände – für uns Kinder.

Banden gelangweilter Jugendlicher regierten die Straßen, ihre Reviere. Sie schlugen andere zum Zeitvertreib, sie nahmen einem ab, was man hatte. Wir Straßenendbewohner staunten über das exotische Leben der Siedlungs-Einwohner: Deren Väter wurden ab und an per »Peterwagen« mit Blaulicht gejagt. In den Siedlungen war das nicht unbedingt alltäglich, aber durchaus Teil des Lebens – und für uns Kinder höchst unterhaltsam. Schaffte es einer dieser sagen wir mal wegen einer Kneipenschlägerei gerade Gesuchten oder im Autoradiogeschäft alternativ Gewerbetätigen in die Siedlung und hinein ins Labyrinth der Innenhöfe, war das fast wie ein Freischlagen beim Fangenspielen: Da hinein verfolgte einen niemand.

Wozu auch? Erwischt wurde man da nicht mehr – dafür hätte es eine Großrazzia gebraucht. Jeweils sechs bis sieben große Häuser bildeten die Seiten eines Rechtecks, das auf rund einhundertfünfunddreißig Meter Kantenlänge kam. Die Innenhöfe hatten so etwa alle zwanzig Meter einen Durchgang. Ich habe das bei einem Siedlungsblock (die man heute tatsächlich idyllisch und mit viel Grün saniert hat!) einmal nachgezählt: Bis zu zweiundzwanzig Hofausgänge konnte ein Flüchtender als Schlupfloch nutzen.

Später, in Walsum, lebten wir in einer ähnlichen Struktur: Auf unserer Seite der Straße standen Zechen-, genauer Hüttenhäuser, die hinten auf ein Brachgelände hinaussahen. Die andere Straßenseite aber wurde durch die Stirnseiten zweier miteinander verbundener Wohnblöcke gebildet. Der eine bestand aus zwölf, der andere aus dreizehn großen Mehrfamilienhäusern, zusammen ergab sich daraus ein Areal von circa dreihundert mal neunzig Meter. Die Höfe sind bis heute mit Gärten, Taubenschlägen, Hundezwingern, Ställen und sonstigen Kleingebäuden zugebaut und von zahlreichen kleinen Fußpfaden durchzogen, viele der Kleingrundstücke sind aufwändig abgezäunt. In Walsum hatte das undurchdringlich wirkende Labyrinth nur acht Zugänge, die jeder nutzen konnte. In den Achtzigern versteckte sich dort einmal ein jugendlicher Dealer, den die Polizei mit zwei Einsatzwagen hineingehetzt hatte und zwei Tage lang regelrecht belagerte.

Sie schnappten ihn am Folgetag, als er nach erfolgreicher Übernachtung versuchte, sich heimlich hinauszubewegen.

Heimlich aber war nicht in Walsum: Mindestens zwei der Einwohner hielten dort drin Schäferhunde, einer züchtet Schlittenhunde, mit denen er bis heute erfolgreich an diversen Rennen – ja, auch in Alaska – teilnimmt. Auf ungewöhnliche Bewegungen reagiert diese Caninen-Schar mit einem Konzert, das man diesseits des Yukon eigentlich nicht erwartet. Viel Hilfe hatte der Flüchtige nicht bekommen.

In Hamborn fiel so etwas eine Runde rauer aus. Die Muttis, die dort fast ganztägig in den Fenstern hingen, beschieden den Polizisten, die gern ihren Autoradiodieb gefasst hätten, sie sollten mal lieber »die Blagen in Ruhe lassen« und sich »um die echten Kriminellen« kümmern. Viel Beifall hatten Uniformträger nicht zu erwarten.

Für uns Kinder war das alles völlig normal. Ich lebte gern dort, immer war was los, immer gab es etwas zu gucken. Wie wichtig es war, dass wir irgendwann dort wegzogen, begriff ich erst sehr viel später. Denn der Kiez mit seiner Heimeligkeit bietet Geborgenheit. Ein kaputter Kiez aber hat Schattenseiten, an denen sich die Seele so sehr entzünden kann, dass sie sich vielleicht nicht mehr erholt.

Womit wir beim Steinwurf wären, meiner ersten erlittenen Ungerechtigkeit.

Die Szene hat sich tief in mein Gedächtnis gebrannt. Es gab einen Jungen, mit dem ich spielte, der wie ich Frank hieß – Frank, Ralf und Dirk waren im Pott die »Kevins« der Jahrgänge 1962–64. In der Grundschule nummerierte uns die Lehrerin, um Verwechslungen auszuschließen. Ich war Frank Vier.

Der andere Frank war ein Kindergartenfreund und ein ruppiger, kleiner Knochen. An einem warmen Tag, wir waren wohl fünf Jahre alt, spielten wir im mit einer Mauer vor dem Rest der Welt geschützten, kleinen Außenbereich des Kindergartens. Ich stand mit dem Rücken vor dem riesigen

Fenster unseres Gruppenraumes. Frank war wütend (warum, weiß ich nicht mehr) und warf einen Stein, einen ziemlichen Brocken, über meine Schulter direkt in die Scheibe, die in tausende Stücke zerbrach. Was folgte, war Aufruhr.

Wenig später war meine Mutter da, redete mit den Kindergärtnerinnen. Frank hatte eine Heidenangst, aber die brauchte er nicht zu haben. Seine Eltern kamen nicht.

Wozu auch? Der Schuldige war ausgemacht: Ich war das. »Mama!«, wehrte ich mich. »Ich waa dat nich!« Es gab Tränen meinerseits, denn von dem »Doch, dat waas du!« waren weder die Kindergärtnerinnen noch meine Eltern abzubringen. Es war bizarr, denn obwohl ich damit angeblich die größte Sachbeschädigung ausgefressen hatte, die ich in meiner Kindergartenkarriere erlebt habe, gab es keinerlei Ärger. Es hieß einfach: »Du waas dat!«, und: »Lass gut sein«, und: »Ne, dea Frank waa dat nich« (womit der andere gemeint war) – und der Kuchen war gegessen. Das Wort Haftpflichtversicherung hörte ich bei der Gelegenheit zum ersten Mal.

Frank traf ich rund sieben Jahre später wieder. Wir waren nach Walsum gezogen, hatten uns verbessert, lebten nun in einer dieser typischen Zechensiedlungen, wie Außenstehende das sehen würden, in einem vermeintlichen »Bergmannshaus«: In unserem Fall allerdings war das ein Stahlarbeiterhaus – ein Haus »vonne Hütte«. Das macht architektonisch kaum einen Unterschied, sozial aber sehr wohl: Hüttenviertel waren heterogener, ein bisschen weniger eingeschworene Gemeinschaften als Püttviertel.

Immerhin: Es war ein Kiez, wenn auch ein kleinerer, mit mehr Lebensqualität. Franks Familie lebte rund zwei Kilometer entfernt in einem dieser seelenlosen Klötze aus den Fünfzigern, mit denen man das Ruhrgebiet nach den Bombardements des Krieges zubetoniert hatte. Er war Sonderschüler, ein hageres, durch und durch verunsichertes, ängstliches Kind.

Wenige Jahre später war er tot, Drogen. Meine Mutter lieferte mir da erst die Erklärung für die seltsame Ungerechtigkeit des Kindergartensteinwurfs, die ich Dreikäsehoch wie eine ungerechtfertigte Vorstrafe erlitten hatte. »De aame Jung«, sagte sie, »hat nix von seim Leben gehabt. Die ham den doch doof geprügelt. Die waan doch imma nua besoffen.«

Für mich war das ein Augenblick der Erkenntnis: Seine Eltern hatte man damals nicht gerufen, um Frank vor ihnen zu schützen. Ich hätte das begreifen müssen, denn eigentlich wusste ich – wie alle – ja Bescheid, es war Teil der Normalität: Er war einer von denen, die ständig was auf die Mütze bekamen, mit oder ohne Anlass. Kurz nachdem das mit dem Stein passierte, landete er einmal mit einem Loch im Kopf bei uns. Mich hatte man zuerst losgeschickt, um seine Eltern zu rufen. Ich klingelte und rief, aber niemand öffnete. »Da is keina da!«, berichtete ich zuhause.

Also gingen wir mit ihm zum Arzt, der die Striemen auf dem Rücken des Jungen entdeckte. Mein Vater, ein Hüne von Mensch, ging abends hinüber, um »mit denen ma 'n Wörtchen zu reden«. Wahrscheinlich lief das auf der Ebene von »Seh ich dat noch einmal, dann hau ich dich Pottsau kaputt!« ab, jedenfalls waren die diplomatischen Beziehungen danach merklich gestört, aber zumindest eine kleine Weile war Ruhe. Mein Vater konnte ziemlich überzeugend sein, und zu der Zeit war das die einzige Form der Reaktion auf Kindesmisshandlung: In der Regel sahen alle weg, die Polizei kam nie.

Am Tisch erzählte mein Vater, dass er »Mühe hatte, die Ollen rauszuklingeln«: »Die waan im Koma.«

Wo das war, wusste ich nicht. Aber wir zogen bald weg von dort.

HOLLYWOOD GLEICH HINTER KUHBERG Ein-
hundertsechs Meter! So hoch ist das Essener Rathaus, und als
ein beleibter Beamter im Zweireiher vor gut zwanzig Jahren
diese Zahl im zweiundzwanzigsten Stock dieses Baus immer
wieder vor meiner Grundschulklasse deklamierte, war es
wohl noch das höchste Rathaus Europas. Zumindest sagte
der runde Mann das sehr oft sehr stolz. Mehr habe ich nicht
behalten von der Rathausführung, außer dass das Gebäude
innen sehr braun und an einigen Stellen recht düster war und
es im Foyer vor den Aufzügen zog und pfiff.

Zu dem pummeligen Regierungsriegel in der Essener
Innenstadt gibt es auch nicht viel mehr zu sagen, als dass es
das höchste Rathaus Europas war (hatte ich das schon erwähnt?). Wenn man gute Laune hat, weil die Sonne scheint,
erinnert das Rathaus entfernt an eine der dicken, verbrann-
ten Waffeln, die man in dem Einkaufszentrum kriegt, in
das der Hauptausgang des Rathauses führt. In ein Einkaufszentrum!

Das alte Rathaus, einen neugotischen Prachtbau von 1888,
hatte die Stadt nach dem Zweiten Weltkrieg erst wiederauf-
gebaut und 1964 wieder abgerissen, um Platz für ein Kaufhaus zu schaffen. Das wurde 1986 zwar dichtgemacht, aber
immerhin hatte Essen statt eines neugotischen Baudenkmals
eine leerstehende Konsumruine und ein paar Meter weiter
die neue, City Center getaufte Einkaufspassage, an die sich
das höchste Rathaus Europas anschließt. Tja.

Solche Superlative kann ich wie wohl jeder nach dreizehn
Jahren Schulunterricht im Ruhrgebiet runterbeten:

Der größte Binnenhafen Europas! Duisburg.

Europas größter Freiluftautomarkt! Samstags in Essen.

Deutschlands größter Kinosaal! Die Essener Lichtburg.

Deutschlands größtes Einkaufszentrum! Der Ruhr-Park
in Bochum.

Das größte innerstädtische Einkaufszentrum Deutschlands! Angeblich der Limbecker Platz in Essen.

Das größte Indianerzelt der Welt! In Dortmund.

Und so weiter.

Den absurdesten Superlativ habe ich an einem Sonntag unter der Ruhrtalbrücke zwischen Essen und Mülheim gehört. Ich war mit dem Fahrrad am Fluss unterwegs, es ist sehr leer und sehr idyllisch dort, ein paar Gehöfte und Häuschen stehen herum, sonst nur Wasser, Wiese und oben auf den Hängen Wald. Und dann ist da natürlich noch die Autobahnbrücke, die auf achtzehn fetten Betonpfeilern fast siebzig Meter weiter oben übers Ruhrtal führt, so hoch, dass man unten kaum etwas von den vier Spuren hört.

Ich hatte angehalten und schaute zu dem Monster hoch, als ein älterer Herr auf dem Weg zu seinem Auto anhielt und sagte: »Is die längste Brücke! Und weißte, warum die Häuser hier so billig sind?«

»Nee.«

»Da springt jede Woche einer runter. In die Gärten rein. Ist immer eine Sauerei. Ist die größte Brücke in Deutschland!«

Ich habe das später überprüft, nein, die Ruhrtalbrücke ist nicht die größte oder höchste oder längste. Aber ich habe so lange gesucht, bis ich einen Superlativ fand: Sie ist die längste Straßenbrücke aus Stahl in Deutschland (eintausendachthundert Meter!).

Darauf kommt es im Ruhrgebiet bei den Superlativen wohl an: Es können sich Menschen zu Tode stürzen, es können Prachtbauten dafür draufgehen, Hauptsache größer als in der Nachbarstadt. Noch besser ist am größten in Deutschland.

Woher kommt diese Superlativsucht, dieses Möchtegern-Großspurige? Der Schriftsteller Erik Reger, der in den Zwanzigern als Bilanzkritiker (so was wie ein Pressesprecher) für Krupp arbeitete, fand in einem Aufsatz 1928 diese Antwort: »Die Einwohnerzahl, die Häusermasse, der Ehrgeiz, die Spekulation mit einer wirtschaftlichen Produktivität, die zu einem erheblichen Teil auf einem Geschenk der Natur beruht: Das schafft keinen Ersatz für Selbstbewusstsein, Freiheit, Grazie, Charme. Der Mangel an Großstadtsubstanz verursacht jene innere Unsicherheit, die in fieberhaftem Bestätigungsdrang einen Ausgleich sucht. Das öffentliche Leben an der Ruhr vollzieht sich daher auf Grund von Fiktionen.«

Zu den lustigsten, da absurdesten dieser Fiktionen gehören die Hollywood-Hätschelprojekte vergangener Landesregierungen. Zum Beispiel sollte 1990 in Oberhausen »Europas modernstes Hightech-Studio für digitale Filmbearbeitung« entstehen. So umschrieb die Regierung zumindest High Definition Oberhausen (HDO), bevor sie dort etwa 110 Millionen Mark Fördergelder aus Landesmitteln versenkte. 1998 gab es bei HDO fünfundzwanzig feste Arbeitsplätze, mehrere Betreiberfirmen gingen pleite, 2003 wurde den letzten dreizehn Angestellten gekündigt.

Bei Bottrop sollte noch so ein Ruhrpott-Hollywood entstehen, zwischen Ekel und Kuhberg baute der Medienkonzern Time Warner nach viel gutem Zureden vom Land eine sogenannte »Movie World«. Das Land spendierte unter anderem einen Autobahnanschluss für den Freizeitpark und noch ein paar andere Dinge für insgesamt gut 30 Millionen Euro. Bei der Eröffnung 1996 war viel von Hollywood, Medienland, Strukturwandel und Aufwärtstrend die Rede. Seitdem hatte die Movie World drei verschiedene Besitzer, aber immerhin: Der Park existiert noch, und im Jahr 2008 waren da laut Bilanz einundsiebzig Mitarbeiter fest angestellt. Früher konnte man in Grafenmühle bei Kirchhellen allenfalls Tretboot fahren und Enten füttern.

Es ist billig, sich über alle Ideen für etwas Neues im Ruhrgebiet lustig zu machen. Hollywood in Bottrop? Haha! Vollsperrung der A40 für zwanzigtausend Tische, an denen Menschen einen Tag lang essen, trinken und zeigen, was sie tun? Auch größenwahnsinnig, aber großartig.

Der Unterschied zwischen Gaga-Projekten und guten Ideen ist nicht immer so einfach auszumachen, aber meistens hilft als Indikator ein Superlativ oder zumindest ein gewagter Vergleich. Für das höchste Rathaus Deutschlands in Essen ein letztes Stück historischer Innenstadt abzureißen, war mit Sicherheit kompletter Schwachsinn. Hollywood in Bottrop? Hmm.

Ich bin immer peinlich berührt, wenn ich solche Vergleiche höre. Sie zeigen nur, dass man keinen eigenen Begriff hat für das, was man beschreibt. Vielleicht haben die Vergleicher nicht einmal eine Vorstellung davon, was die eigene Region einzigartig macht. In Essen hat ein inzwischen pensionierter Wirtschaftsförderer jahrelang solche Vergleiche geliefert: Er erklärte, Frohnhausen werde zum »Prenzlauer Berg von Essen« und der Nachbarstadtteil Altendorf gar zu »Essens Notting Hill«.

Nun liegt Frohnhausen nicht in Berlin und Altendorf nicht in London, das ist ein grundlegender Unterschied. Essen schrumpft, die Hauptstädte wachsen. Die Fassaden der Essener Stadtteile bestimmen Zweckbauten aus den Fünfzigern – graue Architektur, schnell hochgezogen, weil Wohnraum fehlte, Bomben viel zerstört hatten (die Krupp-Werke lagen nebenan).

Wenn man an der Altendorfer Straße etwas trinken will, kann man in die Internet-Oase, den Topkapi-Grill oder die »Brot- und Kuchenbäckerei Schmitz« neben dem Handyladen, der auch Reisen verkauft und den irritierenden Namen »Blitz Line« trägt, gehen. Dagegen ist ja nichts zu sagen, aber das ist nicht Notting Hill.

Diese größenwahnsinnigen Vergleiche und Pläne haben Tradition im Ruhrgebiet. Der Schriftsteller Erik Reger beschreibt in seinem vom Essen der zwanziger Jahre inspirierten Roman *Das wachsame Hähnchen*, wie sich drei Nachbarstädte gegenseitig mit Großprojekten zu übertrumpfen suchen. Gleich am Anfang steht ein Berlin-London-Vergleich, als der Vorsitzende eines Bürgervereins fordert: »Jetzt, wo Wahnstadt zur Weltstadt werden soll, müssen wir uns allmählich Weltstadtsprache und Weltstadtmanieren aneignen. Der Londoner sagt City. Schon sagt es auch der Berliner. Sollen wir uns von Berlin den Platz an der Sonne versperren lassen? Von heute ab heißt es nur noch: die Wahnstädter City. Ist erst das Wort da, so wird der Begriff schon nachkommen.«

Heute heißt es nicht mehr City, sondern Metropole. Seit Jahren beschreiben Broschüren das Ruhrgebiet als »Metropole Ruhr«. Sogar eine eigene Nahverkehrsvariante des Transrapids wollten die Städte und das Land zwischen Duisburg und Düsseldorf bauen. Nein, kein S-Bahn-Ausbau, sondern einen Metrorapid. Hat nicht geklappt, außer einem Modell, das eine Zeitlang vor der Grugahalle in Essen stand und an das ich manchmal mein Fahrrad angeschlossen habe, ist aus dem Metrorapid nichts geworden. Aus der Metropole bis heute auch nichts.

Wenn man einmal einen der Metropolen-Bürgermeister in einem nicht ganz so öffentlichen Umfeld hört, klingt das ganz anders: »Duisburger sind Rheinländler, Dortmunder Westfalen, aber wenn es gegen Essen geht, halten sie zusammen.«

Da ist etwas dran, das zeigt der Wettkampf ums größte Einkaufszentrum, der seit Jahren in der Region andauert: Jede Stadt plant ein eigenes, das größer als das der Nachbargemeinden sein muss.

All die Superlative und schiefen Vergleiche sind nicht ehrlich, meistens kommt dem Wort eben kein Begriff nach. Ich weiß bis heute nicht, was Essens Notting Hill eigentlich beschreibt. Das Problem solcher Vergleiche und noch mehr das der Superlative ist, dass sie eine selten erfüllbare Erwartung schaffen. Ist das Essener Rathaus wertlos, wenn es nicht mehr das höchste ist? Ist der Stadtteil Altendorf nur lebenswert, wenn hier ein Hollywood-Film gleichen Namens gedreht wird und ein Großteil der achtzehn Millionen Besucher im Jahr, die Essen dann wie London haben muss, bei der Internet-Oase, bei Willy Gökens Bude (Näheres weiter unten) und der Blitz Line vorbeischauen?

Wenn alles das Größte, Beste oder zumindest weltstadtgleich sein muss, um bestehen zu dürfen, schränkt man die Entwicklungsmöglichkeiten ganz schön ein. Bei so vielen vom Minderwertigkeitskomplex genährten Superlativen darf es keine Fehler geben. Das kann zu so unfassbar peinlichen Flops wie dem Ruhrpilot getauften Verkehrsmanagementsystem führen. Über Jahre hat das Land 30 Millionen Euro für dieses System ausgegeben, noch mal 20 Millionen die Wirtschaft. Staus im Ruhrgebiet soll der Ruhrpilot vorhersagen und alternative Strecken, auch mit öffentlichen Verkehrsmitteln, empfehlen.

2006 behauptete der Verkehrsminister, das Revier stehe damit »an der Spitze des Fortschritts«. Das war übertrieben. Die Prognosen des Piloten sind immer noch unbrauchbar. Man weiß einfach nicht, wann er Phantomstaus vorhersagt oder tatsächliche Staus übersieht. Wenn er überhaupt mal läuft.

Vielleicht würde dem Ruhrpiloten ein neuer Superlativ helfen: der spektakulärste Förderflop des Ruhrgebiets, aber nur ganz knapp hinter Essens Tausch – ein schönes gegen das höchste Rathaus.

PSSSSST, ICH HAB DA WAS FÜR DICH! Es ist Nacht, zumindest aber sehr später Abend. Die Straße liegt kalt und einsam im fahlen Licht. An einer Ecke, halb im Schatten, steht Schlemihl, der Muppet mit dem Appeal eines Dealers. Als Schibulski vorbeischlendert, tritt er vor.

> Schlemihl (halb flüsternd): Hey du!
> Schibulski: Wat? Meinsse mich?
> Schlemihl: Genauuuuuuu!

Schibulski stutzt kurz und schaut sich den komischen, grünen Typ an. Schlemihl schleicht näher heran.

> Schlemihl: Ja, heyyy, ich hab da was für dich!
> Schibulski: Sieh zu, datte Land gewinns. Ich brauch nix.

Er läuft weiter, Schlemihl überholt und stoppt ihn.

> Schlemihl: Aber, heyyy, aber hey duuu!
> Schibulski (genervt): Waaat?
> Schlemihl: Ich hab da was für dich!
> Schibulski: Schieb ab un schenket deina Ollen. Ich brauch nix.

Schibulski versucht, den kleinen, grünen Kerl zu umgehen, aber der versperrt ihm den Weg. Schlemihl trägt wie immer Trenchcoat und einen schwarzen Hut. Er sieht nun leicht verwirrt aus.

> Schibulski (wird langsam ärgerlich): Ich sach dich dat nochma, Bürschken. Schieß innen Wind.
> Schlemihl (jetzt langsam etwas weinerlich): Aber, aber, aber ich hab da was für dich!

Schibulski: Brauchich nich. Gehma außem Weeech, sons werdich saua.

Schlemihl: Aber, aber, aber so geht das nicht?!?

Schibulski: So geht wat nich?

Schlemihl: Na ja, so ist das nicht richtig. Ich sage: Hey, psssst, ich hab da was für dich. Dann sagst du: ja, was denn? Dann sag ich: Heyyyy, du siehst aus wie einer, der sich ein gutes Geschäft nicht entgehen läss…

Schibulski: Ich. Brauch. Nix.

Die beiden sehen sich an, Auge in Auge.

Schlemihl: Bütteee!

Schibulski, tief im Inneren ja ein Herz von Mensch, atmet tief durch.

Schibulski: Okay. Wat?

Schlemihl: Watt?

Schibulski: Wat hasse? Jezz mach ma voran, sons setztet wat, du Heiopei!

Schlemihl: Ich hab da was für dich.

Schibulski (seufzt): Dat hatten wa schon.

Schlemihl: Nein, nein, du sagst dann: Wie, für miiiich?

Schibulski (seufzt noch einmal, erheblich tiefer): Meinswegen. Wieeee, für miiiiich?

Schlemihl: Genauuuuuu!

Schibulski reißt der Geduldsfaden, er versucht, sich an dem Grünling vorbeizudrücken.

Schibulski: Jezz reichtet. Noch sonne Numma, dann gibbtet auffe Ömme.

Schlemihl (reißt seinen Trenchcoat auf): Ich hab da ein Errrrrr!

Schibulski erstarrt, als würde er mit dem Motek bedroht. Er starrt den grünen Muppet entgeistert an.

Schibulski: Wat?!?
Schlemihl: Ein Rrrrrrrr!
Schibulski: Wat will ich denn mitten Ea?
Schlemihl: Nein, nein, ein Errrrrrrrrrrrrrrrrr!
Schibulski: …?
Schlemihl (singt): R wie in Rrrote Rrrübe
Errr wie in Rrruhrrrr
Aber auch in Rrrrecklinghausen
Doch nicht vorrrne nurrr
Errrt das Rrr, auch hintendrrran
Und mittendrrrin es errrrrrrt
Wer ohne Errr, das sag ich dirrr
Derrr lebt verkehrrrrrrrrt.

Stille. Der Mann und der Muppet stehen sich schweigend gegenüber. Irgendwo uhut ein Uhu. Mehrrr noch: Irrrgendwo auf einem Rrrrangierrrgleis schlägt dumpf derrr Dämpferrr eines Güterrrwagons auf einen anderrren. Wie ein rrriesigerrr, rrrrostigerrr Hammerrr in derrr Nacht.

Schibulski: Samma, allet frisch bei dia?
Schlemihl: Jeder braucht ein R.
Schibulski: Keal die Kiste, wie bringich dich dat bei?
Schlemihl: …?!?
Schibulski: Kein Aaasch brauchten Ea. Hia jennfalls nich.
Schlemihl: Ha!
Schibulski: …?!?

Schlemihl: Du hast »brrraucht« gesagt! Da ist ein R drin, vorrrne!

Schibulski: Okay, wat sollet: Voane un mittendrin kannse manchmal 'n Ea brauchen, abba nua, wenn dat auffen Konsonant folcht.

Schlemihl: Nein, das ist falsch. Erzähl mir nicht, da gäbe es Regeln!

Jetzt wird der Schibulski aber fuchtig.

Schibulski: Ich hab geahnt, dattet auf dat hinausläuft. Dat is imma dat Gleiche. Von wennen Eumel bis an hängse unsaeim inne Oan, dattat alles falsch is, wie et sachs. Jeeda doofe Baya kann reden wiea will, da iss dat Kultua. Abba unsereina redet nua falsch! Ich kann dich ga nich sagen, wie mich dat auffe Neaven, will sagen soga auffe Eia geht.

Schlemihl: ... öhm ...

Schibulski: Da kommse alsn Köttel inne Schule, und wat machen die Lehra? Erzählen dich, du wäas irgendswie spraachbehindat. Und wenn dat mit dem falschen Sprechen einmal am Laufen fängt, machense dia Schiss, dann hättse auch gaa keine Schangse mea auffen nomaales Leben mitten ordentlichen Beruf. Weil so eina, dea so spricht wie unsaeins, ja von keim ernst genommen wiad.

Schlemihl: ... öhm ...

Schibulski: Un warum? Weil die Dössköppe glaum, dat Doatmund in Wiaklichkeit Dorrrrrtmund heißen tät und Dühsbuach angeblich Du-is-burrrg. Keine Ahnung ham die! Die glauben auch, Orsau müsste man Or-Soy sprechen und Flünn vielleicht sogga Flu-ihn. Abba dat is nich so! Ich sach dich, wie et is ...

Schlemihl: Abba ...

Schibulski: Watt abba?

Schlemihl: Da gibt es schon einen Unterschied! In Bayern sprechen die einen ganz alten Dialekt …

Schibulski: Alten Dialekt mein Aaasch! Wia vielleicht nich?

Schlemihl: Na, der Ruhrpott ist doch so ein Sammelbecken.

Schibulski: Gleich hau ich ihn inne Fresse. Sammelbecken! Jo, moi, woll?

Schlemihl: … wo Menschen aus aller Herren Länder und sogar aus Polen …

Schibulski: Zuviel Schimanski inne Glotze gesehn, oda wat? Zuviel Jüagen von Manga? Zuviel Atze Schröda?

Schlemihl: … die dann ihre Sprache ins Ruhrdeutsch …

Schibulski: Pironje, halt die Klappe! Sons werdich zum Tia!

Stille.

Schlemihl: Rrrr?

Stille.

Schibulksi: Ok, nimmet nich krumm. Dat Thema is nua wat, wat mich echt auffe Palme bringt.

Schlemihl: Schon gut. Versteh ich.

Schibulski: Pass op, wat wia hia sprechn, dat iss dea Rest vonnen Dialekt, der tüppisch is füa son Streifen Land von Noaddeutschland bis rüba nach Belgien un Holland. Is 'n Tacken kaputt, seite ollen Keals nich mea aahms am Rhein sitzen un ia Platt reden. Abba die Fäabung is noch da, un dat wat andas is inne Grammatik, dat tät wohl auch davon wegkommen, habich geleant. Nix mit Polen,

nix mit Aame-Leute-Deutsch, nix mit »Elementarsprache für unter Tage«. Allet Killefit: Einfach 'n richtigen Dialekt, son bissken eingequetscht zwischen wat die Westfalen so von sich gehm und den Köllschen. Höan die nich gean, abba dea Übergang is fließend.
Schlemihl: Und das Errr?
Schibulski: Ham wa genuch von. Nehmwa nie mea als nötich von. Wenne verstehs, wat ich meine.

Schlemihl seufzt und gibt den Weg frei.

Schlemihl: Dann nehme ich das R eben wieder mit.
Schibulski: Ebend, mach dat. Vielleicht kann datn andara gebrauchen. Also, nix füa ungut. Zeit, im Bett zu gehn.
Schlemihl: Dann gute Nacht.
Schibulski: Jau, und 'n Rat hinterhea: Pass op, wehne anquatschst hia inne Gegend. Is 'n Tacken rau manchmal. Zeit füade Heia, du Schlawiner.

Die beiden trennen sich. »Watn Sausack«, flüstert der Schibulski vor sich hin und kichert. »Will mich 'n Ea verkäufen.« Dann ist er außer Hörweite.

Schlemihl sieht ihm nach. Die Straße liegt verlassen da, ein leichter Regen setzt ein. Schlemihl zieht ein schönes gelbes R aus dem Mantel und stellt es in den fahlen Lichtkegel einer altersschwachen Straßenlaterne an der Ecke Hellweg/Sesamstraße. Dann klappt er seinen Trenchcoatkragen hoch, steckt die Hände in die Taschen und zieht von dannen.

Am nächsten Morgen findet der kleine Kevin Maximilian Krafczyk, erfolgreicher Absolvent der Grundschule und alsbald Gymnasiast, das R. Er begreift schnell, was man damit alles anfangen kann. Noch vor Beginn der sechsten Klasse wird sein Opa sagen: »Boah, ich weiß nich, wo dea Jung dat heahat.«

Und Kevin wird ihm diesen Satz mindestens viermal korrigieren.

DIE DA OBEN – DER MALOCHERMYTHOS Das letzte Spiel der Hinrunde läuft gut für Rot-Weiß Essen an diesem Abend: Minusgrade, aber im Georg-Melches-Stadion im Essener Norden sind fast sechstausend Zuschauer – so viel wie nirgends sonst in der NRW-Liga. Die meisten stimmen gerade zum vierten Mal an diesem Abend die RWE-Hymne an, weil das vierte Tor gefallen ist: »Seit wir zwei uns gefunden, kenn ich nur frohe Stunden«, singt die längst vergessene Schlagersängerin Siw Malmkvist aus den Lautsprechern. »Oh RWE«, antworten die Fans.

Es ist ein bewegender Moment, vielleicht auch, weil die Kulisse mich so schwermütig macht: Die Fans drängen sich auf gerade mal noch zwei Dritteln der Tribünen. Die Westtribüne war baufällig und wurde 1994 abgerissen. Die Nordkurve endet seit 2009 in einem Schutthaufen, die Stufen hören abrupt auf, man sieht durch die Lücke ins Niemandsland: Strommasten am Horizont, die Emscher und die Aluminiumhütte.

Jahrelang versprach die Stadt einen Stadionneubau und verschob es wegen Überschuldung immer wieder. Zwischendurch ist der Verein – DFB-Pokalsieger 1953, Deutscher Meister 1955 – pleite gegangen, und obwohl es mit dem Insolvenzverwalter weitergeht, derzeit sogar ganz oben in der fünften Liga, ist das alles etwas traurig. Warum hat man überhaupt einen der Flutlichtmasten (hier stand die erste Flutlichtanlage in Deutschland!) und ein Viertel der Nordtribüne so übereifrig abgerissen?

Ich frage das einen alten Herren im Parka neben mir, als es wieder ruhiger ist. Er winkt nur ab: »So ein Schwachsinn! Die oben machen, was sie wollen. Können kein neues bauen, aber Geld für die Oper ist da!«

So nett der Mann mit der Schiebermütze ist, so anrührend er mit seiner Dauerkarte und der Nostalgie und der Treue und den Geschichten von früher ist: So etwas habe ich schon viel zu oft gehört, so ein Dahergerede über die Bosse und den armen, ehrlichen, allwissenden kleinen Mann. Wenn ich das höre, geht mein Puls hoch, und wenn ich diplomatisch bleiben muss, dann zünde ich mir eine Zigarette an. Das darf man zum Glück im Georg-Melches-Stadion.

Ja, ja, der Schibulski guckt jetzt empört und denkt: »Ja watt denn, hat doch recht, der Rot-Weiße!« Kann ja sein, dass er recht hat, dass er schon damals gewusst hat, dass der Verein die Tribüne etwas vorzeitig abreißt. Aber warum hat er dann nichts gesagt? Warum hat er gegen diesen gravierenden Fehler nicht protestiert, nicht dafür gekämpft, dass sein Verein das Richtige tut? Der Verein, dem er nicht nur als Fan, sondern auch als Mitglied verbunden ist.

Einwurf Schibulski: »Watt kann der kleine Mann schon ausrichten?«

Keine Ahnung, aber wenn er gar nichts versucht, richtet er mit absoluter Gewissheit nichts aus. Und wenn er nichts versucht, um es zum Besseren zu wenden, soll er nachher auch nicht meckern und erklären, alles besser gewusst zu haben. Der Satz des RWE-Fans hat mich an zwei sehr vertraute Einstellungen erinnert: die Autoritätsgläubigkeit und das Verklären des einfachen kleinen Mannes (ja, des Mannes, Frauen können aber auch dazugehören).

Die Autorität wird nicht verklärt, die Autorität ist nur verantwortlich. Und manchmal, oft sogar, versagt sie oder gibt zumindest einen Grund zur Klage.

Natürlich reagieren nicht alle Menschen im Ruhrgebiet so, natürlich kann man sich völlig zu Recht darüber ärgern, dass Land und Städte im Ruhrgebiet Flopprojekte wie das jahrelang nicht funktionierende Verkehrsleitsystem Ruhrpilot subventionieren. Aber wenn eine Dame auf die weggeworfene Eisverpackung neben der Bank im Haumannpark mit der »Ja, ja, die Stadt, da ist wohl keiner zuständig«-Tirade reagiert und über die Unordnung schimpft, rege ich mich auf.

Denn es ist Ausdruck eines grundsätzlichen Problems: Viel wichtiger als das Aufräumen im Park ist die Zuständigkeit. Man könnte ja Freiwillige organisieren oder das störende Eispapier in wenigen Sekunden aufheben und in den nächsten Mülleimer befördern.

Aber nein, die Stadt ist schuld. Solche Reaktionen ärgern. Früher hielt ich es für Spießigkeit, heute habe ich kein Problem damit, mir einzugestehen, dass ich Müll im Park und ein halb abgerissenes Stadion auch nicht mag. Das Geschimpfe auf die Verantwortlichen da oben nervt mich aber weiter.

Warum, habe ich erst Jahre später verstanden, als ich in Erik Regers Ruhrgebietsroman *Das wachsame Hähnchen* seine auf Krupp-Angestellte gemünzte Diagnose las: »Sie bezeichneten sich als eine einträchtige Familie, die Familie der Rischianer. Diese stellte nicht nur eine streng abgeflossene und sich für sozial bevorzugt haltende Gruppe dar, sondern eine bemerkenswerte Geistesströmung, die eine allgemeine Versicherung gegen die Zufälle des Lebens und ein hierarchisches System der Selbstentäußerung zugunsten der festen Lebensstellung erstrebte.« (Reger, 2007, S. 18)

Dieses Kleinmachen ärgert mich: Was für eine Energie manche Menschen dafür verwenden, sich über jemanden zu empören, der sich um etwas zu kümmern hat, statt ihre eigenen Möglichkeiten auszuloten, selbst etwas zu tun oder anders an das Problem heranzugehen als unter dem Gesichtspunkt Autorität. Man kann ja auch inhaltlich über ein Ärgernis nachdenken, Lösungsmöglichkeiten durchspielen, auch wenn man die nicht allein durchsetzen kann.

Stehen im Park vielleicht zu wenige Mülleimer, stehen sie vielleicht an den falschen Orten? Aber das Nachdenken, das Ideenhaben, das Kümmern – das ist für die Dame im Park allein die Aufgabe der Verantwortlichen, nicht ihre.

Helge Schneider hat in einem seiner Ruhrgebietshörspiele diese Selbstentäußerung in einem wunderbaren Dialog ins Absurde überspitzt. Da trifft Klaus den Erwin nach einiger Zeit wieder, an der Bude wahrscheinlich, und Klaus erzählt von seiner Operation: »Guck ma hier unterm Mantel, wasse sie mit mir gemacht haben! Hamse mir 'n Bein abgenommen! Schweine! Meinen, ich hätt zu viel geraucht.«

Die Mentalität könnte ein Erbe der Krupp-Zeit sein, als jeder Arbeiter und Angestellte seinen Platz und seine zugewiesenen Aufgaben im Werk wie im Leben vom Arbeitgeber erhielt: Wohnung oder Haus, den Konsum zum Einkaufen und die aus dem Werk vertraute Sozialordnung in der Nachbarschaft – da wohnten ja auch nur Kruppianer. Wer sich da um Dinge kümmerte, die nicht in den ihm zugewiesenen Aufgabenbereich gehörten, fiel unangenehm auf.

Einmal kam ich mit einem Spielkameraden auf die Idee, das Gras zwischen den Pflastersteinen auf dem Fußweg zu unserem Haus in der Siedlung zu kratzen. Wir waren mit unseren Schäufelchen zugange, Nachbarn, die vorbeikamen, schauten skeptisch, überrascht, wir dachten schon, wir tun etwas Falsches. Aber einige blieben stehen und lobten uns überschwänglich. Ich weiß nicht, ob meine Mutter nach draußen kam oder die Nachbarin vorbeispazierte, jemand sagte jedenfalls sinngemäß diesen Satz: »Aber dafür ist doch die Stiftung zuständig!« Gemeint war die Margarethe-Krupp-Stiftung für Wohnungsfürsorge, der das gesamte Viertel gehört.

Ob diese Mentalität nun wirklich ein Erbe der Krupp-Zeit ist, weiß ich natürlich nicht. Bei meinen Eltern habe ich dieselbe Einstellung ab und zu beobachtet und mich darüber geärgert. Sie haben sie vermutlich nicht aus der Krupp-Stadt, sondern eher aus dem kommunistischen Polen. Aber es passt, so sehr sie sich in vielem fremd gefühlt haben, die Sprüche über »die da oben«, nämlich die, die die Stadt regieren, die Siedlung verwalten, den Park managen – das ist mir nie als untypisch aufgefallen, im Gegenteil.

Da regen sie sich zum Beispiel darüber auf, dass die Stadt immer weniger Geld für den Erhalt des Grugaparks aufwendet. Aber auf die Idee, sich im – kleinen, gerade mal zweihundert Mitglieder starken – Förderverein dieses Parks zu engagieren, sind sie nie gekommen.

Wer sich engagiert, wer etwas außer der Reihe macht, ist ein wenig suspekt. Warum macht der das? Warum tut der so wichtig? Was spielt der sich auf? Der Initiator des Kunstvereins im Viertel war so eine Figur im Anzug mit Weste und Krawatte – immer freundlich gegrüßt, immer innerlich belächelt. Keine Ahnung, von wem ich diese Einstellung übernommen habe als Kind, heute schäme ich mich dafür.

Den Auffälligen verdankt das Ruhrgebiet die sogenannten soziokulturellen Zentren: Jene Orte, wo man in den Neunzigern und wahrscheinlich auch im Jahrzehnt davor Partys und Konzerte besuchte, wenn man Punk, Metal, Gothic, Hardcore oder irgendetwas gut fand, was abseits des Mainstreams lag.

Ende der siebziger Jahre gründeten engagierte Bürger in vielen Ruhrgebietsstädten Initiativen, die von den Städten Räume für Kulturarbeit verlangten. Sie besetzten, renovierten, organisierten, lobbyierten, und seitdem gibt es Orte wie die Zeche Carl in Essen, das Druckluft in Oberhausen und den Bahnhof Langendreer in Bochum.

Ein paar Irre brachten Mitte der neunziger Jahre für einige Zeit eine Ruhr-Regionalausgabe der *taz* heraus, erst wöchentlich, dann sogar eine Zeitlang täglich. Einfach so, weil sie das für eine gute Idee hielten. Als ich als Schüler ein paar Mal bei Redaktionssitzungen war, lief das Ganze mit wenig Geld, wenig Unterstützung aus Berlin und viel Selbstausbeutung in einem zugigen Backsteinbau in Bochum, wo die Klos verstopft waren. Es gab Grundsatzdebatten und Toastbrot mit Mayonnaise und Gouda oben drauf (an Produktionsabenden kaufte der Geschäftsführer im Supermarkt ein) und dann Arbeit bis in die Nacht.

Wegen der Menschen, die da Zeitung machten, habe ich nochmal darüber nachgedacht, ob ich nach der Schule wirklich weg will. Offenbar konnte man doch jenseits der provinziellen Lokalredaktionen ein cooles Reporterleben führen in der Gegend. Da war einer aus Russland über Bonn ins Ruhrgebiet zurückgekommen, einer schrieb Drehbücher, bei den meisten weiß ich bis heute nicht, wie und wovon sie lebten. Einer hat wohl mit Kunst gehandelt, einer reparierte Autos, und viele, die drumherum schwirrten, studierten einfach.

Jedenfalls fragte in dieser Bochumer Schrottbude keiner, wer denn nun für das Fehlen eines Ruhrgebietsmediums verantwortlich sei. Die machten einfach ein Blatt. So ähnlich ging der Gründer des Essener Unperfekthauses auch vor: Der Unternehmer kaufte ein verlassenes Kloster in der Innenstadt und baute es 2004 zu einer Mischung aus Künstlerdorf, Hotel, Restaurant, Kneipe und Veranstaltungsort um. Grundregel: Künstler können Ateliers, Bühne, Probe- und Ausstellungsräume kostenlos nutzen, wer trinken, essen, konferieren, übernachten oder einfach gucken will, zahlt.

Es gibt viele solcher Beispiele, dass Kleinmacherei und Zuständigkeitsorientierung langsam abnehmen und das neu bürgerschaftliche Engagement der Gegend guttut. Ein Freund organisierte nach einigen Monaten in Kambodscha, Vietnam und Thailand zurück in Essen eine Kinoreihe im Asienhaus mit den besten Filmen, die er unterwegs gesehen hatte. In der Essener Innenstadt und im Grugapark übernehmen Bürger Patenschaften für öffentliche Skulpturen und Spielplätze, deren Säuberung die Stadt nicht mehr oft genug bezahlen kann. Das alles hätte ich mit sechzehn nie erwartet.

Eine Begleiterscheinung der Zuständigkeitskultur ist die Verklärung des ehrlichen Malochers. Atze Schröder inszeniert sich als Ruhrpott-Durchschnittsbürger und gilt vielen als solcher – selbst im Revier. Es gibt Menschen, die fragen ernsthaft, ob Schröders Kiosk tatsächlich in Essen-Kray steht.

Nein. Atze Schröder ist eine Marke. Der Erfinder hat sie am 2. Oktober 1997 beim Deutschen Patentamt eintragen lassen für »Unterhaltung, Ton- und Bildträger aller Art, kulturelle Aktivitäten, nämlich Durchführung von Aufführungen aller Art«. Aber die Figur entspricht einer weitverbreiteten Idee des Ruhrpottlers so sehr, dass für viele ein Thomas Schröder existieren muss – prollig, bodenständig, verwurzelt, geerdet, normal eben.

Wenn ich im Ruhrgebiet mit früheren Kollegen einen trinken gehe, fällt mir immer wieder auf, wie gerne einige in diese Rolle schlüpfen. Die Gags servieren sie in Ruhrdeutsch, und dann setzt es Sprüche wie: »Mein Oppa hatte ne Superdiät: Morgens Kippe, Kaffee und dann erst mal richtig Kacken.« Es überrascht mich jedes Mal wieder, wenn ich längere Zeit nicht im Ruhrgebiet gewesen bin. Ich kenne es, aber es ist mir auch schon aufgefallen, als ich hier noch gelebt habe. Vielleicht bin ich als Eingewanderter für den Sound dann doch zu fremd.

Nicht, dass Sie das falsch verstehen: Ich bin im Ruhrgebiet nicht mit Malochern unterwegs, die unter Tage schuften oder in der Werkstatt Autos schrauben. Es sind Kollegen wie in anderen Städten auch – die meisten haben Abitur und studiert, vielleicht nicht bis zum Abschluss. Ein bisschen Rumgeprolle, etwas antiintellektuelle Attitüde, das gehört ab und an zum guten Ton. Es schafft Heimat, Zugehörigkeit, Teilhabe an der kollektiven Ruhridentität. Das wollen die Zugereisten genauso wie die Einheimischen.

Da erklärt zum Beispiel ein Führer auf Zollverein den Besuchern vorab beinahe entschuldigend, dass er »nie unter Tage«, sondern nur oben auf dem Gelände gearbeitet hat. Er erläutert mir später, das müsse man sagen, die Leute seien sonst oft enttäuscht. Kohle ist heute im Pott nur noch Folklore. Die unausgesprochene Annahme der Touristen, die gern von »echten Bergleuten« durch Zollverein geführt werden wollen: Authentisch sind im Ruhrgebiet Maloche, Kohle, Industrie. Auch der jungen Generation, in deren Familien Bergleute die Ausnahme sind, impft man in der Schule diesen Mythos vom Industrierevier ein – mit regelmäßigen Ausflügen zu geologischen Wänden und ins Bergbaumuseum.

Also keine Angst, wenn Sie irgendwo Geschichten übers Kacken nach der Kippe hören. Verstehen Sie es nicht falsch: Etwas Rumgeprolle bedeutet nicht, dass man unter »Prolls« oder »Assis« ist. Übergangslos sprechen die eben noch Rumprollenden von Menschen in der S-Bahn, die ihnen auf die Nerven gehen, weil aus ihren Handys Assi-Mucke scheppert, weil sie sich im restringierten Code anbläken und ab und zu jemanden was aufs Maul geben wollen, der blöd guckt.

Ich sitze mit einem Ex-Mitschüler in seinem schicken Italian Restaurant & Bar im Essener Süden. Die Tischdecken haben dasselbe Pünktchenmuster (weiß auf schwarz) wie die Kleidchen der Bedienung, schwarz-weiße Rautenmuster tauchen an vielen Stellen auf (Fußboden, Papiertischdecken außen), die unverputzten Betonwände sind schwarzweiß bemalt (mit wenigen Zusatzfarben, vor allem herabfließendes Blutrot), kurz: Es sieht nach einem Plan und gutem Geschmack aus. Der Mitschüler erzählt, dass am Wochenende viele Leute aus dem Ruhrgebiet und sogar aus Düsseldorf hier ausgehen, das Geld ist da, das Angebot an etwas raffinierterer Gastronomie wächst entsprechend. Und dann rülpst plötzlich der Typ im Parka, der am Stehtisch neben seinem Bier lehnt und »fürn Arsch, fürn Arsch« vor sich hin nuschelt. Mein Bekannter schaut mich peinlich berührt an und lacht dann: »Das ist der Ruhrpott.«

Die Wahrscheinlichkeit, hier in jemanden zu rasseln, der, sagen wir, bodenständiger ist als man selbst, ist höher als anderswo. Und wenn man ein bisschen offen ist, ein wenig zuhört und redet und nicht gleich befremdet ist, kommt man ganz schnell mit ganz unterschiedlichen Leuten ins Gespräch.

Aber warum dieser Stolz aufs Kumpelpathos, dieser antielitäre Dünkel? Eine Antwort hab ich bei einer Führung durchs Bergbaumuseum gefunden, bei der ein ehemaliger Bergmann, der nun hauptberuflich den Museumsführer gibt, die ganze Zeit über die »Studierten« und die »Nichtsnutze« herzog. Mit den studierten Herren meinte er nicht näher benannte, wohl noch nicht so lange amtierende und entsprechend innovationsfreudige Verantwortliche in der Museumsleitung, die vom Bergbau »keine Ahnung« hätten (O-Ton des Bergmanns), aber die Ausstellung umgestalten wollten. Die »Nichtsnutze« waren die Lehrlinge, die er zuletzt in seinem alten Beruf betreut hatte, als es wegen der Gesundheit nicht mehr unter Tage ging. Die seien faul und schlapp gewesen und hätten nicht anpacken wollen und keine Ahnung, was richtige Arbeit bedeutet, und so weiter und so weiter. Ich hab dem guten Mann, der alles besser wusste, nicht meine Meinung gesagt, und das fiel schwer, weil man im Museum keine Zigarette zum Ausklinken anzünden darf. Aber der Bergmann hat mir ein besonderes Standesbewusstsein verdeutlicht: In seiner Welt hatte jeder seinen Platz. Die da oben hatten studiert und trugen die Verantwortung, er selbst hatte die Erfahrung und konnte anpacken und kannte das Leben, und die da unten gab es auch noch, aber die waren faul. Das könnte erklären, warum der Atze-Sound als Teil der Ruhridentität weiterbesteht, obwohl es kaum noch Malocherjobs gibt, die Quelle für diesen Mythos vom ehrlichen, direkten Handarbeiter, der was wegschafft, der sich körperlich anstrengt.

Heute schwitzt nur noch eine Minderheit der Ruhris bei der Arbeit: Siebzig Prozent der Jobs im Regionalverband Ruhr stellte 2007 der Dienstleistungssektor. Das liegt etwas über dem Bundesdurchschnitt (siebenundsechzig Prozent). Doch das Standesbewusstsein der Bergleute definierte sich nicht allein über körperliche Arbeit: Man war einerseits näher am Leben als die schlimmstenfalls studierten Herren da oben, aber besser ausgebildet als die dahergelaufenen Handlanger im Werk.

Die Gemengelage aus Selbstentäußerung, Kleinmacherei und antiintellektuellen Reflexen kann sehr unangenehm werden, etwa beim Streit um Kunst im öffentlichen Raum. Essen stellte Mitte der Neunziger eine Plastik an den Rand der Fußgängerzone, fünfhundert Meter Stahlband, kreisförmig aufgewickelt, rund acht Meter hoch, Durchmesser fünf Meter.

Wenn ich daran vorbeilief, schaute ich zwischen die Stahlbänder, was sich im Innenraum angesammelt hatte: Neben Laub lagen da Flaschen, Kissen und zerknüllte Poster. Mit einem guten Wurf kriegte man leicht etwas rein, aber weit weniger einfach wieder heraus – vielleicht eine Analogie des

Künstlers auf die Folgen der Industrialisierung im Ruhrgebiet.

Die Reaktionen auf das Stahlband jedenfalls zeigen die
unangenehmen Seiten des Kumpelpathos: Vierzehn Jahre
lang verkam die schwere Skulptur, Möchtegern-Sprayer ver-
ewigten sich mit ungelenken Tags, im Innenraum stapelte
sich der Müll, und lange war das der Mehrheit wurscht. Dann
erklärte die Inhaberin eines Innendekorationsgeschäfts in
der Nähe, zugleich Vorsitzende der örtlichen Interessengemeinschaft, der Lokalzeitung, der »Schandfleck« müsse weg.
Die Stadt solle die »Mülltonne« gefälligst entfernen. Und:
»An ihrer Stelle könnte man besser ein Hinweisschild auf die
Fachgeschäfte der Umgebung aufstellen.«

Seitdem tobt ein Kulturkampf um die Skulptur, die FDP
wollte sie verlegen lassen, ein Planungsdezernent meinte, an
»dieser Stelle« werde das Kunstwerk »nicht richtig verstanden«, es benötige die »künstlerische Aura«.

Und die Online-Leserbriefe der Lokalzeitung formulie-
ren zu den entsprechenden Artikeln die drei Kernvorwürfe
gegen Kunst, Kultur und insbesondere die Kulturhauptstadt
Ruhr2010 aus dem »Wir sind die kleinen, ehrlichen Leute«-
Lager:

1. Kultur kostet zu viel, gemessen am Materialwert, man
solle das Geld für Sinnvolleres (Stadion, Autobahn, Hin-
weisschilder zu Fachgeschäften) ausgeben. Das klingt dann
zum Beispiel so: »Es ist einfach unglaublich, dass man einst
500.000 DM bezahlt hat und jetzt 23.000 Euro hinlegen
müsste für etwas, was einen geschätzten Stahlgegenwert von
zirka 750 Euro hat. Verschrottet die stinkende Toilette und
baut was Gescheites dort hin oder lasst den Platz einfach
frei. Ruhr2010 ist schon schlimm genug, wo es doch an allen Ecken und Enden in der Stadt brennt (Leute entlassen,
aber sich in den oberen Etagen für Ruhr2010 feiern lassen ist

schon großes Kino), was müssen wir uns im Sinne der Kultur noch alles gefallen lassen?«

2. Kultur kann jeder. (»Ein solches Kunstwerk bekommt jeder Drittklässler besser hin. Kunst soll etwas dauerhaft Schönes sein, das hier ist in einigen Jahren verrostet.«)

3. Kultur ist elitär. (»Der Künstler hat sich dem Allgemeingeschmack anzupassen oder Hartz IV zu beantragen.«)

Natürlich weiß niemand, ob diese Kommentare repräsentativ sind, aber der Verlauf der gesamten Debatte ist erhellend: Erst mal lässt die Stadt das Stahlstück verkommen, dann erst bemerkt die Interessengemeinschaft der Wirtschaft vor Ort – eigentlich eine zutiefst bürgerliche Institution – die Skulptur, und die Vorsitzende ruft nach den Verantwortlichen. Ihr Kritikpunkt ist nicht das Werk selbst, damit setzt sie sich nicht auseinander, sondern der schlechte Zustand. Statt eine Patenschaft zu übernehmen oder eine Putzaktion auszurufen oder sonst eine Initiative zu ergreifen, soll die Obrigkeit den »Mülleimer« beseitigen und ein Werbeschild für die Einzelhändler aufstellen.

Die Reaktionen der Leserbriefschreiber haben mich weniger schockiert als die Tatsache, dass ich dieselbe Geisteshaltung, wenn auch höflicher formuliert, oft im Revier erlebt habe. Es gibt zwar Menschen, die für das Schauspiel, das Musiktheater und Kunsträume in ihrer Ruhrstadt demonstrieren – dafür waren sogar ein paar Schulkollegen auf der Straße. Und die Pflege der zweiundvierzig Skulpturen und Plastiken im Essener Grugapark haben Bürger via Patenschaften übernommen.

Aber diese Art von Engagement gilt als Spleen, den die Mehrheit belächelt wie ich als Kind den Gründer des Kunstvereins in unserem Viertel, der mit Weste und Krawatte zum Edeka ging. Ich habe im Stadion in Essen ein paar Leute gefragt, ob sie sich schon Zollverein angesehen haben. Da kamen solche Antworten: »Neeee, dat is nich meine Welt.« »Da sind so komische Leute.« »Schickimicki.« »Das neue Einkaufszentrum am Limbecker Platz ist schön, das muss man ma zeigen, nicht den ollen Kram.«

Nur einer war dort gewesen, weil die Schule seiner Tochter da eine Aufführung gemacht hat, er fand's super, wäre aber sonst nicht hingekommen.

Ein paar Tage später, am Samstagabend kurz nach sieben, war ich auf dem Gelände. Das Ruhrmuseum hatte gerade geschlossen, die letzten Besucher fuhren die Rolltreppe herunter und liefen in Richtung Parkplatz, ich hörte ihre Schritte noch lange nachhallen, denn sonst war nicht viel los – es war leer auf Zollverein.

Im Sommer ist das anders, wenn es hell und warm ist, wenn man sich auf die Stufen der alten Kokerei setzen, ein Bier trinken und die Ruhe an dem einst so lauten Ort genießen kann. Im Winter merkt man, dass aus den Vierteln drumherum niemand abends auf ein Bier oder eine Suppe oder einen Snack vorbeischaut.

Wenn nicht eine Stiftung das Gelände verwalten und einen Teil vermarkten würde, könnte das hier in zwanzig Jahren so aussehen wie die Plastik in der Innenstadt. Die Mehrheit kümmert sich nicht, irgendwann bemerkt jemand den Verfall, ein Einzelhändlerverband verlangt den Abriss und ein Einkaufszentrum oder ein Parkhaus, irgendwas Praktisches, das der Stadt wirklich etwas bringt.

Der Schriftsteller Marc Degens, der seinerzeit leider doch nicht für mein kleines Stadtmagazin schreiben konnte, weil wir im selben Jahr aus Essen wegzogen, hat die Stimmung in seinem Essay *Mein Poppott* so beschrieben: »Man sagt den Menschen im Ruhrgebiet Toleranz und Offenheit nach, doch ich empfand es seinerzeit eher als Gleichgültigkeit, zumindest, was kulturelle Dinge anging.«

Das Gefühl habe ich auch bei den Atzen-Sprüchen über den Zollverein, die Kulturhauptstadt, die Philharmonie und die Schüler der Folkwang-Musikhochschule. Die kommen nicht nur im Georg-Melches-Stadion an der Wurstbude, die hab ich in der U-Bahn, bei Lesungen und beim Gin Tonic in einer Bar hören müssen.

Und 2011 regte sich mein Kollege Perik Hillenbach bei der Premiere der alternativen Ruhr-Karnevalssitzung in Dortmund fürchterlich über das Publikum auf: »Muss der Saal am lautesten klatschen, wenn davon die Rede ist, endlich sei dieses blöde Kulturhauptstadtjahr vorbei und nun könne man sich endlich wieder in Ruhe hinlegen?« Sein Fazit des Abends unter der Dortmunder Kultur- und Politikprominenz: »Wo Konsens herrscht, dass Kultur Kappes ist, fühle ich mich nicht wohl.«

Ich glaube nicht, dass es diesen Konsens gibt. Nur ist die Mischung aus Malocherpathos, Bodenständigkeit und Direktheit der kleinste gemeinsame Nenner einer Ruhr-Identität. Und weil es so bequem ist, antielitäre Reflexe für bodenständig zu halten, gibt es die Momente der Dumpfheit. Der Schöpfer der als »Mülleimer« und »Elefantenklo« beschimpften Stahlspirale in der Essener Innenstadt hat darauf die beste Antwort gefunden, er verblüffte. Nein, einer Verlagerung würde er nicht zustimmen, erklärte er aus New York der Lokalpresse. Sein Vorschlag: »Vor Ort verbuddeln, das würde zum Konzept passen.«

UNSERE ROTEN, GRÜNEN, BRAUNEN SO-CKEN In jeder Generation gibt es Kids, die Respekt genießen, Mitläufer und Unauffällige, und es gibt die, die man heute zynisch »Opfer« nennt. In unserer Clique war Socke so einer. Er scharwenzelte in den Randbereichen eines meist aus Gymnasiasten bestehenden Grüppchens herum, das eigentlich schwer relaxed und enorm tolerant war: Zippel nannte man das früher im Ruhrgebiet, Freaks nannten wir uns selbst, Bombenleger nannten uns die, für die Oberschüler so oder so entweder Streber oder Anarchisten waren.

Bombenleger war also eher eine soziale Einordnung. Die meisten Freunde meiner Kindheit, die nicht aufs Gymnasium, sondern später auf die Hütte, unter Tage oder ins Handwerk gingen, waren absolut, total und vollkommen unpolitisch. Und das gilt, auch wenn das gängige Vorurteil anders aussieht, für die meisten Menschen im Ruhrgebiet: Dem erwachsenen Otto Normalpöttler ist jede Form aktiven politischen Engagements suspekt.

Politik war über Jahrzehnte nicht mehr als eine generelle Befindlichkeit, ein diffuses Bewusstsein, wohin man bei Wahlen sein Kreuz zu machen hatte; wir ähnelten in dieser Hinsicht der bayrischen Landbevölkerung. Die Gymnasiasten Ende der Siebziger mit ihren Späthippie-Outfits glichen aber zumindest äußerlich den Typen, die man damals in jeder Bankfiliale und bei jedem Bäcker auf Fahndungsplakaten ausgehängt sah: Wer ein Palästinensertuch trug, musste Bombenleger sein. Wer dann noch ungewöhnlich fröhlich und auffällig oft in Körperkontakt miteinander in der Öffentlichkeit auftrat, lebte wahrscheinlich pausenlos bekifft in einer Kommune, in der alle nackt miteinander kuschelten, während sie ihre Molotow-Cocktails und Sprengbomben montierten (dachten die Nicht-Bombenleger).

Tatsächlich hatte der Zippel-Look durchaus etwas mit Politik zu tun, zumindest aber mit einer Jugendkultur, die nicht frei von Ideologien war.

Wir trugen den linken Chic der Zeit: Latzhosen aus dem Baumarkt, die Mädchen batikten sie bunt. Begehrt, weil selten, waren die aus Naturbaumwolle, die harmonierten am besten mit den Norwegerpullovern im Winter und im Sommer mit den bunten Hemden aus dem Indien-Shop. Die Jungs trugen Turnschuhe, die Mädels Wildledertreter Marke Duffy Duck (breiter als lang). Mit den Dingern konnte man zur Not auch Torffeuer austreten oder über das Wasser gehen.

Zu meiner Ehrenrettung kann ich vorbringen, dass ich ein wenig zwischen den Welten schwebte. Die Zippel waren so etwas wie meine Homies, auf der Schule aber hing ich mit Normalen (Schubladenallergiker, die sich einfach gar kein Etikett umhängten und gern Rock hörten) oder Punks ab: Meine bevorzugte Kleidungsfarbe war deshalb schwarz. Ich kombinierte den Punk von Sex Pistols und Clash mit AC/DC und später Fehlfarben, mit einer definitiv zu nichts von all dem passenden Robin-Hood-Frisur inklusive Kinn-bärtchen und trug mit Vorliebe Anzugwesten über Levis 501 und bauschigen Wallehemden oder, das andere Extrem, schwarze Netzhemden zu Military-Hosen – ich war ein Zippel-Rock-Punk-Hybrid. Im Winter schmückte mich ein knöchellanger, geerbter Salz-und-Pfeffer-Wollmantel, um den mich zumindest die Punks beneideten, weil er aussah, als könne er auch ohne mich weiterlaufen. Achtzehn Jahre spä-ter wäre all das in jeder Goa-Techno-Disse ravig und modern gewesen, damals wurde ich wegen des stillosen Mixes eher hoppgenommen und war wahrscheinlich weniger Trendset-ter als vielmehr schlicht zu faul, mich zu rasieren.

Auf Mode pfiffen wir alle miteinander, ebenso auf Mar-ken, Coca Cola und all diesen imperialistischen Quatsch. Denn als gute Ruhrpott-Gymnasiasten waren wir vor allem eines: knallrot, innerlich. Röter zu sein als das rote Umfeld war vornehmste Jugendpflicht.

Es gehörte also kein Mut dazu, sich bei den Falken oder besser noch bei der Sozialistischen Deutschen Arbeiterjugend SDAJ zu engagieren (solange man keinen Beitrag zahlte!). In den Augen unserer Lehrer, Achtundsechziger, von denen

sich einige noch offen zu den als verfassungsfeindlich ein-
gestuften marxistischen Gruppen bekannten und versuchten,
uns quasi im Nebenjob zu agitieren, waren wir Schönwet-
terkommunisten ohne Mumm, weil wir trotz drohenden
Atomkriegs und der Last des Kapitalismus zum Lachen nicht
in den Keller gingen. Immerhin: Zumindest ein Lippen-
bekenntnis zur Deutschen Friedensgesellschaft / Vereinigte
Kriegsdienstgegner (damals gern als »kommunistisch unter-
wandert« diffamiert) war Standard.

Die seltenen Katholiken, Vertreter einer irritierend deutschen Bürgerlichkeit, die den meisten von uns fremder war als
die Hochzeitsrituale der Klingonen, hatten es da schwerer. Sie
zog es in die Katholische Arbeiterbewegung, was ja auch irgendwie rot klang, in Wahrheit aber sehr brav war. Sie bot dem
Kirchen-Jungvolk kleine Fluchten in scheinbare Revöltchen
unter liebevoller, aber totaler Überwachung, bis die Jungs und
Mädels alt genug waren, sich beim Pfarrfest die Hucke voll-
zusaufen: Dagegen gab es in Kirchenkreisen traditionell noch
nie Aversionen. Wie gesagt, ein ziemlich seltsamer Haufen.

In einem Sommer mischte ich als selbsternannter DJ einmal eine Katholiken-Fete auf, weil ich die brave, stets freundliche Truppe mit Frank Zappas fröhlicher, aber deutlich
pornografischer Phallus-Hymne »Stick it out« zu euphorisch
gegrölten »Aber beklecker' nicht das Sofa, Sofa!«-Chören
animierte. Alle waren begeistert, bis auf eine Jungmatrone
von vielleicht fünfzehn Jahren, die den Zorn des örtlichen
Kirchenvertreters über mich und mir prompt ein Hausver-
bot einbrachte. Als ich ging, liefen wieder Abba, Baccara
oder sonstiges Eurotrash-Zeug, das die Generation meiner
Eltern so gern mochte. Machte nichts, meine Kumpel und
ich waren eher aus subversiven Gründen vor Ort gewesen:
Mission accomplished.

Denn unser Herz schlug ja links, wie Schibulski mich

einst gemahnt hatte – und Katholiken waren seinerzeit die einzigen bekennenden Rechten.

Sie auf den rechten linken Weg zu bringen war durchaus Mission. Freund Peter verteilte tapfer DKP-Flugblätter, wo immer sich das anbot. Stark blieb der Zug der Kommunisten noch bis Mitte der Achtziger. Damals schloss ich mich eines wirklich schönen Tages einer SDAJ-Delegation an, um dem örtlichen SPD-Oberschnarchzapfen im Rathaus ein paar Eimer Farbe abzutrotzen; die faschistische FAP-Gruppe des Michael Kühnen versuchte für kurze Zeit, in Walsum ihr Hauptquartier aufzuschlagen. Die Walsumer Jugend mobilisierte das nicht unerheblich. Meine Eltern nahmen es nicht ernst, wenn meine jüngere Schwester empört über Nazi-Aufmärsche berichtete.

Denn Politik ist im Pott zwar mit Bekenntnissen verbunden, gehört aber wie der Glaube eigentlich in andere Sphären. »Die da ohm machen eh, watse wolln« ist das Ave Maria dieser Grundhaltung, die unglaubliche Widersprüche aushält. Mein Onkel Willi, ein wirklich lieber Mensch, sang angetüdelt auf Feiern stets gern und regelmäßig: »Wir wollen unseren alten Kaiser Wilhelm wieder haben!«, und das wohl nicht nur, weil der ein Namensvetter von ihm war. Nominell war Willi durchaus rot, zumal schon seine Mutter Anfang des zwanzigsten Jahrhunderts »für die Partei auf die Straße« gegangen war – sie war eine alte SPD-Parteisoldatin und bis an ihr Lebensende ein mächtig rauer Besen.

Onkel Karl-Heinz derweil hatte sich als Jugendlicher aus der Tätärä rübergemacht und war schwarz wie die Nacht. Auf Feiern bekamen sich die beiden darum gern in die Haare (immer ein Höhepunkt des familiären Entertainments!), obwohl sie in der Sache weitgehend einig waren: Politischer Streit knüpft sich im Pott fast ausschließlich an Personen. Für Onkel Willi war »Birne« Kohl eben indiskutabel. Karl-Heinz glaubte dagegen damals, dem Pfälzer schiene die Sonne aus dem Hintern, aber das – da war sich Willi sicher – galt in Wahrheit natürlich nur für Willy Brandt: Gong! Ring frei zur ersten Runde eines Kampfes, der nicht beendet wurde, bevor nicht auch über Strauß, Wörner und Zimmermann lautstark bis schreiend gestritten wurde.

Meinem Großvater ging dagegen alles, was mit Politik zu tun hatte, völlig am Hintern vorbei. Ihm, der in seinem Leben Schlesier, Deutscher und zeitweilig illegaler Gastarbeiter in Holland gewesen war, waren Konzepte wie Staat, Nation und Politik egal bis fremd: Er fühlte da wohl nichts. Er hatte zwar einen deutschen Pass, verband damit aber wenig. Patriotismus war etwas, das andere Leute hatten, zum Beispiel in Bayern, aber die waren ja auch seltsam. Es gibt einen Schlag Ruhrgebietler, die sich immer und bis heute ein bisschen weniger deutsch fühlen als der Rest des Landes. Mein schlesischer Oppa sowieso, der erlebt hatte, dass sich Staatsangehörigkeiten ähnlich unvorhergesehen ändern können wie das Wetter. Ändert das was am Leben? Nicht die Bohne!

Bergmänner waren selbst in der Nazi-Zeit weitgehend unbehelligt geblieben, weil sie die kriegswichtige Kohle schürften. Zu Zeiten des irren Massenmörders Adolf machten sie die Augen zu, ignorierten die in den Stahlwerken und Gruben verreckenden Zwangsarbeiter, die natürlich auch die Montanindustrie mit Begeisterung gewinnbringend verheizte, und redeten sich ein, dass die Affären des Landes sie nicht so sehr beträfen – bis die Bomben fielen. Meine Großmutter war Mitte achtzig, als sie sich dazu durchrang, Kleinigkeiten doch noch zu erzählen: »Kla, wa dat schlimm, als die die Leute abgeholt ham«, sagte sie. »Abba wat hätten wa denn tun solln?«

Im Schlesiermilieu des Ruhrgebiets dürfte es übrigens kaum eine Familie geben, die nicht auch jüdische Zweige hat, irgendwo in ihrer Geschichte. Politisch sensibilisiert hat das offenbar nur dahingehend, dass man über Politik nicht gern redet: »Dat gibt imma nua Streit!«

Augen zu, Weghören und Verdrängen – das ist durchaus eine verbreitete Grundhaltung an der Ruhr. Das Parteibuch in der Tasche wirkt wie ein Ablassbrief, der von der Pflicht, auf Missstände zu reagieren oder für Überzeugungen einzutreten, entbindet.

Immerhin: Für viele junge Ruhrgebietler kam es mit der Friedensbewegung zu einer Art politischen Erwachens – interessanterweise gerade im eigentlich CDU-hörigen, gläubigen Bürgertum. Dass im Oktober 1983 Teile der evangelischen Kirche dazu aufriefen, im niederrheinischen Jülich betend die Innenstadt zu umrunden, löste kirchenintern noch hitzige Debatten aus. Doch als katholische wie evangelische Pfarrer unserer Gemeinden begriffen, dass sie in Demonstrantenkreisen ein paar engagierte Herzen gewinnen konnten, wenn sie auf dem Ostermarsch von Duisburg nach Dortmund diesem Oskar Lafontaine, damals Bürgermeister von Saarbrücken, hinterherdackelten, gewann so etwas an Akzeptanz. Wenn schon Autoritätspersonen marschierten, war das wohl irgendwie okay, selbst wenn Kohl und Strauß Grüne und Demonstranten abwechselnd als »fünfte Kolonne Moskaus« oder »faschistisch« beschimpften.

Und wenn das Politische in den eigenen Alltag einbrach, war es sowieso okay. Im Frühjahr 1986 prallte im kleinen Walsum eine Nazi-Demonstration mit einer Gegendemo zusammen, in der angereiste Autonome mitmengten: Der Tag endete mit einer Straßenschlacht zwischen mehreren hundert Personen. Zur Demo war es wegen eines Zwischenfalls gekommen, der mit ein paar Monaten Verspätung sogar in einem Bericht des *Spiegel* seinen Widerhall fand: »Ein Schlägertrupp der Partei verprügelte im Januar, nach einem

›Kameradschaftsabend‹ im Duisburg-Walsumer Wirtshaus ›Zur Mühle‹ unter ›Rotfront verrecke‹-Gebrüll eine Handvoll linker Demonstranten. Einer der Neonazis schoss seinem Kontrahenten mit der Gaspistole ins Gesicht; das Opfer wird, so der ärztliche Befund, womöglich an bleibender Sehminderung leiden.«

Den ruppigen Demo-Tag verbuchten die Walsumer Linken als Sieg in der Sache, denn bald darauf zog die FAP ab ins westfälische Dortmund, aus unserer Perspektive also quasi ins Ausland (Venlo und Holland liegen näher als Dortmund oder Bochum). Das Neonazi-Problem waren wir damit natürlich noch lange nicht los, es wurde nur beharrlich totgeschwiegen.

Kleinere »Raufereien« schafften es nicht einmal in die Lokalzeitungen. Ich selbst erlebte zweimal gewalttätige »Razzien« durch Nazi-Skinheads, welche die immer um Schönwetter und »bloß nicht den Pott schlechtschreiben« bemühte Ruhrpott-Presse völlig ignorierte. 1981 stürmten Skins die Oberhausener Diskothek Old Daddy, damals ein Punk- und New-Wave-Schuppen erster Güte, und verursachten eine Panik, indem sie von der Galerie volle Bierflaschen in die dichtgedrängte Menge auf der engen Tanzfläche warfen.

Beim zweiten Mal stürmten Skins die Aula unserer Schule, die direkt neben der Polizeiwache Claubergstraße in Hamborn lag, und prügelten auf uns ein, nachdem sie Tränengasgranaten in die Menge geworfen hatten. Wie viele Verletzte es gab, weiß ich nicht mehr, aber unter ihnen war mein Lateinlehrer, der als einzige Aufsichtsperson die Zivilcourage oder den Wahnsinn hatte, den Glatzköpfen physisch entgegenzutreten. Er muss darauf vertraut haben, dass gleich die Polizei käme, um die Nazis zu verhaften, hatte damit aber aufs falsche, weil wie so oft zu langsame Pferd gesetzt: Bis die circa dreißig Meter entfernt stationierten Beamten mobilisiert waren, war der Spuk vorbei und die Skins verschwunden.

Als Lateinlehrer Müller aus der Reha kam, war er nicht mehr derselbe: Aus dem erzkonservativen Kulturmenschen war ein Wütender geworden, der die Blindheit der Behörden auf dem rechten Auge bitter beklagte. Er intensivierte sein Krafttraining, das in seinem Fall ganz prächtig anschlug: Für ein paar Jahre mag er der muskulöseste Lateinlehrer in NRW-Schuldiensten gewesen sein.

Auch dies ist also ein Merkmal ruhrpöttischen Politikverständnisses: Vor den wirklich miesen Dingen und Zuständen macht man die Augen zu. Um Spannungen nicht zu vertiefen, wird die örtliche Presse manchmal gebeten, bestimmte Dinge zu ignorieren oder den Fokus der Berichterstattung auf positive Aspekte zu konzentrieren. (Das habe ich als Pressevertreter selbst erlebt!) Fast zum Standard gehört das in den echten Brennpunkten des Potts, etwa in Marxloh, das in weitem Umkreis als vielleicht kriminellste, potenziell gefährlichste Ecke des Ruhrgebiets gilt, von den örtlichen Medien aber seit zwanzig Jahren zum Musterintegrationsviertel hochgejazzt wird. Nach außen greift eben stets der tief sitzende Ruhr-Reflex gegen alles, was uns die Schattenseiten dieses rauen Lebensraums vor Augen führen könnte: »Woanders is auch Scheiße!«

Im heimischen Rathaus war das nicht anders. Unser Ober-SPDler, ein dank des Listenwahlrechts über Jahrzehnte unabwählbarer Mensch nicht feststellbaren politischen Profils, immerhin aber Verwalter des Schlüssels für die örtliche Grillhütte, kanzelte uns vor den Augen der Presse ab, in seinem schönen Walsum gäbe es keine Nazis.

Als wir ihn daraufhin von seinem eigenen Bürofenster aus auf den Bauwagen direkt davor hinwiesen, an dem annähernd zwei Meter hohe Hakenkreuze prangten, griff er ins kommunale Säckel und gab der SDAJ das Geld, um die Schmierereien in der Stadt zu übermalen. Die örtliche Presse verhinderte, dass wir daraus politisches Kapital schlagen konnten: Die SPD, berichtete die damals aus gutem Grund vor allem für ihren Sportteil berühmte *NRZ*, tue was gegen Nazi-Schmierereien. Wir taten es trotzdem.

Denn trotz der Klüngelbrüder in der Partei zählten wir uns durchaus zu diesem Lager. SPD und Ruhrgebiet, das waren beinahe Synonyme: Wahrscheinlich wären wir bei den Jusos gelandet, wären die nicht so langweilig und konservativ gewesen (die Ära Schmidt hallte ja noch nach). Ich glaube, die meisten von uns dachten damals, wir würden nach jugendtypischer Sturm-und-Drang-Phase in kommunistischen Kreisen irgendwann bei den SPD-Genossen enden – als Wähler taten wir das so oder so. Es gab Zeiten, da hätte man in den Arbeitervierteln Wahlzettel mit nur einer zu wählenden Partei ausgeben können, das wäre nicht weiter aufgefallen.

Als wir sechzehn Jahre alt waren, wollte der damalige Kassenwart der örtlichen SPD meinen Kumpel Johannes und mich anwerben, und wir waren nicht ganz abgeneigt. Als Macher der Schülerzeitung galten wir als potenzielle Multiplikatoren und wurden als »Experten« zu einer Bezirkssitzung ins Hinterzimmer einer dieser traditionsreichen, aber scheußlichen Eiche-Rustikal-Kneipen eingeladen, bei der es um Schulthemen gehen sollte. Wir lernten: Diese SPD-ler hatten *ab-so-lut kei-ner-lei Ver-ständ-nis* dafür, dass Schüler im Unterricht über den Islam sprachen, statt sich auf die Bibel zu konzentrieren, klopften aber gern mit Bierkrügen auf den Tisch und sagten: »Hört, hört!«

Hätte es damals das Privatfernsehen schon gegeben, wir hätten wohl nach einer versteckten Kamera gesucht. So erklärten wir einfach kurz und langsam (und damit für die versammelte Inkompetenz verständlich) unseren wohl verdächtig weltoffenen Standpunkt und verabschiedeten uns bald – aus dem Hinterzimmer ebenso wie von der kurzzeitig angedachten Ruhr-SPD-Karriere.

Außen rot, innen schwarz, befanden wir irritiert – und ahnten nicht, dass wir die Grundformel des gewöhnlichen Ruhrgebiets-Linken gefunden hatten: Stockkonservative Verbalrevoluzzer. Als über zwanzig Jahre später das linke Lager in Deutschland auseinanderbrach, als gar ein CDU-Bürgermeister ins Duisburger Rathaus einzog, stürzte für viele Ruhrgebietler die Welt ein. Ich ahnte, woher deren Wählerschar so plötzlich gekommen war: Die hatten einfach die roten Socken ausgezogen und zeigten ihre pechschwarzen Füße.

Bis in die Achtziger wäre das undenkbar gewesen. Unser Kreuz machten wir stets an der richtigen Stelle auf dem Stimmzettel: Das gehörte sich so, galt nicht nur als das kleinste Übel, sondern auch als einzig mögliche, seit Generationen gültige Wahl. Den Gedanken, den Laden einfach zu übernehmen und die konservativen Schnarchnasen von den Listen zu streichen, ventilierten wir linken Schüler zwar öfter, aber nie ernsthaft: Meckern über Zustände liegt uns Pöttlern im Blut, sie hinzunehmen leider auch.

So fiel unser Wahlkreis regelmäßig mit bis zu fünfundsechzig Prozent der Stimmen als eine der stärksten Hochburgen der SPD auf (das ist bis heute so). Addiert man die Anteile der Kommunisten dazu, wird klar, warum die CDU allenfalls knapp über zwanzig Prozent kam (wobei wir damals nicht begriffen, wo die eigentlich herkamen).

Dass sich da was änderte, kündigte sich bald nach der Wiedervereinigung an: Als Nachwuchs-Lokalreporter schoss ich 1990 ein hübsches Foto von einem legendären SPD-Bundestagsabgeordneten: Günther Schluckebier, 1980 bis 1994 unabwählbar. Er stand fassungslos vor der Hochrechnung, nach der er »nur« sechzig Prozent bekommen würde. Die mit dem Mauerfall einsetzende Völkerwanderung und mehr noch das Verdampfen aller Ideologien nagte bereits am einstigen Rechts-Links-Lagerdenken. Trotzdem waren es aus SPD-Sicht natürlich noch goldene Zeiten: Schluckebiers Nachfolger freuen sich, wenn sie an der Fünfzig-Prozent-Marke kratzen.

Und »die anderen«? Wer sich vor 1990 im nördlichen Ruhrgebiet offen dazu bekannte, FDP oder CDU zu wählen, galt als rechtslastig und reichlich seltsam, wenn auch mutig. Denn das Herz schlägt links, immer nur links – und alle anderen sind Zyniker, Kleriker oder reich. Die sind sich selbst der Nächste, lernt der kleine Pöttler schon im Kindesalter. Die Bürgerlichen vertreten uns nicht, sie haben nichts mit uns zu tun – und sie sehen auf uns hinab.

Die SPD, nach Jahrzehnten der Alleinherrschaft mit absoluter Mehrheit heillos verklüngelt und verbonzt, nährte diese Wahrnehmung mit ihrem vermeintlich kurzen Draht zum Wahlvolk, der sich gern in Begünstigungen ausdrückte. Wer einen Bezirksvorsteher kannte, bekam so ziemlich alles genehmigt: »Wenn du mich jezz sachst, dat hält«, bekam der beispielsweise einen den Gesetzen der Physik trotzenden Anbau planende Genosse dann gesagt, »dann glaubich dat, Jupp. Dann machen wa, dat dat passt.«

In einem besonders krassen Fall habe ich erlebt, wie ein Mitschüler »auf Beschluss der Zeugniskonferenz« versetzt wurde, indem man ein paar Fünfen ob seiner exorbitanten mündlichen Leistungen zu Vieren hochadelte. Die Leistungen erbrachte wohl eher der Herr Papa, der als SPD-Funktionär in den Ausschüssen der Kommune weitaus weniger einsilbig herumsaß als sein Sohnemann in der Klasse. Es sei ihm (dem wider alle Regeln Versetzten, nicht dem Papa) gegönnt, manche sind halt gleicher als die anderen. Unser

Klassenlehrer hielt damals eine kleine Ansprache »unter uns«: »Haltet dat jezz nich gegen den Ralf [Name geändert], der kann ja nix dafüa...«

Es gab Leute, die ganz regulär sitzenblieben und deren Verständnis für Ralfs besondere, leicht peinliche Lage von eingeschränktem Mitleid gekennzeichnet war. Angefochten hat es niemand: »Vorwärts«, heißt es ja im bekannten Arbeiterlied, »und nicht vergessen, worin unsere Stärke besteht...« Die Strophe endet, wie viele Pöttler und alle Ex-DDRler wissen, auf: »Die So-li-da-ri-tät!«

Unsere heimischen Kommunisten – sie galten als aufrecht, mit ihrer vermeintlich unkorrumpierbaren Humorlosigkeit aber auch als nervig – wetterten nicht zuletzt wegen solcher nie belegbaren, aber sattsam bekannten Verstrickungen gegen die Bigotterie der SPD-Chargen, denen sie farblich höchstens ein Zartrosa zubilligten. Zu Ostern versteckte der Ortsverein der DKP im Stadtwäldchen Driesenbusch rote Ostereier, die vermutlich von der SED subventioniert wurden, genau wie die Kartoffeln, die sie zu »Weimarer Preisen« vom Treckeranhänger herab sackweise verkauften. Das ahnten die Abnehmer wohl, während die Verteiler solchen Verdacht stets vehement von sich wiesen. »Wat sollet?«, sagt der Pöttler da. »Hauptsache, et schmeckt.« Selbst wenn Erich im Pott die Goodies verteilen ließ, die seinen eigenen Leuten fehlten.

Gegen billige Kartoffeln und kostenfreie, wenn auch etwas uninspiriert kolorierte Eier war nichts zu sagen, da ist der Pöttler pragmatisch. Wurde die Propaganda zu dick aufgetragen, beantworteten das zufrieden kauende Eierfinder gern mal mit einem freundlichen: »Jau, dann geh doch nach drüben!«

Nur weil man gefüttert wird, macht man aus seinem Herzen, das ja wohlgemerkt links schlägt, keine Mördergrube. Was nicht heißt, dass der Pöttler seine Meinung immer offen sagt: weit gefehlt. Bewegt er sich außerhalb der Norm, schweigt er meist fein stille.

Ich zumindest kannte in meinem Alter nur einen, der so mutig gewesen wäre, sich zumindest zeitweilig zur CDU zu bekennen: meinen Freund Gerd. Aber dessen Vater war Steiger und zudem Bayer: Das entschuldigte in gewissem Sinne solche exotischen Marotten. Und dann trat Ende der Siebziger eine weitere Kraft auf, die vielen von uns spontan sympathisch war: die Grünen. Sie brachen auch an Ruhr und Emscher das tradierte Spektrum auf.

Grün sein war irgendwie logisch, nicht nur wegen des allgegenwärtigen Industriedrecks im Revier. Die spannungsreichste Reibungsfläche zur etablierten Gesellschaft verlagerte sich Ende der Siebziger weg vom Duisburger Eschhaus (wo man stets die neuesten RAF-Flugblätter kriegte, so man es drauf anlegte) hin zur Anti-Atomkraft-Bewegung. Mir persönlich waren die Grünen suspekt: Wer sich für die engagierte, kam gemeinhin aus bürgerlichen Häusern, wo Papa FDP wählte.

Genau das eröffnete aber Jugendlichen die Möglichkeit zum politischen Engagement, denen man das aufgrund ihres katholisch-braven Äußeren bis dahin nicht abgekauft hätte. Der Späthippie-Chic der frühen Grünen eckte weniger an als die Kleidungsstile anderer Jugendkulturen der Zeit: Punk und Pop (besonders die Saturday-Night-Jünger in den sogenannten Eierquetscherhosen – denken Sie an John Travolta) changierten stets ins Sexuelle und damit Gottverbotene. Eine Latzhose aber war Unisex: Darin sah einfach jeder leicht gartenzwergig beschissen aus.

Ihr weltrettender Eifer war mir so unheimlich wie das in dieser Szene übliche Küsschen, Küsschen. Ich fand es verlogen: Warum sollte ich jemanden körperlich berühren, den ich nicht mag? Warum friedlich-freundlich mit jedem

Blödmann Grundsatzdiskussionen über Killefit führen? All das widersprach dem Pott-Naturell, das eher aufbrausend ist. Meine Kinderfreunde aus Vor-Gymnasiumszeiten waren Kinder von Berg- und Hüttenarbeitern gewesen. Denen wäre das – um es mal vorsichtig zu sagen – nicht eingefallen. Der natürliche Reflex eines Pöttlers auf den Versuch, ihn auf die Wange zu küssen, wäre wahrscheinlich ein herziger Stoß vor den Solarplexus gewesen, begleitet von einem: »Ey, du Schwulen. Bleib mich vonne Pelle! Wat sollen dat?«

Den Ruhr-Reflex, einen »magischen Meter« Abstand zu wahren, teile ich bis heute. An meine Haut lasse ich Wasser, Seife und die, die mir am Herzen liegen. Der Rest darf Abstand wahren.

Man begrüßt sich per Handschlag – und zwar fest. Unter Kumpeln ist auch ein Schlag auf die Schulter genehm. Das sahen die etwas härteren Jungs auch so. Ich, der ich zwischen verschiedenen Cliquen pendelte, fühlte mich bei denen wohler.

Am entgegengesetzten Ende des Spektrums dieses Soziogramms saß der eingangs erwähnte Socke, dem es auf andere Weise ähnlich ging. Er hätte wohl gern an Bussi, Bussi und »Atomkraft – nein danke« teilgehabt, wenn man ihn ernst genommen hätte. Tat aber keiner.

Socke war eine Art Anhang zum Bär, dem kiffenden Mittelpunkt unserer Freak-Gemeinde. Der war kein Alphamännchen, sondern ein großer, gemütlicher Typ, ein begnadeter Musiker und ab seinem sechzehnten Lebensjahr bekifft von morgens bis abends. Ende der Siebziger, Anfang der Achtziger war das nicht ungewöhnlich im Revier: Bis zur grünen Grenze am Niederrhein nach Holland waren es fünfunddreißig Kilometer Luftlinie, der Rastplatz Hünxe an der A3 auf dem Weg von Oberhausen nach Arnheim, galt in Nordrhein-Westfalen über Jahre als einer der Hauptumschlagplätze für Drogen. Für den Import zum Eigengebrauch lag der Übergang Venlo näher – per Auto in vierzig Minuten erreichbar und angeblich lückenhaft kontrolliert.

Allein Kumpel Heiner hatte da zeitweilig Pech: Der hatte mit Spliff, Cannabis, Haschisch, Mary-Jane, Thai-Gras und Co. nichts am Hut und musste sich trotzdem dauernd den Wagen auseinandernehmen lassen. Erst nach einigen nervraubenden Vollzerlegungen seines Gefährts – der Einkaufsbummel in Holland ist im westlichen Ruhrgebiet Standard – erfuhr er, was die Zöllner daran so magisch anzog: Er hatte die Kiste einem Typen abgekauft, der sich an der Grenze als Dealer erwischen ließ – und zu allem Überfluss dessen Nummernschild übernommen. Die Geschichte machte unter Rauchern die Runde, bis sie reichlich ausgeschmückt immer lustiger und länger wurde und irgendwann Legendenstatus errang.

Legende war auch der Bär, weil ihm schier Unglaubliches gelang: Gegen Ende der Schulzeit wurde er mit Hilfe eines psychiatrischen Gutachtens versetzt, demzufolge er aufgrund seines Drogenkonsums nicht zu den erforderlichen schulischen Leistungen in der Lage gewesen war. Auch das wurde zu einer weithin kolportierten Heldengeschichte unter Kiffern, obwohl es wahrscheinlich weniger clever als vielmehr die reine Wahrheit war. Ich war einmal vor der Schule bei ihm: Er lag kiffend in der Wanne.

Seine Eltern lebten auf einem anderen Planeten: Sie gehörten zur katholischen Gemeinde, waren schwer fromm und aktiv, den weltlichen Dingen aber allzu entrückt. Stolz zeigten sie auf die Fotos von der Papstaudienz, die sie ob ihrer Verdienste um die himmlische Sache erreicht hatten, und übersahen, dass sie ihren Sohnemann auf Wolke neunzehn nicht mehr erreichten. Cannabis war für sie offenbar auch nur eine Art Weihrauch.

Sockes Familie war ähnlich weltfremd. Der Bär und er waren mit der Katholischen Arbeiterjugend groß geworden, hatten zusammen Kirchenmusik gemacht und waren so etwas wie vielversprechende Prinzen eines die Jobs normalerweise per Klüngel vererbenden Ruhr-Bürgertums.

Liebe Nicht-Ruhrgebietler: Solche Menschen sind im Pott privilegierte Exoten. Den Mittelstand musste man dort in den Siebzigern, Achtzigern mit der Lupe suchen. Aus diesem kleinen, numerisch kaum erwähnenswerten Kreise rekrutierte sich damals (und im Grunde auch heute) allerdings das Gros der Ruhr-Gymnasiasten. Neben politisch aktiven Freaks und den katholisch Engagierten gab es noch die Tennisclubkreise, die dem Rest der Bevölkerung ähnlich weit entrückt schienen wie englischen Sozialhilfeempfängern die Besitzer eigener Logen in Ascot oder Wimbledon.

Auch das ist eine Urerfahrung der Ruhr-Jugend: Der Abstand zwischen Oben und Unten ist entmutigend riesig. Zumal »das System« meist denen zuzuarbeiten scheint, die schon oben sind. Der Einzige meiner Bekannten, der schon zu Schülerzeiten Bafög bekam, war der Sohn eines örtlichen Immobilienunternehmers. Der hatte massig Angestellte, war aber aufgrund von gebundenem Investitionsvermögen nominell verschuldet. Seinem Sohn schenkte er zum achtzehnten Geburtstag ein neues Boot – der Gute war schließlich Segler.

Wen wundert es, dass »Rot« und »Links« im Pott über so viele Generationen zur Selbstdefinition gehörte? Eine gerechte Verteilung der Güter ist in einer mittelstandslosen Arbeits- und Lebenswelt, in der der soziale Aufstieg unendlich schwierig ist und nur denen leicht gelingt, die Staat oder Mitmenschen geschickt »betuppen«, ein Ideal mit viel Sexappeal. Es bedeutet: Die Partei kümmert sich. Jemand tut was für dich. Wahrt deine Interessen.

Und wann wäre der Drang, zu einer solchen Solidargemeinschaft zu gehören, stärker als in der Jugend? Auch Socke, der allzu brave Akkordeonspieler, das von kaum jemandem wahr- oder ernst genommene Mitglied der Katholischen Arbeiterjugend, dieser junge Mann, den man so, wie er damals war, heute als »Opfer« bezeichnen würde, auch Socke spürte diesen Drang.

Seine soziale Referenz, also die Gruppe, die er vor Augen hatte, sah wild aus: Die Leute trugen Latzhosen und Pali-Tücher, wählten links und ultralinks, sie banden schwarzen wuscheligen Hunden blaue Halstücher um und nannten sie »Wolfgang«. Sie gruben Erdpfeifen im Revierpark Mattlerbusch (abgedeckte Erdlöcher, die man wie eine Wasserpfeife nutzt – man raucht quasi aus dem Boden) und schwangen rebellische Reden.

Sockes Irrtum: Dieser ihm so vorbildlich scheinende Kreis war nicht verwegen, sondern bürgerlich bis ins Mark, die taten nichts, für das sie mehr als vier Sozialstunden in einem Jugendheim aufgebrummt bekommen hätten. Socke aber plante seine Initiation als Gleichberechtigter und Wahrgenommener unter den vermeintlichen Bombenlegern nach konzentriertem Zuhören und reiflicher Analyse der Lage so, wie er sie wahrnahm. Eine kleine Heldentat sollte es werden, die ihn in die Mitte der Gruppe befördern sollte. Etwas, das noch nach Jahren mit »Boah!« und »Ey, wat is los?« und »Ass möff! Erzähl nich!« quittiert werden sollte.

Es gelang.

Auf dem Rückweg von Venlo hielten ihn die Zöllner an und konfiszierten eine laienhaft versteckte, sechshundert Gramm schwere Platte schwarzen Afghanen. In Anbetracht der Menge bekam Socke den Stempel »Dealer« aufgedrückt und wanderte für ein Jahr hinter Gitter.

Bis zu dem Tag soll er noch nicht einmal geraucht haben. Das Interesse, dem erlauchten Freak-Kreise anzugehören, hat er im Knast übrigens verloren. Er ist heute eine verdammt hippe Type und lebt als erfolgreicher Geschäftsmann in Berlin. In die Provinz kommt er nur noch selten.

***

FAP, SPD, KAB – für mich klingt das nach Legenden aus einer längst vergangenen Zeit, Frank. Ich hab mal von einem Skin auf die Fresse bekommen, weil ich im Vorbeigehen lachte – er trug ein enges T-Shirt über seiner Wampe, um die sich die Hosenträger zu einem O spannten. Aber hauen konnte er – mich und meine Kollegen (die kriegten von seinen Kumpels was auf die Mütze) rettete ein Autofahrer, der das beobachtet hatte, dauerhupend neben uns stoppte und für einen Verkehrsstau sorgte.

Die drei Skinheads schauten zu der vierspurigen Straße, wir konnten uns losreißen und waren weg. Mit Politik hatte das wenig zu tun, wir hörten eben andere Musik, besuchten andere Läden und schluckten auch mal Pilze statt immer nur Alkohol. Wobei wir bei dem Scharmützel dasselbe Ziel hatten: Bier im Park trinken – die Skins kamen gerade mit Flaschen von der Tankstelle auf der anderen Seite der Bundesstraße, wir waren auf dem Weg dorthin.

Wer sich aber in meinem Umfeld Ende der Neunziger irgendwie politisch verortete – das war eine Minderheit – gab sich radikal. Rückblickend ist es schon seltsam, wie bedenkenlos wir Gewalt für ein legitimes Mittel des politischen Kampfs hielten, rein theoretisch natürlich. Ich kann mich noch gut an meinen Stolz erinnern, als ich in einem Buchladen in Holland Ausgaben der *Radikal* kaufte und mit Interesse die Bauanleitungen für unkonventionelle Spreng- und Brandvorrichtungen las.

Erzählt hatte mir von der *Radikal* ein Kollege, der regelmäßig zu Vorträgen an der »Roten Ruhr Uni« fuhr und, wenn ich mich richtig erinnere, auch bei kurdischen Kommunisten aktiv war.

Wir tauschten CDs: Ich hatte kalifornischen Surfpunk, er die aktuellen Alben von Bands wie *Hass, Dritte Wahl* und den *Skeptikern*. Ich habe nie ernsthaft erwogen, jemanden in die Luft zu sprengen (»doch wenn es unter'm Auto kracht, dann hilft es gar nichts, reich zu sein«), diese peinliche Neigung zum *radical chic* erkläre ich mir mit dem Mangel an Alternativen, die Pubertätswut rauszulassen.

Als Subkultur funktionierte, was radikal, aber nicht eindeutig politisch war. *Straight edge* zum Beispiel eignete sich im Ruhrgebiet wunderbar zu radikaler Abgrenzung von allen älteren Generationen und den meisten Mitschülern: Keine Drogen, kein Alkohol, kein Fleisch, schwarze Xe mit dem Edding auf den Handrücken malen und Hardcore-Bands wie *Gorilla Biscuits* oder *Youth of Today* hören – das war im Umfeld der Bierkultur im Pott so verstörend, dass sich Straight-Edger als Avantgarde fühlen konnten. Alle Straight-Edge-Anhänger, die ich kannte, hatten reiche oder zumindest wohlhabend-selbstständige Eltern im Essener Süden. *Metal* hingegen war was für Angestelltenkinder – Metallica-T-Shirts sah man auch im Stadion von Rot-Weiß Essen.

Zur Sozialistischen Jugend Deutschlands gingen nur Skater wegen der Half-Pipe vor deren Falkenheim, ansonsten war die ganze Veranstaltung etwas peinlich, die Falken standen ja wegen ihrer tollen Schulhofaktionen regelmäßig im Lokalteil der *WAZ*.

Die Grünen schieden auch aus, das war was für Schülersprecher. Der Rest der Parteien war total egal – die SPD regierte den Pott gefühlt so lange wie Helmut Kohl die Bundesregierung: schon immer. Die einzig mögliche Antwort darauf skandierte ich 1998 mit ein paar Pfadfinder-Kollegen bei Helmut Kohls letztem Wahlkampfauftritt in Essen aus dem Polizeikessel: »Halt's Maul, halt's Maul, Helmut Kohl halt's Maul.«

Nach Kohls Auftritt fuhren wir auf ein halbes Hähnchen mit Pommes zum Xaver und redeten über die neuen Star-Wars-Filme.

»Halt's Maul« hätte ich damals auch den SPD-Lehnsherren im Pott gern zugerufen. Ich hatte nichts gegen die Sozialdemokratie an sich, nur etwas gegen vererbte Pöstchen. Was Arbeiterkampf mal bedeutet hat, dass die rote Ruhrarmee in einem Bürgerkrieg gekämpft hatte, hat mir Theo Gaudig mit über neunzig Jahren an seinem Küchentisch mit der Plastikdecke erzählt. Ich hatte in der Zeitung gelesen, dass der aufrechte Kommunist Jugendlichen an Schulen, aber auch gern so von früher erzählte. Ich schaute ins Telefonbuch, er stand drin, der Mann wohnte zwanzig Minuten Fußweg in Richtung Ruhrschnellweg von meinen Eltern entfernt.

Ich rief an, und am nächsten Tag saß ich in Gaudigs dämmriger Küche, in der auch am Nachmittag das Licht brannte, weil die Rollläden wegen des Straßenlärms unten waren.

Gaudig erzählte vom Arbeiterkampf in den zwanziger Jahren, von seiner Zeit im KZ Buchenwald, von der Armut nach dem Ersten Weltkrieg. Einmal hätte er mit seinem Vater Stahlträger durch einen Wald bei Mülheim zu einer Lichtung geschleppt, wo die Gaudigs sich ein Häuschen bauten, da sei Fritz Thyssen an ihnen vorbeigeritten. Den »alten Thyssen«, sagte er, hätten sie natürlich höflich und ängstlich gegrüßt – ängstlich wegen der Stahlträger. Aber Thyssen plauderte nur vom Pferd herab mit Gaudigs Vater und ritt dann weiter.

Gaudig erzählte von Ausbeutung, Zwangsarbeit und Hunger, vom Kleben illegaler Plakate und einem Mitgefangenen, der sich erhängte, um nicht unter Folter die Kameraden in der illegalen Häftlingsorganisation zu verraten. Und dann sagte Gaudig, als ich ihn zweifelnd nach den Chancen des Sozialismus fragte, selbstverständlich glaube er an die sozialistische Idee. »Ich zweifle an den Menschen, nicht an der Idee. Die Arbeitslosigkeit, die Armut in der Dritten Welt, der Krieg sind Dinge, die ich nicht akzeptieren kann.« Und dann gingen wir noch gemeinsam zum Park, er fütterte da jeden Tag am Hirschgehege die Tauben. Ich bog vorm Park ab und lief alleine nach Hause und verstand, wie sehr sich das Ruhrgebiet verändert hatte.

***

Tja, Konrad, in kaum einer Hinsicht laufen unsere Wahrnehmungen und Erinnerungen weiter auseinander als bei der Politik. Ich wurde in einer Zeit erwachsen, als Engagement ein absolutes Muss war. Wer nicht aus Idealismus die Welt retten wollte, wollte es aus Angst vor dem nuklearen Erstschlag oder aus prinzipieller jugendlicher Wut aufs Establishment.

Diese Phase der permanenten Auflehnung fand ein in der Rückschau abruptes Ende, abrupter jedenfalls, als wir es damals wahrnahmen: die Volkszählung 1986. Der Widerstand dagegen scheiterte, doch auch die Volkszählung verpuffte in vielerlei Hinsicht. Zudem hatte der Staat danach seine Lektion gelernt: Mit der unerträglichen Arroganz, mit der vor allem Franz Josef Strauß, der damalige Innenminister Friedrich Zimmermann oder Kanzler »Birne« Kohl jede Opposition diffamiert hatten, war es danach vorbei. Der Staat begann, seine Bürger auf unaufdringlichere Art zu umwerben, statt Millionen zu Minderheiten zu erklären und stur seinen Willen durchzusetzen.

Zimmermann wechselte ins Verkehrsressort, wo die Hassfigur der Bürgerbewegten keinen weiteren Schaden anrichten

konnte. Strauß, allen Linken von seinen ersten Regierungs-
posten Anfang der fünfziger Jahre über die Starfighter- und
Spiegel-Affären bis zur Volkszählung ein Dorn im Auge, starb
1988. Da wackelte die Mauer bereits: Im gesamten Ostblock
kündigte sich der Kollaps an, die Regime wankten und mit
ihnen die Ideologien.

Mit der Wiedervereinigung begann eine Phase, die viele
Kinder der Bonner Republik aus dem Gleichgewicht brachte.
Ich kam 1989 von einem langen Auslandsaufenthalt zurück
in ein völlig verändertes Land. Im Freibad saßen Kids auf
Handtüchern in den Deutschlandfarben: Drei Jahre früher
hätten sie sofort unter Neonazi-Verdacht gestanden. Patriotismus war gestrig, verdächtig und schädlich, Nationalismus
rückwärtsgewandt und gefährlich, und plötzlich war alles
anders.

Nicht wenige der damaligen Endzwanziger und Dreißigjäh-
rigen reagierten mit einem Rückzug ins Private – wir ver-
stummten politisch.

Das heißt auch, dass wir euch die Heldengeschichten von
früher servierten, aber kein Angebot für das Jetzt machten.
Welches denn auch? Ideologien und Visionen galten als gescheitert. Der heroische Widerstand der DDRler, aus dem
eine neue, bewegte Republik hätte entstehen können, ließ
sich mit D-Mark kaufen. Statt wirklich mit dem Osten
zusammenzuwachsen, annektierte ihn der Westen – und
nannte es Beitritt.

In meiner Erinnerung sind die neunziger Jahre eine Zeit
des politischen Ideenvakuums. Im Pott bedeutete das den
Bruch mit einer kontinuierlichen Geschichte, der in den
letzten zehn Jahren massive Veränderungen möglich machte:
Heute ist das Ruhrgebiet kein Erbhof der SPD mehr.

Nicht Chicago, sondern Hamborn: So cool konnte ein standesamtliches Hochzeitsfoto aussehen, wenn 1934 junge Bergleute heirateten.
© Frank Patalong

2. Migration
Herkunft
Wurzeln

HEIMWEH RÜCKWÄRTS Nur, dass jetzt kein falscher Eindruck aufkommt: Wirklich dick war ich mit dem Schibulski nie. Zwischen uns liegen Jahrzehnte. Er ist ein alter Bergmann, während ich zwar aus einer Bergmannsfamilie komme, aber Journalist mit Uni-Abschluss bin: Typen wie ich waren im Ruhrgebiet vor 1975 ungefähr so häufig wie Aliens im Außenministerium.

Wenn ich dem Schibulski begegne, dann treffe ich auf das, was ich hätte sein können, wenn die Dinge in meinem Leben anders gelaufen wären. Kein Wunder, dass mich der ruppige, alte Knochen zum Denken bringt. »Frag den Lischka«, hat er gesagt, »dea sieht dat andas.«

»Dat«, das ist die Sache mit der Ruhr. Wenn wir Ruhrgebietler aufeinandertreffen, dann spüren wir durchaus, dass uns etwas eint. Es ist nur schwer zu fassen, was das ist. Allen möglichen Leuten werden Eigenschaften zugesprochen: Bayern, Schwaben, Friesen, Sachsen. Aber Ruhrgebietlern, Pöttlern, Ruhris?

Was man uns zuspricht, ist selten positiv. Laut sollen wir

sein, eher ungebildet, wir haben angeblich keine Manieren und Geschmack schon gar nicht: Sonntags wirft man sich doch in die rote Ballonseide-Jogginghose, wenn man zur Kirche geht, oder? Im Fernsehen wimmelt es von Comedy-Gestalten, die solche Vorurteile zementieren.

Was wir uns selbst zusprechen, ist genauso dürftig. Bayern, Schwaben, Friesen definieren sich über das, was ihnen in ihrem Umfeld lieb ist: Berge, Seen, Sehenswürdigkeiten, Dialekte, Traditionen, Bräuche. Und wir? Wir sagen: »Woandas is auch Scheiße.«

Das stimmt wohl, kann aber nicht alles sein. Wenn Lischka und ich anfangen, über das Ruhrgebiet zu reden, dann ist das für Zuhörer mitunter so, als berichteten wir von Expeditionen ins Weltall. Wir lachen über Sachen, die außer uns niemand für normal halten würde.

Dabei redet er über ein ganz anderes Ruhrgebiet als ich. »Mein« Schibulski ist ein Bergmann, seiner eher Führer im Bergbaumuseum. Er kommt aus der Mitte des Potts, ich von einem Teil des Niederrheins, den das Ruhrgebiet erst in meiner Kindheit auffraß.

Trotzdem ist da unendlich viel Gemeinsamkeit. Spätestens nach drei, vier Bier wird klar, was uns unter anderem eint: Heimweh.

Heimweh, wird immer wieder behauptet, sei eines dieser schönen deutschen Worte, für die es in anderen Sprachen keine Übersetzung gebe. Natürlich ist das völliger Blödsinn: Kaum eine Sprache kommt ohne ein Wort dafür aus, woanders zu sein und darunter zu leiden, weil man eigentlich zuhause sein will. Nur setzt jede Sprache die Akzente anders.

Nostalgia sagt der Italiener und signalisiert, dass dieses »Heimweh« für ihn mit Erinnerungen an Gestern verbunden ist. Heute ist er woanders, aber tief im Herzen schwelt noch *amore* für die *patria*, die eher das Mutterland meint, obwohl sie Vaterland heißt. Die *saudades* der Portugiesen setzt der Heimwehpoesie die Krone auf: Das Wort heißt alles von »Weltschmerz« bis »Vermissen« – dem an *saudades* leidenden Portugiesen geht es dreckig. Wen wundert es da noch, dass die hohe Kunst portugiesischen Liedguts aus zwanzigminütigen Weltschmerzelegien, dem Fado, besteht? Im Pott würde man das darin vermittelte Gefühl wohl mit »Überall is scheißer als zuhause« übersetzen.

Wir Ruhr-Menschen, die wir unsere besten Kumpel gern zärtlich »Sausack« schimpfen, deren »Fresse« wir wirklich vermisst haben, sind sensibler, als man denkt. Es gibt eine Ruhr-Saudades, auch wenn der Fado dort kurz und deftig ausfällt: »Meine Fresse«, sagt so ein Leidender vielleicht, »dat hält ja kein Schwein aus.«

Denn wenn dat einmal am Laufen fängt mit die Wehmut, dann höat dat nich mea auf.

Was nicht heißen soll, dass der Ruhr-Mensch ganz in der Norm läge oder sogar normale Gefühle hegte. Dem Ruhri entspricht am ehesten die englische Übersetzung von Heimweh, *homesickness*, die Heimkrankheit also. Schönes Wort, weil es so ambivalent ist. Denn Heimweh, weiß der Ruhrgebietler, funktioniert in beide Richtungen. Er kennt sozusagen eine Art Heimweh rückwärts.

Beispiel: Mein erstes Heimweh hatte ich mit sieben, als ich nach einer Woche Schullandheim Bronsfeld – meinem damaligen Erfahrungshorizont nach der schönste Ort der Welt – im ersten Stockwerk am Fenster stand und über die bewaldeten Kuppen der Eifel blickte. Krähen zogen, hoch am Himmel kreiste ein Raubvogel, ansonsten herrschte in dem Kaff absolute Stille. Kein Wunder: Es hatte nur knapp dreihundert Einwohner. Die ganze Bevölkerung von Bronsfeld hätte in eine Straßenbahn gepasst, wenn es da eine gegeben hätte. Es war für einen Siebenjährigen aus dem nördlichen Ruhrgebiet fast eine Überdosis Schönheit: Wälder! Berge! Vögel! Stille!

In meinem Kopf aber hallte ein altes Kosakenlied, *Am Fluss Kasanka*, das uns meine Hippie-Grundschullehrerin am Abend zuvor auf der Wandergitarre vorgesungen hatte und das ich nie wieder vergaß:

Sieh, da kommt ein Reiter, führt ein ledig Pferd,
der Bursche behend hinauf sich schwingt.
Bursch, willst du nicht bleiben bei der lieben Mutter
und dem greisen Vater dein?
Sieh, ich lieb die Mutter und den greisen Vater,
doch die bunten Mützen der Kosaken lieb ich mehr.

Mir ging es so ähnlich. Sieben Jahre jung, zum ersten Mal fort von daheim, zum ersten Mal die wahre Welt gesehen, und schon soll ich wieder zurück? Dat hält doch kein Schwein aus! »Frank«, rief es von unten, es war Zeit für den Abschied. Mit dem Bus ging es Richtung Osten, wo die Kosaken wohnen, dann Richtung Norden, wo die Ruhris hausen. Mit einem Affenzahn huschte eine immer plattere Landschaft vorbei, bis am Horizont heimatliche Farben aufschienen und bald darauf ruchbar wurden: die der Glocke.

Junge Bewohner des Potts kennen das nur aus den Erzählungen der Älteren, aber früher lag das gesamte Ruhrgebiet wirklich unter einer Glocke, die sich farblich deutlich vom Rest der Welt abhob: ein rötlicher Schimmer aus der Ferne, aus der Draufsicht. Als würde das Ruhrgebiet mit anderen Gasen versorgt als dem sonst üblichen farblosen Sauerstoff-Stickstoff-Gemisch. Wenn man darunter stand und in den Himmel sah, addierten sich roter Dunst und Himmelblau zum Hintergrundgrau. Schön war das nicht, aber normal.

Die Glocke hatte einen Geruch, der zweierlei bewirkte: Erstens betrachteten mit dem Zug Anreisende, argwöhnisch ihr Gegenüber (weil die Ruhrchemie für Gerüche sorgte, die so in der Natur nicht vorkommen). Zweitens sind die Nasen der meisten Ruhrgebietler, die mit der Glocke aufwuchsen, für deren Düfte quasi taub, tot, nicht ausgerüstet. Psychologen nennen es Desensibilisierung: Ist man ständig einem Reiz ausgesetzt, der normalerweise zu Panik, Übelkeit oder Fluchtreflexen führt, nimmt man ihn irgendwann nicht mehr wahr.

Es sei denn, man hat gerade sechs Tage in Bronsfeld verbracht, wo die Krähen ziehen und der Bussard kreist. Während der Bus mit achtzig Stundenkilometern in die Glocke fuhr, legte sich mir ein eisernes Band ums Herz: Was war das? Was war das für ein Geruch? Was war das für ein Gefühl?

»Mir is schlecht!«, greinte nicht nur ich, und meine immer gütige Hippie-Lehrerin spendete Trost: »Dat vergeht gleich widda«, sagte sie, »dat is so, wenn man zurückkommt.« Und drehte sich dem Busfahrer zu: »Könnense vielleicht mal 'n paar Minuten mittem Rauchen aufhöan?«

Der Busfahrer, ein netter Mann, konnte. Kurz darauf roch man die heimatliche Luft schon viel besser, was zunächst wenig half. Als wir nach dem »Spaghettiknoten« Kaiserberg die Ruhr querten, gab es einen Hochofenanstich, den wir über das Panorama des weltgrößten Binnenhafens (Pflichtstoff Heimatkunde, erste Klasse) hinweg sehen konnten. Aus der Entfernung unspektakulär, aber irgendwie brachte das mein inneres Koordinatensystem ins Lot. Geruch und Gestalt der Umwelt deckten sich wieder, und unsere kleinen Kindernasen begingen den nötigen sensorischen Suizid. Der Mensch ist unendlich anpassbar.

Es war eine stille Truppe, die bald darauf dem Bus entstieg. »Haste uns denn ga nich vermisst?«, fragte meine Mama, ich antwortete wortkarg, aber diplomatisch. Die Erwachsenen redeten, ich schnappte Brocken auf. »Ooch«, sagte meine Mutter, und meine Hippie-Lehrerin erklärte irgendwas von »sensibel«, und dann fiel dieses kleine Wort: »Heimweh«.

Jetzt wusste ich Bescheid, welches Gefühl mich den ganzen Tag, die ganze Fahrt gequält hatte. Heimweh! Dieses Gefühl, wenn man nach Hause muss, obwohl es da, wo man ist, viel schöner ist und man nie, nie wieder weg will. Der Gedanke an Walsum machte mich krank. Tat echt weh. Klar, so was gibt Ärger.

»Wat is jezz schon widda?«, raunzte mein Vater wenig später. Meine Eltern holten mich mit dem Auto ab, wohl, um mir eine Freude zu machen. Man hätte auch laufen können, aber einen Ford 12M zeigte man natürlich gern. Wer hatte damals schon so einen Schlitten? »Der will nich nach Hause? Pironje, mach, dat dea die Klappe hält, sons gibet wat!«

Es war 1971, ich begann, das Ruhrgebiet bewusst zu erleben, weil ich zum ersten Mal einen Vergleich hatte. Das Heimweh wurde ich nie mehr los, weder vorwärts noch rückwärts.

PAUL, PAWEŁ UND OMAS HANFSUPPE – DIE EINWANDERER Dass das Ruhrgebiet ein bisschen anders ist und ich da zuhause bin, habe ich nach zwei Wochen Zeltlager im Schwarzwald gemerkt. Wir waren mit den Pfadfindern dort, auf einem kleinen Hügel. Im dichten Nadelwald ringsum suchten wir jeden Abend Feuerholz. Alles war sehr grün und sehr idyllisch, aber als der Zug bei Duisburg das Ruhrgebiet erreichte, war ich glücklich: Schienen!

Und zwar nicht zwei, drei Gleise, sondern Dutzende nebeneinander vorm Bahnhof. S-Bahnen, die unser D-Zug überholte, wartende Fahrgäste auf den Bahnsteigen der Zwischenbahnhöfe, Männer und Frauen mit dem Sonntagsbier vor den Büdchen in den Straßen, zwischendurch ein paar Schafe auf den Ruhrwiesen, ein Freibad, dann wieder der spannende Blick in kleine Hinterhöfe, auf denen Kinder rumpölten, in halb offene Lagerhallen, wo im Dämmerlicht Maschinen oder Schrott lagen, Einblicke, die man nur aus Zügen hat. Und überall Autos, so viele unterschiedliche Autos! Da, eine Ente! Ein Ford Capri, ein Taunus und dort ein orangener Mercedes W123!

So großartig Stockbrot, Lagerfeuer und Geländespiele mit Tannenzapfenweitwurf auch waren – die zwanzig Minuten im D-Zug von Duisburg bis Essen fand ich viel aufregender: Da passierte überall was. Als meine Eltern mich vom Bahnsteig abholten, berieten sie kurz, ob man nicht eine Taksówka nehmen sollte. Das gab es sonst nur an Feiertagen. Wenn die Oma Geburtstag hatte, zum Beispiel. Da fuhren wir manchmal mit dem Taxi vom Jugoslawen nach Hause. Im Mercedes!

Meine Rückkehr aus dem ersten Urlaub allein war ein vergleichbar großes Ereignis. Aber ich fand die Aussicht auf eine Autofahrt gar nicht so reizvoll. Ich wollte mit der U-Bahn durch die Stadt, sehen, was sich entlang der Strecke verändert hatte. In Essen geht das, da fahren einige U-Bahnen den größten Teil ihrer Strecke überirdisch. Und so rollte ich nach zwei Wochen Schwarzwald in einer rot-weißen U-Bahn über die Holsterhauserstraße, vorbei am Mexikaner, und dann stand da tatsächlich ein Gerüst vor der nunmehr komplett verhängten Post, errichtet von Gerüstbau Podszadlik, wie groß auf der Verkleidung stand.

Ich war aufgeregt – was würden sie wohl dort hinbauen? Warum? Das ist die Stadt: Kaum ist man zwei Wochen weg, haben sie ein Haus versteckt.

Zur Stadt gehören neben U-Bahnen, Hinterhöfen und

Gerüsten auch Namen wie Podszadlik, Lischka und – Schibulski.

»Na, wo hast du denn den Namen her?«, frag ich den Alten, der in schwarzer Kunstlederjacke am Plastiktisch der Bude lehnt. Er schaut auf, macht den Rücken gerade und stellt das Stauder-Pils auf die Theke, fährt sich mit der Hand durchs Haar. »Von meinem Vatta.« Griff zur Pulle, gluck, gluck, Ende des Themas. »Und wo kam der her?« Eigentlich heißt das »kommt wech«, aber ich will mich nicht anbiedern. Und Schibulski? Er versteht die Frage nicht: »Wattenscheid.«

Schibulski Vater bestimmt, Schibulskis Nachname sicher nicht. Der wurde wahrscheinlich Cybulski geschrieben, als ein Vorfahre aus dem Osten Preußens ins Ruhrgebiet kam, um in einer Polenzeche Geld zu verdienen. So nannten Einheimische die Bergwerke, in denen viele Zugezogene arbeiteten.

Einwanderer waren die Ruhrpolen streng genommen nicht, sie hatten dieselbe Staatsangehörigkeit. 1901 wies der Innenminister des Deutschen Reichs die fürs Ruhrgebiet zuständige Verwaltung an, Namen wie Cybulski großzügig einzudeutschen, zwecks »Verschmelzung des polnischen Elements mit dem deutschen«. Daher kommen die Schimanskis und vielleicht sogar ein paar Mayers, die einmal Majczak hießen.

Geholfen hat die Germanisierung wenig – viele Ruhrpolen zogen nach dem Ersten Weltkrieg zurück in die neu gegründete Republik Polen oder weiter nach Westen, in belgische und französische Kohlereviere. Die schätzungsweise einhundertfünfzigtausend Ruhrpolen, die blieben, mussten sich anpassen. Es gab kein unabhängiges Vereinsleben, keine eigenständige Kultur. Einige der Polen, die in der Nazi-Zeit als Zwangsarbeiter im Ruhrgebiet arbeiten mussten, blieben nach Kriegsende als *displaced persons* da, schätzungsweise vierzigtausend. In den siebziger und achtziger Jahren kamen schubweise Spätaussiedler wie ich aus Polen ins Ruhrgebiet.

Der Germanisierungtradition verdanke ich meinen Namen. Getauft wurde ich als Konrad Paweł Liszka, so steht es in meiner Taufurkunde aus der Pfarrkirche Katowice Dąb. Auf meinem Registrierschein aus dem Grenzdurchgangslager Friedland geht die Germanisierung schon los, da ist der Aussiedler Lischka, Konrad, in Kattowitz geboren und laut Stempel der »Staatsangehörigkeitsfeststellungsbehörde« bereits deutscher Staatsbürger.

Dabei wurde ich erst am 21. Januar 1983 vom Regierungspräsidenten eingebürgert als »Konrad Paul Lischka«, geboren in »Katowice«. Die Beamten hatten meiner Mutter zum Paul und dem »sch« im Lischka geraten, das sei besser so.

Der germanische Konrad wurde nicht geändert, dabei werde ich auf diesen Namen viel häufiger als auf das Lischka angesprochen. In Westdeutschland kamen 1979 wohl nicht allzu viele Eltern auf die Idee, ihr Kind Konrad zu nennen – ich verdanke den Namen dem Urgroßvater, der in Katowice zuhause lieber die Tageszeitung und das Kommunistische Manifest las, als mit meiner Uroma zu sprechen, aber jedes Mal, wenn sie den Raum verließ, irritiert fragte: »Wohin gehst du?«

In Katowice konnten Konrad und Paweł koexistieren, im Ruhrgebiet war das nicht so leicht – war es noch nie gewesen. Dass aus Paweł Paul wird, zeigt eine im Ruhrgebiet zu beobachtende Art des Umgangs mit anderen: Es ist eher Ignoranz als Integration, wobei Ignoranz ein zu hartes Wort ist. Man schaut nicht so genau hin, was anders ist an den Zugezogenen. Aus Polen? Aus Italien? Macht ja nix. Und weiter. Ein hübsches Beispiel für diese Geisteshaltung liefert mir der Gebäudereiniger, der nach der Arbeit an den Fenstern samstags immer bei meinen Eltern zum Essen blieb. Was er zuhause am liebsten esse? Der gute Mann lehnte sich zurück, verschränkte die Hände überm Bauch und sagte: »So typisch deutsches Essen halt, Pizza und Braten und manchmal lange Nudeln mit Tomatensoße.«

Wie Pizza und Spaghetti ins Ruhrgebiet kamen, zeigt der Film *Solino* sehr schön: Mit den sogenannten Gastarbeitern aus Italien. Als die Ersten in den fünfziger Jahren ins Ruhrgebiet zogen, waren Makkaroni dort eine exotische Speise. Ein italienischer Journalist beschrieb 1957 das Gemeinschaftsessen in den Unterkünften der Zeche Walsum so: »Teller voll Makkaroni wurden hineingetragen. Die Bergwerksgesellschaft lässt sie extra für die Italiener kochen und hat zu diesem Zweck einen Deutschen eingestellt, der lange in Italien gelebt hat.« Das Ergebnis beschreibt der Reporter diplomatisch: »Sie sind jedoch essbar, und es ist nicht gesagt, ob nicht mit der Zeit entweder der Koch es lernt, sie nicht erst pappig werden zu lassen, oder ob sich unsere Landsleute schließlich umstellen.«

Inzwischen lässt sich an der Gastronomie jeder größeren Stadt im Ruhrgebiet die Einwanderungsgeschichte ablesen: Man kann auf jedem Niveau italienisch, griechisch, türkisch, portugiesisch, spanisch oder koreanisch essen. Mein Vater kauft auf dem Wochenmarkt beim Iraner Schafskäse und beim türkischen Gemüseladen Rosenmarmelade. Aber dass das etwas mit der Gründungsgeschichte des Ruhrgebiets zu tun hat, dass die Einwanderung in den sechziger und siebziger Jahren die Region mindestens so sehr geprägt hat wie der Bergbau überhaupt – das habe ich erst begriffen, als ich mit achtzehn Jahren für die Lokalzeitung über koreanische Kohlekumpel schrieb. Die selbstverständliche Eindeutschung der Pizza durch den Gebäudereiniger ist ein Beispiel der gar nicht böswilligen Mischung aus Desinteresse und Gleichmacherei gegenüber Neuem. Man lebt nebeneinanderher, in der

Schule hatte ich zum Beispiel von der ersten Klasse an viel über Kohle und den Bergbau gehört, aber nie etwas dazu, warum da Kinder mit Eltern aus Polen, der Türkei, Indien und Korea zusammensaßen.

Mit vierzehn oder fünfzehn fuhr ich zum ersten Mal zu einem türkischen Kollegen nach Hause und fühlte mich völlig fremd in dem Viertel, das nur ein paar Straßenbahnhaltestellen weiter lag. Ich hörte im Kinderzimmer Tarkan, den der große Bruder meines Kumpels cool fand, die Eltern aber nicht wegen Ritzereien auf den Unterarmen und solchem Zeug. Von dem hatte ich noch nie gehört, dabei war er damals schon ein Superstar. Als wir später durchs Viertel liefen, hörte ich ein paar Mal aus vorbeifahrenden Autos Tarkan.

Das war eine Parallelkultur, genau wie die polnischen Gottesdienste, zu denen ich mit meiner Mutter so manchen Sonntag mit der Straßenbahn durch die halbe Stadt fuhr. Manchmal musste ich während des Gottesdienstes stehen, weil die Kirche so voll war. Es gab Weihrauch, komische Lieder, und danach kauften wir oberschlesische Wurst aus einem der Lieferwagen, die auf dem Parkplatz vor der Kirche warteten.

Zwanzig Jahre später habe ich noch einmal einen polnischen Gottesdienst besucht; die Kirche war immer noch brechend voll, die Menschen standen bis zum Eingangstor dicht gedrängt, die Straßen ringsum waren sonntagmorgens im Umkreis von einem halben Kilometer zugeparkt mit Autos aus Essen, Bochum, Mülheim, Recklinghausen oder Bottrop – dem ganzen Ruhrgebiet. Und ein Passat aus Nowy Sącz stand da auch, Familienbesuch aus dem Osten wahrscheinlich. Und wen treffe ich auf dem Rückweg vom Gottesdienst zum Auto? Den Schibulski. Er war mit seinem Köter unterwegs und grummelte mit einem Blick zu den

Autos: »Scheiß-Bulgaren, parken hier immer allet zu, wenn die am Feiern sind.«

Darüber, wo die ganzen »Bulgaren« herkommen, haben wir in der Schule nie gesprochen. Herkunft war kein Thema. Das entkrampfte weder den Umgang mit den Einwanderern noch den mit der eigenen Einwanderergeschichte, im Gegenteil: Weil über Polen, Schlesien und die Türkei nicht gesprochen wurde, blieb das ein komisches Thema. Von vielen Klassenkameraden aus der Türkei, dem Iran, Korea und Polen weiß ich bis heute nicht, was ihre Eltern ins Ruhrgebiet verschlagen hat.

Nicht nachfragen, nicht darüber reden – das prägte zumindest einen Teil der polnischen Aussiedler im Revier. Meine Oma erzählte vor kurzem, eine Freundin hätte ihr nach Jahren gesagt, dass die Eltern ihres Vaters aus Schlesien eingewandert waren. Warum hatte sie das so lange nicht erwähnt? Meine Oma hat die Lektion schon früh gelernt. Gleich nach der Ankunft in Deutschland, 1978 im Übergangslager, wurde sie von anderen Aussiedlern gewarnt: Wenn man neue Möbel habe, besser nur Aussiedler einladen. Bei Einheimischen würde das nur Neid und Missgunst schüren.

Bloß nicht auffallen! Im Kindergarten riet eine Erzieherin meiner Mutter, mit mir ein paar Mal zum Logopäden zu gehen, weil ich das R so rollte. Arrrbeit statt Aabeit, Sporrrt statt Spoat – nicht gut.

Ich bekam Einzelstunden, die Atmosphäre war unheimlich, weil sie nach Schulschluss im leeren, vollkommen stillen Schulgebäude stattfanden. Stifte lagen auf den Tischen, mit Wasserfarben gemalte Bilder trockneten auf der Fensterbank, aber außer der Logopädin und mir war keiner da. Ich bekam nach jeder Stunde ein Spaghettieis in der Eisdiele nebenan (noch eine Einwanderererrungenschaft), und so lernte ich schnell, Spoat zu sagen.

Ich weiß nicht, warum ich trotzdem aufgefallen bin. In der Grundschule nannte mich ein Mitschüler beim Knickern mit Murmeln auf dem Pausenhof mal Polacke. Ich wusste nicht genau, was das hieß, aber ich verstand, wie es gemeint war: diskriminierend.

Ich habe meine Mutter gefragt. Ihre Antwort habe ich vergessen, wahrscheinlich hat sie meine Sorgen nicht ausgeräumt. Jedenfalls sprach meine Mutter mit der Klassenlehrerin, die wiederum sprach mit den Eltern des Mitschülers und arrangierte ein Treffen nach dem Unterricht. Dabei stellte sich heraus, dass mein Knicker-Gegner auch nicht so genau wusste, was er gemeint hatte. Wir saßen auf dem Flur vorm Lehrerzimmer, er hatte Angst vor dem Ärger, der da kommen könnte, und mir war die Sache auch nicht geheuer, so viel Aufhebens war mir unangenehm.

Dann kamen unsere Mütter aus dem Lehrerzimmer, und die Klassenlehrerin verkündete, Spätaussiedler seien Deutsche wie alle anderen auch. Das ist rückblickend eine ziemlich dämliche Erklärung: Darf man also einen Italiener Itaker und einen Warschauer Polacke nennen? Abgesehen davon war die Lösung pädagogisch erfolgreich: Unsere Mütter besuchten sich gegenseitig, und wir spielten lange Zeit Grafikadventures wie *Indiana Jones* an seinem Amiga und später an meinem PC.

Das waren noch unschuldige Zeiten! Ich selbst habe wenig Negatives erlebt, aber im Ruhrgebiet geborene Kinder koreanischer Einwanderer haben mir einiges über Schlitzaugen-Sprüche in der Schule und Pöbeleien am Bahnhof erzählt. Und in der U-Bahn werden sie auch von Jugendlichen mit türkischem Hintergrund belästigt. Die Gemengelage ist undurchsichtig, aber wenn ich über Einwanderer im Ruhrgebiet eins gelernt habe, dann das: Das Gerede vom Revier als Schmelztiegel der Einwandererkulturen ist Quatsch.

Die meisten Menschen wissen gar nicht, wie stark die Region durch Einwanderer geprägt wurde. Die Pizza war immer schon da. Komisch eigentlich, dass sie noch Pizza heißt und nicht Salami-Käse-Schnitte analog zu den langen Nudeln mit Tomatensoße. Der Döner (aka Türkenstulle) ist integriert, aber die Variante mit Lammfleisch und Tomatensoße (İskender Kebap) kennt keiner. Ganz zu schweigen von Rosenmarmelade – meine Eltern kauften *gül reçeli* beim Gemüsetürken, und ein Schulfreund war geschockt von der Tatsache, dass sich Leute Blumen aufs Brot tun. Er wollte das lieber nicht probieren.

Wie wenig im Ruhrgebiet verschmolzen ist, hat meine Oma gemerkt, als sie eine neue Hanfsamenquelle suchte. Sie erzählt die Geschichte seit Jahren, weil es für sie so kurios ist, dass niemand kapiert, wofür man vor Weihnachten Hanfsamen braucht. Der oberschlesische Lieferdienst, der ihre Straße einmal die Woche mit Wurst und im Dezember eben auch mit Hanfsamen versorgte, kam wochenlang nicht, und meine Oma machte sich auf, um einen neuen Lieferanten zu finden.

Heute lacht meine Oma, wenn sie von dieser Odyssee erzählt; inzwischen weiß sie, warum die Leute so merkwürdig reagierten. Hanfsamen? In der Drogerie schaute die Verkäuferin ungläubig, kicherte und sagte: »Nein, haben wir nicht.« Das Kichern muss meine Großmutter sehr verunsichert, ja beleidigt haben.

Der türkische Gemüsehändler war höflicher und sagte einfach Nein. Im Reformhaus fragte die Verkäuferin nach einem ersten irritierten »Nein« immerhin, wofür die siebzigjährige Dame denn Hanfsamen brauche. Die Frage muss wiederum meine Oma überrascht haben, sie tut immer noch entrüstet, wenn sie davon erzählt. Wofür sollte man im Dezember wohl Hanfsamen brauchen, wenn nicht für die Siemieniotka, die traditionelle Hanfsuppe, unter deren Geschmack viele oberschlesische Kinder vor der Bescherung leiden? Das hat meine Oma im Reformhaus natürlich nicht erzählt, sie sagte einfach: »Für die Suppe an Heiligabend.« Und dann – das hat meine Oma sehr gefreut – fiel der Verkäuferin etwas ein, sie fragte, ob die Dame aus Polen komme? Bekannte von einer Bekannten würden auch so etwas kochen, das hätte sie schon gehört. »Aus Oberschlesien«, hat meine Oma geantwortet. Tatsächlich fand die Verkäuferin bei einem ihrer Lieferanten Hanfsamen im Sortiment, und so gab es wie jedes Jahr Siemieniotka.

Der Aufwand bei der Zubereitung steht – meiner Ansicht nach, da bin ich in der Familie in der Minderheit – in keinem Verhältnis zum visuellen und geschmacklichen Ergebnis. Die Hanfsamen müssen über Nacht im Wasser quellen und stundenlang kochen, werden dann zu Brei verarbeitet, wieder gekocht, abgegossen, mit Wasser durchgespült, nochmals mit Milch aufgekocht und zum Schluss mit Mehl abgebunden. Die fertige Suppe ist grau und sämig, manchmal auch beige, kurzum, sie hat dieselbe Beinahefarbe wie die Blousons, die Oppas im Ruhrgebiet tragen, vielleicht, um gut getarnt mit der grauen Architektur zu verschmelzen.

Optisch passt die Siemieniotka perfekt ins Ruhrgebiet, zumindest in den Teil, den Stadtplaner in den fünfziger und sechziger Jahren hinstellten, um ganz schnell ganz viele Einwohner zwischenzulagern. Wenn man ein paar Oppajacken und etwas Mörtel von den Fassaden an der Altendorfer Straße lange genug mit Milch aufkocht, schmeckt das Ergebnis bestimmt so ähnlich wie Siemieniotka: bitter.

Anders kann ich den Geschmack nicht beschreiben, auch wenn meine Oma jeden Heiligabend eine neue Nuance ausmacht. Mal ist die Siemieniotka besonders gut, mal so, wie sie meine Uroma Paula immer gekocht hat, und mal so gut wie immer. Meine Oma schwört, dass die Siemieniotka mit einer Prise Salz besonders lecker ist. Ich schmecke dann nur etwas Salz in viel Bitterkeit.

Den Sinn der Weihnachtsspeise erklärt meine Oma so: Man soll bei all der Freude und den Süßigkeiten daran denken, dass Jesus auf eine sehr schmerzhafte Weise hingerichtet wurde. »Tränen sind bitter«, sagt meine Oma. Das klingt plausibel, aber ich habe vielleicht fünfzehn Jahre lang jeden Heiligabend darüber nachgedacht und so einige logische Brüche in der Geschichte gefunden: Das mit der Bitterkeit ist ja schön und gut, aber soll die Lehre für den Siemieniotka-Koch sein, dass man mit extrem viel Aufwand und Quälerei recht wenig erreicht? Das habe ich bei Jesus anders in Erinnerung. Und was ist bei der Zubereitung schiefgegangen, wenn meine Oma jedes Jahr behauptet, die Hanfsuppe schmecke ihr? Sie soll doch nicht schmecken!

Aber egal, man schläft doch so gut nach der Suppe! Davon schwärmt meine Oma erst seit ein paar Jahren: Seit ihr Hausarzt gefragt hat, ob sie auch die Hanfsuppe koche, und ihr dann im Spaß etwas von Drogen und Cannabis und THC-Gehalt erzählte. Meine Oma gibt den Dialog immer noch belustigt wieder, hebt den Zeigefinger und macht große Augen, wenn sie den Doktor zitiert: »Wissen Sie, dass das eine Droge ist?«

Eine Wirkung wie bei Space Cookies habe ich nach Siemieniotka-Konsum allerdings nie bemerkt. Vielleicht liegt es an der Dosis, ich kriege nie mehr als fünf Esslöffel Hanfsuppe runter – meine Oma ist mit zwei, drei Tellern dabei.

Nein, eine Karriere wie Pizza oder lange Nudeln mit Tomatensoße als vermeintlich deutsches Essen wird die Siemieniotka kaum schaffen. Immerhin kreisen polnisches und schlesisches Essen im Ruhrgebiet seit einigen Jahren zwar nicht in der Mitte der Gesellschaft, wohl aber in einer nahen Umlaufbahn. In Oberhausen geht man (und das ist wirklich ein völlig unbestimmtes, stadtweites Man) – ob zum Fußballgucken, Jazzhören oder auch zum Essen und Trinken – ins Gdanska am Altmarkt, wo die Speisekarte deutsch-polnisch ist, wo man ganz ordentliche Pierogi und Bigos essen kann.

Der Wirt, Czeslaw Golebiewski, ist ein Auswanderer der letzten Welle – er kam Ende der achtziger Jahre nach Deutschland, war als Lehrer aus dem Schuldienst geflogen, weil er während der Solidarność-Bewegung eine unabhängige Gewerkschaft gründen wollte. In Deutschland arbeitete er erst als Taxifahrer, machte dann einen polnischen Lebensmittelladen und schließlich das Gdanska auf. Sein Großvater hatte vor dem Ersten Weltkrieg als Bergmann in Herne gearbeitet, bevor er mit seinem Sohn nach Polen zurückkehrte – die Sehnsucht nach Herne gab er weiter.

Das Gdanska ist die Ausnahme, sonst sieht man von den Polen wenig im Ruhrgebiet, sie bleiben unter sich. Ab und an gibt es eine oberschlesische Metzgerei, wo Menschen mit und ohne Migrationshintergrund essen und Wurst kaufen. Bei Peter Smiarowski in Recklinghausen zum Beispiel. An Werktagen schauen da am Vormittag die Arbeiter aus dem Gewerbegebiet nebenan auf zwei Mettbrötchen und einen Pott Kaffee vorbei. Zwei Polizisten holen sich ein paar Krakauer, einer will sogar was von dem »Sauerkraut« und meint damit den Bigos. Wahrscheinlich wird der Gute nie erfahren, was Bigos vom Sauerkraut unterscheidet: Je nach Rezept werden zum Kraut Trockenpilze, Wurst, Schweine- oder Gänsefleisch, frischer Weißkohl, Wacholderbeeren, Lorbeerblätter, Schmalz, Speck, Zwiebeln und ein paar Stunden Schmorzeit gegeben, in denen all das schön durchzieht.

So wie ein guter Bigos könnte das Ruhrgebiet auch funktionieren. Die Metapher würde viel besser als die vom Schmelztiegel passen. Aber erst, wenn im Pott jeder weiß, was Bigos ist. Muss ja nicht gleich Siemieniotka sein.

GEKAPPTE WURZELN Ich weiß nicht, ob mein Großvater Polnisch gelernt hat. Ich gehe aber davon aus, dass er es als Kind verstanden, vielleicht auch gesprochen haben müsste: Geboren wurde er 1906 in Oels in Niederschlesien, das heute Oleśnica heißt. Der Kreis, zu dem die Gemeinde gehörte, stand seit 1816 unter preußischer Verwaltung und war mehrheitlich deutschsprachig, aber natürlich war die Bevölkerung gemischt.

Mein Urgroßvater, der angeblich wie mein Großvater und mein Vater Eduard hieß (dass aus mir Eduard IV. wurde, hat meine Mutter dankenswerterweise verhindert), war Straßenbauer und kam aus einer Arbeitsmigrantenfamilie mit unklarer Herkunft, die seit Generationen der Kohle hinterhergezogen sein soll. Das Patalong mag eine der üblichen Germanisierungen gewesen sein und hat seinen Ursprung entweder im romanischen Wort für »Hose« (französisch *pantalon*) oder aber in Pantaleon – es gibt zwei Heilige dieses Namens und mehrere Dörfer und Ortschaften in Italien.

Nach dem, was in der Familie weitergegeben wurde, sprachen meine Vorfahren zeitweise Französisch: Einer soll als Söldner der Rheinarmee Napoleons in deutsche Gefilde gekommen sein. Einige Patalongs siedelten sich im Elsass an und arbeiteten im Kohlebergbau. Als der Bergbauboom in Schlesien begann, versuchten sie ihr Glück dort, bis heute leben gut hundert Patalongs in Polen, rund die Hälfte aller Menschen dieses Namens. Wir sind seltene Vögel, die sich über weite Gebiete verbreitet haben, bis nach England und Kanada und in die USA.

Ich bin mit diesen Geschichten aufgewachsen, meinem

Großvater waren sie wichtig. Ob er mir vermitteln wollte, dass Nationalitäten in Europa eine höchst artifizielle Sache sind; dass wir alle Migranten sind, sobald wir einige wenige Generationen in die Geschichte unserer Familien blicken; dass gerade Mitteleuropa über Jahrhunderte ein Durchzugsgebiet war, in dem sich die Grenzen oft verschoben? Wahrscheinlich nicht, er erzählte einfach, was ihm widerfahren war, mehr nicht. Aber so kam es bei mir an.

Großvaters Familie besaß in Oels ein kleineres Gehöft und beschäftigte zumindest einen Knecht. Mit diesem polnischen Arbeiter wird mein Urgroßvater mitunter gerungen haben, denn Eduard Patalong war ein erfolgreicher Ringer – er soll es bis zu deutschen Meistertiteln gebracht haben. Doch er war nicht nur Leistungssportler, sondern womöglich auch Leistungssäufer: Knecht und Herr des Hofes sollen besoffen gewesen sein, als ein Doppelnelson versehentlich das Leben meines Urgroßvaters beendete. Der Nackenhebel – ein Ringer schiebt beide Arme unter den Achseln des Gegners hindurch, verschränkt die Hände hinter dessen Kopf und drückt ihn zu Boden – ist berüchtigt, weil Wirbelverletzungen drohen. Eduard Patalong starb daran.

Eine Versicherung gegen solche Risiken gab es damals nicht. Die Familie verelendete quasi über Nacht. So schnell wie möglich brachte meine Urgroßmutter ihre Kinder irgendwo unter – kurz vor Ende des Ersten Weltkriegs keine einfache Sache. Ein Anlaufpunkt war Berlin, wo Verwandte wohnten. Meinen Großvater, keine zwölf Jahre alt, wehte es nach Holland, wo er zu einem Bauern als kindlicher Knecht in Pflege gegeben wurde.

Viel erzählt hat er über die Zeit nicht, nur dass »die Leute gut« waren. Er hielt den Kontakt bis zu deren Tod. Und er muss zumindest leidlich niederländisch gesprochen haben: Wann immer jemand in der Tauben-Reisevereinigung Post aus Holland bekam, kam er zum Ede, weil der sie übersetzen konnte.

Teile der Familie einschließlich einiger Geschwister hatten sich wohl Anfang der Zwanziger im Ruhrgebiet angesiedelt. Da gab es selbst während der Weltwirtschaftskrise noch Arbeit – Bergleute waren ein bisschen weniger von der allgemeinen Armut betroffen. Später sollte aus ihm ein überzeugter Kumpel werden, der sich bis zum Sprengmeister hocharbeitete und davon die Staublungenkrankheit bekam. Zuvor aber büxte er, der eine so irreguläre Kindheit gehabt hatte, noch einmal aus: Einige Jahre zog er mit einer Schaustellerfamilie durch die Niederlande. Mit achtzehn – damals war man erst mit einundzwanzig volljährig – griff ihn, den vermisst Gemeldeten und Gesuchten, die Reichspolizei in einem Zug nach Berlin auf und brachte ihn zu seiner Familie in den Pott.

Dort schlug mein wurzelloser Opa schließlich Wurzeln. Anfang der Dreißiger begegnete er seiner Maria, nachdem er sich und ihren Bruder per Motorrad ins Krankenhaus gebracht hatte – ein Unfall, den er bis an sein Lebensende als Glücksfall sah. Sie heirateten 1934, sie war zehn Jahre jünger als er. Ihr Hochzeitsfoto hängt an der Wand in meinem Büro, weil ich es immer so cool fand: Es zeigt die beiden vor dem Rathaus in Hamborn, rechts und links von Freunden eingerahmt. Alle tragen Hüte, die jungen Männer grinsen verwegen, und alles sieht aus, als sei es 1934 in Chicago fotografiert worden. Al Capone, auf diese Jungs hättest du zählen können.

1938 zogen die beiden ins damals noch ziemlich ländliche Walsum. Auch sie war Migrantin, allerdings in zweiter Generation. Wo ihre Familie ursprünglich herkam, kann ich sie leider nicht mehr fragen, vielleicht wusste sie es selbst nicht. Sie sprach nie darüber, auch nicht mit meinem Vater.

Schlesische oder masurische Wurzeln dürfen aber vermutet werden.

Ihre Mutter, Witwe aus mir nicht bekannten Gründen, brachte ihre Kinder als Waschfrau durch. Sie wohnten in einem Siedlungsblock in Hamborn, die gewaschenen Tücher hängte sie zum Trocknen in die Treppenhäuser und aus den Fenstern. Ihren Mädchennamen Marschelewski hatte Großmutter »von den Polen, den meine Mudda geheiratet hat«. Meine Oma scheint ihn nicht richtig gekannt zu haben, so wie sie über ihn sprach. Wie er starb? Ich weiß es nicht, meine Großmutter jedenfalls wurde 1916 geboren: Es gibt also naheliegende Vermutungen: Krieg, spanische Grippe, Mangelernährung, Krankheiten, Unfälle. Ihr Stiefvater hieß Reifenstahl. »Abba dat warn Fehla. Hättese nich machen solln.«

Man könnte also sagen, dass meine Familie ähnlich wie die von Konrad Lischka schlesische Wurzeln hatte. Es gibt aber einen ganz erheblichen Unterschied: Man spürte die nicht.

Sieht man von dem grellbunten Tand und Nippes ab, für den meine Großmutter zeit ihres Lebens eine Vorliebe hatte, unterschieden sich die beiden in nichts von ihrem Umfeld. Sie sprachen ein breites Ruhrdeutsch, waren zu etwas anderem gar nicht in der Lage: »Mia!«, rief Opa vom Wohnzimmer in die Küche. »Bring mich ma die Millich, der Fillimm fängt an!« Natürlich sagte er zu mir Dreikäsehoch: »Komma bei mich!«, natürlich sagte meine Oma: »Et schellt. Machma den Oppa auf!«

Aber Schlesien? Nicht in der Küche (wenn man von seltenen Panhas-Verköstigungen absah und Mohnkuchen am Sonntag), nicht im Leben, nicht im Denken. Wie es da war, in Oels, das hatte er weitgehend verdrängt. Gestern zählte nicht, ans Morgen dachte er wohl wenig, relevant war das Heute. Er war ein stiller Mann, schwer krank, aber sehr zäh, und dank Knappschafts-Invalidenrente für Ruhr-Verhältnisse durchaus vermögend.

Kultur? Ich glaube nicht, dass er je ins Kino ging. Er sammelte aber früh Filme, hatte ja Geld genug: Normal 8, später Super 8 und schon Mitte der Siebziger Video: Italowestern, Kung-Fu, Godzillafilme vor allem. Die Blockbuster dieser Tage. Und er hatte kreative Anflüge, ohne das Know-how zu besitzen, daraus etwas zu machen: In den Sechzigern begann er zu filmen. Für meinen Cousin Andre und mich führte das mitunter zu Härteproben: Wenn Großvater seine Machwerke vorführte, stand Lachen streng unter Strafe.

Einmal drehte er so etwas wie einen Dokumentarfilm, mit Ton. Thema war natürlich sein Reich: das Zechenhaus und sein Garten. Bis an mein Lebensende werde ich mich an den Höhepunkt des Films erinnern. Aus einer Dachluke heraus filmte er den Garten hinter dem Haus: »Dat is mein Taubenschlach«, kommentierte er, »ich hab guuute Viecha.«

Schwenk.

»Un dat is der Schuppen. Abba da is nua Scheiße drin.«

Schwenk zurück.

»Da auffen Schlach sitzt mein Blauscheck…«

Und so weiter. Stellen Sie sich mal vor, Sie sind vierzehn und dürfen nicht lachen. Grausam.

Das Leben fand zwischen Haus, Arbeit und Markt statt. Einmal im Jahr ging es ab den siebziger Jahren für ein, zwei Wochen ins Sauerland. Den Süden haben die beiden nie gesehen, ließen sich aber gern mit Sangriaflaschen beschenken, obwohl sie nicht tranken. Restaurantbesuche waren so selten, dass sie Stoff für Erzählungen boten: Viel! Lecker! Billig!

Es gab keine besonderen Feiertage, keine Rituale, nichts Polnisches, aber auch nichts spezifisch Deutsches. Gegessen wurde, was auf den Tisch kam, ansonsten zählten Integrität, Fleiß und Bescheidenheit. Das Gegenteil all dieser Dinge war

Oppa ein Graus, da konnte er wütend werden. Im Übrigen war er ein Ruhepol und gönnte auch jedem anderen seine Ruhe: Wenn blaue Briefe kamen, schleppte ich die zu den Großeltern, die sie heimlich unterschrieben. Das Verständnis meines Großvaters für jede Form von Mist, den ich baute, war unerschöpflich. Als ich anfing, Motorrad zu fahren, sagte er: »Pass bloß auf!« Und: »Motorrad hatte ich auch.«

Er fuhr eine Harley, vor dem Krieg.

Große Reden hat er nie geschwungen und keine Überzeugungen vertreten. Der Krieg ging an ihm vorbei, weil er als Bergmann kriegswichtig und vom Soldatendienst freigestellt war. Sein Verhältnis zu Orten war von einem an Fatalismus grenzenden Pragmatismus gekennzeichnet. Ich meine damit keine Gleichgültigkeit, im Gegenteil: *My home is my Castle, home is where my heart is.* Nur wo diese Burg stand, war im Grunde egal. Hauptsache, sie war schön, und man fühlte sich wohl.

Mit Liebe hing er nur an seiner Bergmannsscholle, dem Häuschen mit dem großen Garten, wo er auch Bauer sein durfte. Ach ja, es gab eine Altlast aus seiner Kindheit, die bei uns, im niederrheinischen Teil des Potts, aber nicht auffiel: Er trug sein Leben lang auf dem Hof und im Garten Holzschuhe holländischen Schnitts. Wenn man die lange genug trägt, werden sie innen glatt und passen sich dem Fuß so perfekt an, dass sie sich sogar bequem anfühlen. Sie sind universale, für jedes Wetter geeignete Schuhe.

Gab's also wirklich nichts spezifisch Schlesisches an diesem Klompenträger? An diesem Auswanderer, Ausreißer, Einwanderer, Untertage-Einfahrer, Zugezogenen? Diesem Spross einer seit zweihundert Jahren wandernden Familie? Vielleicht die Kirche, die den Schlesiern so wichtig sein soll?

Beide Großeltern waren natürlich katholisch, aber eine Kirche betrat mein Opa nur zu Hochzeiten oder Taufen (und nur, wenn es unbedingt sein musste). Meine Oma mochte sich da mehr gewünscht haben, wichtig wurde es ihr aber erst, als sie auf die neunzig zuging. Mein Großvater war noch nicht einmal Atheist: Ich glaube, dass er einfach nur völlig frei war von Religion. Trotzdem hingen über den alten Betten Kreuze und Heiligenbilder an der Wand, so, wie Bergmannslaternen auf dem Kaminsims standen: Das musste sein.

Ich glaube, dass dieses »kulturlose« Leben im Hier und Jetzt, die Weigerung, Dinge und Umstände zu hinterfragen, höchst typisch ist für die Menschen an der Ruhr. Man ist, was man ist – und wie man ist. Das ist es, was den Menschen ausmacht, nicht, was er hat, wo er herkommt oder was er glaubt.

Was meinen eigentlich nicht mehr schlesischen Großvater von den Schlesiern in Konrads Kindheit unterscheidet, ist der Grad seiner Assimilierung: Er war durch und durch zu einem Pöttler geworden, zu einem Ruhri. Denn für dieses Etikett muss man seine Eigenheit, all die Dinge, die einen von den Mitmenschen krass unterscheiden, erst einmal abwerfen. Echte, voll integrierte Ruhr-Menschen sind Flachwurzler, selbst wenn sie ihren Kiez nie im Leben verlassen.

Sie definieren sich letztlich über eine alles akzeptierende Konturlosigkeit. Ein Bayer könnte wahrscheinlich Dinge, kulturelle Eigenheiten und Überzeugungen nennen, die sein »Bayerntum« beschreiben. Ein Ruhri zeichnet sich vor allem dadurch aus, dass ihm solche Dinge komplett am Hintern vorbeigehen. Es ist eine Mentalität, die auf Akzeptanz und Integration zugeschnitten scheint. Sie ist nicht charakterlos und amorph, sondern genau das Gegenteil: Sie ist offen, in jeder Hinsicht.

Mein Opa und ich haben uns voneinander verabschiedet, zwei Tage vor seinem Tod. Er war gelöst und völlig ohne jede

Angst. Als ich ihm seinen ersten männlichen Urenkel zeigen konnte, meinen jüngsten Sohn, der kurz davor geboren worden war, hat er versucht zu sprechen und eine Träne geweint. Für einen kurzen Augenblick war er hoffentlich noch einmal glücklich mitten in seinem wohl erheblichen Leiden. Zu dem Zeitpunkt stand er bereits unter Morphium.

Er hat ein gutes Leben gelebt. Als es mit einem Mal zur Qual wurde, war er froh, dass es zu Ende ging. Meine beiden Tanten, die im Augenblick seines Todes Wache bei ihm hielten, sagten, er hätte gelächelt, als er die Augen schloss.

HEIMAT IST, WO DER KAISER HÄNGT Als Kind habe ich Oberschlesien im Ruhrgebiet verortet. Die Geschichten aus Kochłowice, die mir meine Uroma erzählte, haben in meiner Vorstellung nebenan gespielt, bei Bottrop vielleicht, wo ich ja auch nie hinkam, weil da keine U-Bahn hinfuhr und es nichts zu sehen gab. Es waren Geschichten über den Schwiegervater, der in der Eisenhütte irgendwann die Triezereien des tyrannischen Vorarbeiters satt hatte und mit der Schaufel auf ihn eindrosch.

Das erzählte meine Uroma als abschreckendes Beispiel: So hat er die Werksrente verloren und musste mit dem Pferdefuhrwerk Gelegenheitsjobs machen! Inzwischen erscheint mir die Moral der Geschichte weniger eindeutig: Ist es wirklich erstrebenswert, wegen einer Werksrente jahrzehntelang Idioten zu gehorchen? Ein selbständiger Fuhrmann ist immerhin ein Kleinunternehmen, mit allen Risiken und Freiheiten. Aber ohne Werksrente!

Vielleicht fühlte sich die Welt in den Geschichten meiner Uroma auch wegen solcher Lehren so vertraut und heimisch an. In der zehnten Klasse, als die Ersten mit mittlerer Reife abgehen wollten, redete, wer über Jobs redete, nur von Büro-

stellen bei den großen Unternehmen – Sparkasse, RWE, Stau-
der-Brauerei, Thyssen-Krupp.

Mein Ururgroßvater musste auch als schlechtes Vorbild
herhalten: Die Frau gab ihm einmal das gesparte Geld, damit
er ein Feld kaufe. Er vertrank es und schmiss bei der Gelegenheit einige Runden, wie es seine Art war. Arbeitergeschichten,
die sich im Ruhrgebiet zur selben Zeit wohl hundertfach
abgespielt haben. Was meine Uroma von der alten Heimat
erzählte, gehörte für mich zu dem Revier, wie ich es im Ruhr-
landmuseum ausgestellt sah: Wohnungen mit Blechtrögen
als Waschgelegenheit, hölzerne Schulbänke ohne Lehnen
und Erinnerungsfotos in Sepiatönen.

Es ist Zufall, dass ich mit zwei Jahren im Ruhrgebiet gelandet, geblieben und heimisch geworden bin. Aber natürlich lässt sich diese Verkettung glücklicher und unglücklicher
Umstände rückblickend als eine Geschichte erzählen, und
diese Geschichte beginnt mit meiner Uroma. Ich würde sie
gern fragen, wo sie sich zuhause gefühlt hat. Aber meine Uroma ist gestorben, bevor ich über solche Dinge nachdachte,
nun liegt sie in einem anonymen Urnenfeld in Essen, gut tausend Kilometer entfernt von ihrem Geburtsort Kochłowice.
In diesem Dorf in Oberschlesien beginnt die Reise ins Ruhrgebiet. Meine Uroma kam 1902 zur Welt, der Vater arbeitete
in der Zeche unter Tage, ihre Großeltern hatten noch Felder
besessen und als Teilzeitbauern ihre Einnahmen aufgebessert.

Ein Foto habe ich, das einen Eindruck von dieser Welt
gibt: 1917 oder 1918 steht meine Uroma mit sieben Ge-
schwistern vor einer niedrigen Holzhütte auf matschigem
Boden, auf dem etwas Stroh verstreut ist. Sie ist die Älteste
auf diesem Bild, sie schaut ernster als ihre Geschwister, steht
hinter der Mutter, die mit einem Neugeborenen auf dem
Arm sitzt. Das Foto hat die Mutter von einem Wanderfoto-
grafen aufnehmen lassen, für den Vater an der Front im Wes-

ten. Er zeigte es seinem Kommandanten, erzählte von den acht Kindern und seiner Frau und bat um eine Chance zur Rückkehr. Und tatsächlich: Als er verletzt wurde, schickte der Kommandant ihn erst ins Lazarett und dann nach Hause. Drei Jahre später zerquetschte ihn im Bergwerk eine Lore.

Das Foto zeigt, was mir meine Uroma immer beschrieben hat: Armut und zu viele Kinder. Sie musste die Volksschule nach acht Jahren verlassen, um der Mutter zu helfen, und als Arbeiterin in der Kiesgrube dazuverdienen. Dabei lernte sie so gern. Immer wieder erzählte sie mir von der Volksschule, von der Lehrerin, die ihr Bücher mitgab, die sie auf eine höhere Schule schicken wollte. Aber es ging nicht. Für meine Uroma müssen die acht Schuljahre eine sehr glückliche Zeit gewesen sein. Und erst heute begreife ich, dass sie diese Erinnerung immer auch mit Deutschland verbunden haben muss. In der Schule sprach und lernte sie Deutsch, an der Wand hing ein Porträt von Kaiser Wilhelm II.

Meine Uroma hat Kochłowice siebenundsiebzig Jahre lang nicht verlassen, aber drei Mal den Staat gewechselt. Sie ist im Deutschen Kaiserreich aufgewachsen, hat in der Autonomen Woiwodschaft Schlesien die zweite, polnische Republik miterlebt, das Dritte Reich und die Volksrepublik Polen. Aber die Schulzeit hat Deutschland zum Sehnsuchtsort meiner Uroma gemacht, und sie hat ihre Tochter entsprechend geprägt.

Meine Oma sprach zuhause etwas Deutsch, in der Schule ab 1945 Polnisch; mit ihrem Sprachtalent schaffte sie es trotz der schlesischen Herkunft in den Außenhandel der Volksrepublik Polen. Sie reiste für Stahlunternehmen in die Schweiz, nach Ungarn, Jugoslawien und sogar nach Westdeutschland. Wo sie sich zuhause fühlte, kann man nicht mit Polen oder Deutschland beantworten. In Polen fragten sie Handelspartner, die den oberschlesischen Akzent nicht kannten: »Kommen Sie aus Ungarn?« Auf einer Handelsmesse in Warschau konnte meine Oma ein Tonbandgerät ausprobieren. Sie sprach ins Mikrofon, der Vertreter spulte zurück, und sie hörte sich und erschrak im ersten Moment: »Wer spricht denn so ein hässliches Polnisch?«, fragte sie.

Und so kam es, dass meine Oma 1978 bei einer Geschäftsreise in Köln morgens aus dem Hotel schlich, nachdem sie den Kollegen einen langen Brief geschrieben hatte, in dem sie erklärte, niemand habe von ihrer Flucht gewusst und es gehe ihr nur um das Geld, in Polen seien die wirtschaftlichen Verhältnisse nicht so gut. »Bloß nicht politisch!«, erinnert sie sich, denn eine andere Begründung hätte den Kollegen und Verwandten nur Ärger eingebracht. Dabei wollte sie natürlich fort aus einem Staat, in dem Parteimitglieder auch in nichtstaatlichen Bereichen immer mehr zu sagen hatten. Meine Uroma wusste allerdings vorher Bescheid, sie sollte nachkommen, und sie war für die Ausreise nach Deutschland. Mit fast fünfundsiebzig Jahren! Vielleicht wirkte die Erinnerung an die Schulzeit nach, vielleicht wollte sie ihrer Tochter diesen Wunsch nicht versagen.

Von ihrem Mann hatte sich meine Oma schon Jahre zuvor scheiden lassen, ihre Tochter war zweiunddreißig, sie selbst fünfundfünfzig Jahre alt. Es war der ideale Zeitpunkt für eine Flucht, wenn es den gibt. Meine Uroma konnte ein Jahr später ausreisen. Nach Essen kamen sie, weil ein geflohener Bekannter aus Schlesien dort lebte und meiner Oma von den Oberschlesiern und den guten Jobaussichten erzählt hatte. Und natürlich war das Ruhrgebiet ein Begriff, die ersten Schlesier wanderten Ende des neunzehnten Jahrhunderts dorthin aus, eine halbe Million sogenannter Ruhrpolen kam bis zum Ersten Weltkrieg in die Gegend, und viele blieben. So wie meine Oma zwei Weltkriege später: Ihren ersten Job fand sie bei einer Zeitarbeitsfirma, für die sie als Sekretärin bei der Dresdner Bank, der *WAZ*-Zeitungsgruppe und dann bei einem Patentanwalt arbeitete, der sie übernahm und wo sie bis zur Rente die Anträge auf so merkwürdige Erfindungen wie den Kühlerhaubengrill bearbeitet hat.

Ich kam Anfang Dezember 1981 als Zweijähriger mit meiner Mutter zu Besuch zur Oma und Uroma nach Essen. Nur mit meiner Mutter, der Vater musste als Pfand in der Volksrepublik bleiben, um die Rückkehr zu sichern. Aus einem kurzen Besuch wurde dann immer. Denn als am 13. Dezember 1981 in Polen Panzer durch die Städte rollten, wollte meine Mutter nicht mehr zurück. Wir blieben in Deutschland, als in Polen Soldaten Behörden und den Rundfunk in Katowice besetzten, wo mein Vater arbeitete und die Polizei eine von streikenden Bergleuten besetzte Zeche stürmte und neun Menschen erschoss. Es galt das Kriegsrecht, die Grenzen waren dicht, und ich wurde durch Zufall ein Einwanderer wie schon einige Hunderttausend Ruhrpolen vor mir.

Ich habe mich als Kind aber nie polnisch oder oberschlesisch gefühlt. Klar, mit meiner Mutter habe ich Polnisch gesprochen, aber das war so selbstverständlich wie mit der Oma und der Uroma Deutsch zu reden. Fremd fühlte ich mich im Kindergarten selten.

Einmal habe ich einen Hund polnisch sprechen lassen, ohne es zu merken. Wir saßen im Stuhlkreis, und die Kindergärtnerin mit den grauen Haaren und der Strickjacke, in deren Taschen sie einen unerschöpflichen Vorrat an Kräuterbonbons mit sich schleppte, fragte reihum Tiergeräusche ab. Wie macht ein Hund? »Hau-hau«, antwortete ich, und das ist knapp tausend Kilometer weiter östlich völlig korrekt. Die Kindergärtnerin schaute mich an, ein peinlicher Moment der Stille, und dann erklärte sie ruhig, aber bestimmt: »Nein, deutsche Hunde machen Wau-wau.«

Sie reagierte nicht belustigt, entsetzt oder auf eine andere Art bewusst ablehnend, sie stellte nur emotionslos eine Tatsache fest. Wobei ich heute glaube, dass durchaus eine Minderheit der deutschen Hunde Hau-hau sagt – sie werden es einfach nicht richtig gelernt haben.

Meine Oma erlebt so etwas Ähnliches bis heute. Sie hat manchmal einen leichten Akzent, rollt das R zu sehr, was im Ruhrgebiet auffällt, wo Gelsenkirchen als Gelsenkiaachen ausgesprochen wird. »Wo kommen Sie denn her?«, ist die Standardfrage und inzwischen sagt meine Oma »Oberschlesien«, obwohl sie Essen (nicht das Ruhrgebiet!) ihre Heimat nennt.

Es ist schwer zu sagen, wie meine Uroma sich in Essen gefühlt hat. Sie war nie aus der Ruhe zu bringen, sie ärgerte sich nicht, sie freute sich nicht, sie lächelte gütig. Ich glaube nicht, dass sie sich fremd fühlte, aber richtig bewegt habe ich sie nur einmal erlebt. Wir waren zum Sonntagsausflug in die Villa Hügel gefahren, das ehemalige Anwesen der Krupps in Essen. Das Haus ist eher ein Bunker, der mit allen erdenklichen architektonischen Stilmitteln beklebt und vollgestopft wurde. Aber die Aussicht auf den Baldeneysee ist wunderbar und der Park des Anwesens ein Englischer Garten wie in München, ohne Isar zwar, dafür hügelig und weniger turbulent. In den Park wollte ich, aber die Uroma schaute sich gern drinnen um, in den dunklen holzgetäfelten Räumen mit den knarrenden Dielen.

Sie blieb in einer dieser Hallen stehen, und als ich zurückblickte, sah sie ehrfurchtsvoll und gerührt zu einem Gemälde auf. Ich ging mit meinen Eltern zurück, die Uroma seufzte: »Unser Kaiser!« Und schaute noch eine Weile versonnen zu dem Ölbild von Wilhelm II., der sich im vorigen Jahrhundert mit seinem Hofstaat in der Villa auf den Ruhrhöhen für zwei Tage einquartiert hatte. Sie fühlte sich zuhause, schließlich hatte sie ihre ganze geliebte Volksschulzeit auf ein Porträt des Kaisers geschaut, das hinter der Lehrerin an der Wand hing.

Heimat war für meine Uroma wohl dort, wo der Kaiser hing – eine 1918 untergegangene Epoche. Und auch ihr Geburtsort ist ein für immer verlorener Ort, er hat den Namen geändert, Hüttenwerke verschwanden, und neue wurden aufgebaut, die Unterrichtssprache wechselte ein paar Mal, und neue Siedlungen mit Einwanderern aus anderen Teilen Polens entstanden. Meine Oma und sogar meine Eltern würde Katowice heute nicht wiedererkennen. Meine Mutter hat es einmal besucht, mein Vater will sich die Erinnerung nicht verderben. Die Stadt hat seit 1990 einen ähnlich radikalen Wandel durchgemacht wie Essen zwanzig Jahre zuvor: Die Schwerindustrie ist weg, Autozulieferer, Callcenter, Stadtautobahnen und Einkaufszentren sind neu.

Wo meine Heimat ist, dafür habe ich einen ziemlich zuverlässigen Indikator gefunden: Nach welchem Ort haben Sie beim ersten Aufruf von Google Street View gesucht? Ich fuhr am Computer in Hamburg über die Margarethenhöhe, vorbei an dem düsteren Ziegelbau meiner Grundschule, der heute so viel kleiner wirkt, die Altendorfer Straße hoch über das ehemalige Gelände der Krupp-Werke, wo wir früher zwischen Industrieruinen zu Drum 'n' Bass ausgingen und heute lauter Neubauten stehen, drehte dann eine Runde um den Grugapark, auf der Brücke über den Margarethensee, an dessen Ufer wir an lauen Sommerabenden Gras rauchten. Schaute man damals vom Ufer nach Südosten, waren da nur Bäume. Heute stehen da Bürohäuser.

Obwohl in meiner Heimat so viel verschwunden und so viel neu ist, ist mir das alles immer noch vertraut und nah. Vielleicht liegt es daran, dass ich mit der ersten Generation im Pott aufgewachsen bin, für die Schwerindustrie vor allem Geschichte ist – der Bruch ist nicht so hart. Und als ich mit neunzehn wegzog, war das keine Flucht: Hätte ich keinen Platz an der Journalistenschule in München bekommen, wäre ich vielleicht nach Köln gezogen oder hätte in Bochum studiert, wo es nahe der Universität einen japanischen Garten gibt, in dem ich als Schüler gern mit einem Buch herumsaß. Wer zehn oder zwanzig Jahre zuvor das Ruhrgebiet nach der Schule verließ, der floh.

Und wie eine Flucht das Heimatgefühl verändert, sehe ich an meiner Oma und meinem Vater: Sie interessieren sich nicht dafür, was in Katowice geschieht. Und wenn sie zufällig auf eine Neuigkeit stoßen, registrieren sie diese mit dem distanzierten Interesse, das man einem Ort entgegenbringt, den man oft auf Durchreise besucht hat. Die Zechen in Halemba und Wirek – die großen Arbeitgeber der siebziger, achtziger Jahre – fusionieren, weil das Geschäft so katastrophal läuft? Ach, Wirtschaftskrise, interessant. Und weiter.

Ich glaube, es fällt manchen halb entwurzelten Menschen leichter, im Ruhrgebiet eine Heimat zu sehen als anderswo, weil die Gegend so unfertig ist und vor dreißig Jahren erst mit der Schwerindustrie die Funktion, der jede Form folgte, verlor. Ich kenne sogar Menschen, die als Erwachsene ohne große Erwartungen ins Ruhrgebiet zogen und da gerne gewohnt haben. Berliner in Bochum! Bayern in Essen!

Der Bayer musste zwar ein paar Wochen im Jahr auf Heimaturlaub nach München, aber sonst stand er jeden Abend in seiner Stammkneipe am Isenbergplatz mit den Buddys. Todunglücklich habe ich nur einen Einwanderer erlebt: ein Hamburger Kollege, der wochenweise in Essen arbeitete. An einem Sommerabend waren wir nach dem Büro mit etwas Bier zum See runtergefahren, saßen auf dem Steg, und er mopperte rum: »Ist doch keine Stadt, immer nur arbeiten, keine Esskultur.«

Dann wurde er still, hielt die Füße ins Wasser, nahm

einen Schluck Bier, legte sich auf den Rücken, schaute in den Himmel und sagte dann irgendwann unvermittelt nur: »Super.« Nun ja, vielleicht war der größte Nachteil des Ruhrgebiets für ihn, dass die Freundin in Hamburg wartete, und er sich am Montagmorgen sogar die Einkäufe für die Woche im Auto von dort mitbrachte. Wegen der Esskultur. In der Sonne am Baldeneysee war davon dann nichts mehr zu hören, nur das Plätschern der Wellen gegen den Steg.

WO SIND DENN HIER DIE BERGE? Der Tag, als meine spätere Frau zum ersten Mal ins Ruhrgebiet kam, war so eine Art Generalprobe für den Weltuntergang. Der Wind pfiff, dass sich die Bäume bogen, dazu schüttete es wie aus Kübeln. Die Autofahrer krochen über die A59, die man in Duisburg nur die Nord-Süd-Achse nennt, ihre Scheibenwischer kapitulierten.

Ich hatte andere Probleme. Ich fuhr ihr mit dem Motorrad entgegen und dachte eher über ein Froschmann-Equipment nach als über freie Sicht: Ich fuhr einfach den zwei roten Peillichtern des Wagens vor mir hinterher. Als ich spürte, wie die Reifen meiner Maschine ins Aquaplaning übergingen, gab ich auf. Das war zwecklos: Bei dem Scheißwetter würde sie nie hinten aufsteigen.

Dass ich den Zeitpunkt ihrer Ankunft überhaupt mitbekommen hatte, war in sich schon eine skurrile Geschichte. Sie war getrampt, zuletzt mit einem Lastwagenfahrer, der hinter der Grenze irgendwo abbiegen musste. Als der hörte, dass Fiona – sie war ein ziemlich zierliches junges Ding – vorhatte, nach Duisburg zu trampen, weigerte er sich, sie wieder mit dem Daumen in der Luft am Straßenrand zurückzulassen: Er bestand darauf, dass sie in Duisburg anrief und sich abholen ließ. Fiona war sauer, ich fand das hingegen gut. Die

Welt is volla Bekloppte, sagt man im Ruhrgebiet. Außer mir machte sich eine Familie auf den Weg, mit deren Tochter Fiona befreundet war.

So war ich nach meinem Scheitern im Regen nicht dabei, als diese Familie sie an der deutsch-holländischen Grenze aufsammelte. Ich verpasste ihre erste Ruhrgebietserfahrung, aber mittelfristig machte das nichts: Sie hat sie seitdem so oft erzählt, dass ich fast meine, dabei gewesen zu sein.

Dazu muss man Folgendes wissen: Fiona kommt aus Nordirland. Sie gehört zu der Generation, die die volle Breitseite des nordirischen Schlamassels mitbekommen hat, also mit Bomben und Schießereien, Evakuierungen und willkürlichen Hausdurchsuchungen aufwuchs und damit, dass die Brüder dann und wann nicht nach Hause kamen, weil sie vor ihrer Schule von der Polizei aufgesammelt und ohne Verdacht, Anklage oder sonst was über Nacht festgehalten wurden – man wollte sich eben mal mit den Jungs unterhalten.

Sie kommt aus Derry, wo 1969 der Nordirlandkonflikt ausbrach. Den Bloody Sunday verpasste sie, weil ihr Vater mit seiner feinen Nase für Ärger die Kinder am Morgen aus der Stadt fuhr; die anschließende Belagerung der katholischen Viertel Bogsite und Brandywell bekam sie hingegen mit. Aber all das ist ihre Geschichte, nicht meine. Jedenfalls war Fiona eine Menge gewöhnt. Auf Duisburg hat sie all das nicht vorbereiten können.

Wenn Fiona die Geschichte erzählt, beginnt sie immer damit, dass sie am Meer aufgewachsen sei. Das stimmt. Städte wie Derry oder Belfast liegen einen Katzensprung von den Traumstränden, den Steilküsten entfernt. Mit dem Auto sind es nie mehr als dreißig Minuten Fahrt zum nächsten, atemberaubenden Idyll, zu Bergen, Seen oder eben dem Meer. Fiona wuchs in einer Stadt auf, die an sich schön, äußerst lebendig und lebenswert war und dann in über zwanzig

Jahren »Konflikt« vor die Hunde gehen sollte. Das war ihre Normalität.

Meine Normalität war eine Stadt, die nie ernsthaft als Stadt gemeint war. Duisburg ist ein Konglomerat zahlreicher kleinerer Gemeinden, die im Laufe des letzten Jahrhunderts nach und nach zusammenwuchsen oder im Rahmen kommunaler Neuordnungen zwangsvereint wurden. Mehrere davon hatten einst selbst Stadtrechte genossen. Walsum, wo ich herkomme, ganz oben im Norden des heutigen Stadtgebiets, kam erst 1975 zu Duisburg (alte, echte Walsumer akzeptieren das natürlich bis heute nicht). Hamborn galt Anfang des zwanzigsten Jahrhunderts als größtes Dorf Preußens: Als es 1911 auf über einhunderttausend Einwohner anwuchs, kam man an Stadtrechten auch für diesen Ort nicht mehr herum.

So gab es lange mehrere Stadtkerne mit eigenen Rathäusern und Einkaufsstraßen, um die sich Dörfchen gruppierten. Noch heute findet man in den Randlagen von Walsum und auf der rechtsrheinischen Seite von Duisburg typische niederrheinische Bauernkotten. Doch Ende des achtzehnten Jahrhunderts war klar, dass man diese Dörfer und Städtchen, diese Auen- und Flussgebiete, Heide- und Moorlandschaften bald nicht mehr wiedererkennen würde. Die Familie Thyssen zog nach Hamborn und gründete mit den dortigen Hüttenbetrieben eine der Keimzellen des Ruhrgebietes. Von diesen Werken aus wuchsen die Arbeitersiedlungen, bis alles zu einem Klumpatsch verschmolz, in dem nur die Infrastruktur für den Transport der produzierten Güter und der Arbeiter geplant worden war.

Innerhalb weniger Jahrzehnte baute man eine jahrhundertealte Kulturlandschaft zu. Flüsse und Bäche wurden kanalisiert, wenn nicht eingerohrt und unter die Erde verlegt. Die Emscher, die das Ruhrgebiet im Norden begrenzt wie die Ruhr im Süden, wurde zum Hauptabwasserkanal der neuen Industrielandschaft. Aber schon wenige Jahre nach Beginn des industriellen Bergbaus sackte die Landschaft so schnell ab, dass die Emscher immer wieder über die Ufer trat – Choleraepidemien waren die Folge.

Daraufhin gründete man die noch heute bestehende Emschergenossenschaft. Ihr ambitioniertestes Projekt: Die Emscher zu kanalisieren und auf einer Höhe zu halten, so dass das Abwasser auch bei weiterer Bergsenkung stets von Osten nach Westen und in den Rhein fließen sollte. An manchen Orten steht die Emscher regelrecht auf Stelzen, etwa im Raum Gelsenkirchen, nahe Schalke, heute stellenweise fast siebzehn Meter über dem Niveau der Stadt.

Wo das noch möglich ist, wird die Emscher seit einigen Jahren renaturiert. Die stinkende Kloake meiner Kindheit, auf deren Brücken wir im Winter Mutproben wie Luft-anhalten-und-Drüberrennen spielten, gibt es nicht mehr. Das Gewässer galt wegen seiner Strömung und seines Fäkaliengehalts als Deutschlands gefährlichster Fluss, denn die Scheiße machte die Ufer so glitschig, dass man nicht mehr herauskam, wenn man einmal hineinfiel.

Doch Teile von Duisburg gehören auch nach zig Renovierungs- und Sanierungsschüben zum Deprimierendsten, was ich in diesem Lande erlebt und gesehen habe. Sorry, Herr Grönemeyer und wie ihr Ruhr-Glorifizierer sonst heißen mögt, aber es ist sinnlos, etwas beschönigen zu wollen. Fiona wuchs auf in einer Welt, die immer weniger lebenswert wurde. Ich wuchs auf in einer, die es nie war: Man versucht erst seit ein paar Jahrzehnten mit durchwachsenem Erfolg, sie dazu zu machen.

Hier und da gelingt das, typischerweise aber da, wo im Pott alles gelingt: in den südlichen Stadtvierteln. Da sitzt das Geld. Die (in den meisten Ruhrstädten) nördlichen, wie industriell geprägten Teile Duisburgs gehen vor die Hunde.

Anfang der Neunziger saß ich als junger Lokalreporter einmal auf einer Pressekonferenz im Vorfeld der Beecker Kirmes, einem weithin bekannten Volksfest. Die Polizei bat die Presse, in ihren Vorberichten den fröhlichen Festcharakter zu betonen und die Veranstaltung bitte nicht runterzuschreiben. Schließlich habe es im letzten Jahr keinen Toten gegeben. Man sei also auf dem richtigen Weg, habe sich zudem zivile Sicherheitskräfte aus den Nachbarstädten zur Verstärkung geholt.

Das ist kein Witz. Sechs Jahre später wurde mein Jugendfreund Luko im nördlichen Duisburger Stadtteil Marxloh am helllichten Nachmittag auf offener Straße erschossen. Es gibt nicht viele Orte in Deutschland, wo das keine großen Schlagzeilen machen würde. In Duisburg landete es irgendwo im Lokalteil, nicht zu groß, gerade wenn da was Ethnisches im Spiel sein sollte. Die Stadt hat seit dreißig Jahren und länger ein Gewaltproblem, Besserung ist nicht in Sicht.

Es ist also kein Zufall, dass die Stadt schrumpft. Ihre Lebensqualität wächst nicht, im Gegenteil. Sie verliert so viele Einwohner, dass man inzwischen Duisburg-Witze macht. Die hören sich zum Beispiel so an:

»Der Verein Wandafreunde Duisbuach hat sich aufgelöst.«

»Ach wat?«

»Jau, die meisten sind schon wech!«

Oder so:

Viele Einwohner der Stadt Duisburg erhielten jüngst eine Gen-Therapie.

Jetzt gehn sie.

Bitter, oder? Fiona wollte auch gleich wieder gehen, damals, 1984. In ihrer Vorstellung war Deutschland ein Land der Berge, in dem sich lustige, liebenswerte Männer mit Rauschebärten und Krachlederhosen rührend um Ziegenhirtenjungen und kleine Mädchen aus der Stadt kümmerten. Selbst die Großstadt Frankfurt, in die Heidi gegen ihren Willen mitgenommen wurde, hätte herrliche Bauten und den schönen Kirchturm, von dessen Spitze man bei gutem Wetter die Alpen sieht – zumindest im Film.

Meine Güte, die Alpen! Das Ruhrgebiet ist flach, der Niederrhein ist flach, nur nicht so zugebaut, Holland ist auch flach, und von da aus entdeckte Fiona die Landschaft. Im Oktober ist das eine endlose, graue, verregnete Ebene, bis am Horizont die Dunstglocke des Potts auftaucht. An Rhein und Ruhr präsentieren bzw. präsentierten sich in epischer Breite über Kilometer und Kilometer rauchende Stahlwerke und Hochöfen, Kokereien und Raffinerien und Hafenanlagen mit turmhoch bepackten Schrottinseln.

Wir Pöttler nehmen das gar nicht wahr: Ey, voll nomaal, ey. Insel voller Schrott, ein paar tausend Tonnen. Und? Braucht man halt als Beimischung im Oxygenstahlwerk.

Aber normalen Menschen muss man das erst einmal erklären. Die glauben sonst, sie hätten den Weltuntergang verpasst.

Der Erstkontakt mit dem Pott über die A2 von Venlo bis Kreuz Kaiserberg und dann die A59 via Berliner Brücke Richtung Norden hoch über den Hafenbecken ist zugegeben postapokalyptisch. Als Drehort für den nächsten *Terminator*-Film zu empfehlen. Es sieht aus, als käme gleich jemand mit zerrissenem Feinripphemd und blutender Schulter ums nächste Eck, um mit einer Bazooka eine Schrottinsel hochzujagen: Kawumm! Yippie-ey-hey, Schweinebacke!

Klingt vielleicht seltsam, aber wenn ich heute auf diesem Weg in den Pott fahre, werde ich sentimental. Mit Anfang zwanzig und meinem ersten Auto unterm Hintern fuhr ich nachts durch die Gegend und fotografierte unsere so lebensfeindlich wirkende Stahllandschaft. Sie kann wunderschön sein, gerade im Dunkeln bei Regen, wenn Tausende Lichter die Abgase gespenstisch illuminieren und die Flammenzungen der Hochofenanstiche die Bäuche der Wolken erleuchten und der Stadt ein schmutzig-orangenes Dach geben.

Trotzdem: Fast hätte mich dieses Panorama die Zukunft meiner Familie gekostet. Fiona hatte Heidi erwartet oder *The Sound of Music*, eine Musical-Schmonzette, die aus unerfindlichen Gründen in der angelsächsischen Welt jeder kennt, und Folgendes bekommen: »Das sah aus wie Liverpool, wo es fies ist, nur schlimmer!«

Tja, kann man so sagen. Mir wird immer ganz wuschig ums Herz, wenn ich Bergarbeitermelodramen aus Nordengland oder Wales sehe, und auch *Billy Elliot* macht mich sentimental. Das erinnert schon sehr an früher. Es stellte mich damals allerdings vor ein massives Problem: Ich war da, wo sie weg wollte. Was tun?

Eine der blödesten Ideen, die ich in meiner Not entwickelte, war ein abendlicher, romantisch gemeinter Trip zum *Stapp* nach Eppinghoven. Die traditionsreiche Ausflugskneipe markiert das nördliche Ende der berühmten Walsumer Rheinaue. (Ein Naturschutzgebiet! Im Ruhrpott!)

Wir spazierten auf die Dammkrone, und unter uns lag die ganze Landschaft in all ihrer Pracht: die Aue, mit ihrem See und kleinen Tümpeln, knorrigen niederrheinischen Kopfweiden und Pappelwäldchen. Am südlichen Ende der Aue hell und strahlend, erleuchtet Schacht Walsum mit dem spektakulären Kraftwerk, das mit seinem tollen Kühlturm aussieht wie ein Atomkraftwerk, aber keins ist. Nach Norden erstreckte sich platt und ohne erwähnenswerte Merkmale die Niederrheinische Tiefebene gen Wesel und Holland, aber so weit konnte man natürlich nicht sehen, weil da ja das Steag-Kraftwerk im Weg steht, das mit seinem noch viel tolleren Kühlturm auch so aussieht wie ein Atomkraftwerk, aber ebenfalls keins ist. Zusammen ergibt das ein tolles Fotomotiv für Industrielandschaftsfreunde: Naturschutzgebiet zwischen Kraftwerkblöcken.

Es half nicht. Ich zeigte ihr den schönsten Ort meiner Jugend, und sie weinte heimwehkrank, weil das alles angeblich so deprimierend war. Dabei hatte ich ihr das Emscherdelta, wo die Kloake des Ruhrgebiets über ein Wehr in den Rhein stürzt, gar nicht gezeigt: Das liegt nur rund 200 Meter nördlich vom Stapp – und mein lieber Scholli: *Das* ist vielleicht deprimierend!

Ein anderes Mal wollte sie ausgehen. Das war nicht so einfach, damals fuhren wir entweder nach Oberhausen (dreißig Kilometer Anfahrt), Bochum (sechzig Kilometer) oder Holland (vierzig bis fünfzig Kilometer), denn Duisburg war entweder tot oder Eiche brutal. Wir landeten darum im einzigen Jugendtreff, wo man zu vorgerückter Stunde noch was zu trinken bekam und eine Menge Leute abhingen: auf dem Autobahnrasthof Hünxe, mitten im Nirgendwo zwischen Ruhrgebiet und der holländischen Grenze. Fiona brummelte irgendwas von »Wüste« und »Kaff«, meinte aber wahrscheinlich nicht Hünxe, das bekanntlich sehr idyllisch ist (was für die Raststätte nicht unbedingt galt).

Wir zogen zwei Jahre später trotzdem zusammen, lebten mehrere Male und mehrere Jahre im Ruhrgebiet, in Walsum, Dinslaken und Wattenscheid. Als wir schließlich wegzogen, hatte das wieder einmal arbeitstechnische Gründe: Woanders gab es interessante Jobs, im Pott nicht.

Was habe ich aus all dem gelernt?

Mit meiner Frau habe ich erlebt, wie die meisten Menschen ins Revier gekommen sein dürften: wegen der Arbeit oder wegen ihrer Partner, nicht, weil sie es dort so schön fanden. Es waren Zweckeinwanderungen, wohl immer schon, eine Ruhr-Tradition: Vielleicht ist das die Wurzel unseres Pragmatismus.

Meine Frau spricht heute ein nur ganz leicht gebrochenes Deutsch, das sie im Ruhrgebiet gelernt hat. Sie kann über viele Aspekte der Ruhr-Mentalität herzlich lachen, manche teilt sie. Ich habe durch sie gemerkt, wie viele Dinge, die ich schön fand, Außenstehenden enorm hässlich erscheinen. Ich habe durch sie aber auch gelernt, was besonders und gut ist an der Ruhr.

Denn versöhnt hat sie letztlich die menschliche Ebene, das Raue, Direkte, Herzliche, das Botte, wie man sagt – Ruhris sind extrem rustikale Städter. Fiona ist ungewollt eine Einwanderin der ersten Generation: Für meine Großeltern galt einst dasselbe. Wer bleibt, der passt hierher.

Kiosk Göken: Willy Gökens Mutter hat den Kiosk 1953 mit Hilfe einiger Bergleute aus der Nachbarschaft aufgebaut, nachdem ihr Mann früh verstorben war.
© Konrad Lischka

3. Kultur
    Kneipen
        Hobby

DIE SACHE MIT DER SPRACHE In meiner Kindheit wurde in den Stadtteilen am Rhein noch Platt gesprochen. Dieser eine Satz reicht, damit einer aus dem Ruhrgebiet weiß, wo ich aufwuchs: In Frage kommen nur der niederrheinische Nordrand des Potts sowie die südwestlichen Stadtteile von Duisburg, vor allem die linksrheinischen.

Anders als die meisten Menschen glauben, werden im Ruhrgebiet nicht ein, sondern mindestens zwei Dialekte gesprochen. Der Pott ist ein geteilter Kulturraum: Bei Essen stoßen Westfalen und die Rheinprovinz aufeinander. Das östliche Ruhrdeutsch gehört zum Westfälischen, das westliche ist Niederrheinisch, im Südwesten vermischt mit dem Rheinischen – die Übergänge sind fließend, auch wenn ein Kölner das nicht gern hört.

Die Unterschiede sind klein, aber hörbar. Aus dem harten G wird im Westen beispielsweise ein weiches J. Im Großen und Ganzen spricht der Pott aber einen norddeutschen Dialekt: Man erzählt Dönekes über seine Malässen (Geschichten von Krankheiten, in Köln klingt das genau so), ist stolz auf seine Stöppkes (Kinder) und schimpft den bornierten Nachbarn einen Kappeskopp (Kohlkopf). Ruhrdeutsch mischt so viel, dass es den Sprechern reinerer Varianten einfach nur lustig oder »schmudellig« vorkommt, weil »imma irgenswie falsch«.

Fließend ist auch der Übergang zu den sogenannten niederfränkischen Dialekten, und das hören deren Sprecher noch weniger gern: Für Linguisten bin ich West-Ruhrgebietler sprachlich mit Niederländern und Flamen verwandt. Ich glaube das aufs Wort: Das Platt, das die alten Männer früher in den Kneipen am Rhein sprachen, war schon nah dran am Neederlands, und wenn ich heute irgendwo in Holland an einem Tresen sitze und dem üblichen Duits-Gefoppe Paroli bieten will, heißt es mitunter: »Pas op! Der praat alle!« So ähnlich hätte das noch vor vierzig Jahren auch in niederrheinischen Kneipen klingen können – heute sieht man diese Sprache fast nur noch in schriftlicher Form auf den Mottowagen im Karneval.

Denn das Ruhrplatt ist in Wahrheit lange tot. Die letzten Sprecher versteht kaum mehr einer, die echten Dialekte sind in die letzten Reservate am Niederrhein abgedrängt – da muss man schon nach Wachtendonk, Wattenscheid reicht nicht mehr. Was bleibt, ist unser Akzent, unsere Sprachmelodie, einige Verschiebungen in Sprachgebrauch und Grammatik sowie ein bisschen eigenes Vokabular.

Linguisten korrigieren dabei gern die alte Ruhrgebiets-Mär, unsere Sprache sei eine Synthese aus Deutsch mit all den Zuwanderersprachen, vor allem dem Polnischen. Abgesehen von wenigen, heiß geliebten Vokabeln (Motek! Pironje!) ist das wohl wirklich weitgehend Blödsinn. Wenn eine Schlesierin ihr altes Idiom ins Deutsche integriert, dann finden wir das heiter und erkennen es unter anderem an den seltsam rückbezüglichen Formen (und den rrrrollenden Errrrs): »Bin ich mich vielleicht dumm, oderrr warrrum lachst du?«

Es ist weniger Polen in unserer Sprache, als wir glauben. Das mag daran liegen, dass wir fremdsprachige Einflüsse gern integrieren, für eine Weile als Modewort zelebrieren und dann entweder in veränderter Form assimilieren – oder vergessen. Denn natürlich gehen solche Worte eher in den Wortschatz der Straße ein, die Ruhris bemühen sich aber seit Jahrzehnten um einen elaborierten Code. Medien und die bei Ruhr-Kiddies vermehrt anzutreffende »höhere Bildung« konnten der Sprachmelodie nichts anhaben, aber viel Vokabular blieb auf der Strecke.

Viel häufiger als polnische Einflüsse sind heute humorige Einschübe aus den Sprachen neuerer Gastarbeiter- und Einwanderergenerationen. Scheinitalienisch etwa hat sich seit inzwischen einem halben Jahrhundert etabliert: »Lecko mio«, mag da mancher Ruhri nun denken, »wat redet der Heiopei da fürn Pillepop?« Und wenn man es ihm erklärt, meint er: »Picobello, jezz, wode dat sachs. Bene!«

Der nächste linguistische Schub, der unsere Sprache bereichern wird, wird von den »Deutschländern« kommen: Türken der zweiten und dritten Generation, deren meist aufgesetzter Kanak-Singsang nicht nur die hiesige Variante eines hiphoppigen Gangster-Sprech für Pubertierende liefert, sondern echte sprachliche Bonbons. »Alles klar, Mann, Lan?«, sagt mein Sohn, wenn er witzig sein will, und der Kumpel antwortet: »Jo, Mann, Lan!«

Der Witz fußt auf der Beobachtung, dass viele junge Türken, wenn sie miteinander sprechen, ihre Sätze mit der Silbe »lan« abschließen. Unsere Jungs fassen das als eine Art Ersatz für »ne?«, »wol?«, »gell?« oder »Over!« auf: ein sprachliches Signal, dass man mit seinem Monolog am Ende ist und nun der andere reden kann. Dabei ist »lan« nichts anderes als das türkische Wort für »Mann«, und damit schließen die coolen türkischen Jungs ihren Satz ab, Mann.

Gecheckt, Alter, Lan?

ANNE BUDE Als ich zur Grundschule ging, begann der Abstieg einer Ruhrgebietsinstitution: der Bude. Das war bei uns im Viertel gut zu beobachten. Zwischen der neuen Margarethenhöhe (Hochhäuser aus den sechziger Jahren) und der alten (pittoreske Krupp-Reihenhäuschen aus den Zwanzigern) steht oberhalb der U-Bahnschleife die einzige Tankstelle und unterhalb die einzige Bude des Viertels. Ab und an schickte mich meine Mutter am Wochenende, wenn die Geschäfte geschlossen waren, zum Zigarettenholen zur Bude.

Damals glaubte ich, dass die blondierte Verkäuferin mit der rauchig-tiefen Stimme (sie erinnerte mich an meine Friseurin) in dem kleinen Ziegelhäuschen wohnt und nie raus muss zum Einkaufen, weil ja für den Verkauf schon alles da ist. Auf die Idee der bewohnten Bude hat mich wohl auch die Klingel am Verkaufsfenster gebracht, mit der man die Verkäuferin aus dem Hinterzimmer rufen konnte. Das Klingelschild sah genauso aus wie die an Wohnhäusern, die ich als Sternsinger eingehend studiert hatte. Zudem war die Bude ja immer geöffnet, wenn ich vorbeilief – werktags zur Grundschule und zurück, am Samstag auf dem Weg zur Bücherei, am Sonntagnachmittag beim Spaziergang. Und immer standen die rotweißen Werbeschilder für *Auto-* und *Sport-BILD* auf dem Bürgersteig davor.

Meine Welt der bewohnten Buden brach zusammen, als Mutter an einem Sonntagmorgen zum Zigarettenholen an die Tankstelle wollte. Ich fragte wohl: »Und die Bude?«, denn Mutter erklärte, die sei zu dieser Zeit geschlossen, nur die Tankstelle habe auf. Sehr gut erinnere ich mich auch an einen

Heiligabend, als der Zucker mittags ausging und mein Vater (er war für den Einkauf zuständig) erleichtert »Tankstelle« zur empörten Mutter sagte, schnell die Wohnung verließ und wenig später tatsächlich mit Nachschub auftauchte.

So habe ich den Unterschied zwischen Tanke und Bude gelernt: Die Tankstelle hat noch länger auf als die Bude, aber ich wurde nie zur Tankstelle geschickt, ich durfte nur an der Bude Zigaretten holen. Denn die Verkäuferin wusste, wem ich eine Packung »Slimline« mitbringen sollte.

Manchmal stand bei der Bude auch ein Herr an der Verkaufstheke, schäkerte mit der Verkäuferin und trank dabei ein Bier. Die eine Flasche hatte er gar nicht erst in die weiße Plastiktüte zu den anderen, eben gekauften getan. Das gab es an der Tankstelle nicht. Die Bude war eben nicht nur Teil der Einzelhandels-, sondern auch der sozialen Infrastruktur. Man kannte sich.

Und auch wenn man sich nicht kannte, war an der Bude alles etwas lockerer. Die ersten Zigaretten, das erste Bier und den ersten *Playboy* habe ich zu Schulzeiten an der Bude gekauft – in einem anderen Stadtteil, versteht sich. Dafür kannte man mich bei der Heimatbude eben zu gut.

Einige Buden heißen heute noch Trinkhalle, und angesichts des Sortiments kommt man da schnell auf falsche Gedanken. Und keine scheint mehr auf Gelegenheits-Trinker eingestellt als die Trinkhalle am Georg-Melches-Stadion im Norden der Stadt, bei der sich die Fans vor jedem Rot-Weiß-Essen-Spiel auf dem Weg vom Seitenstreifen-Parkplatz mit Bier für den Weg eindecken.

Trinkhalle war früher ganz anders gemeint.

Die Kioske kamen mit der Industrialisierung ins Ruhrgebiet, die ersten sollen Mitte des neunzehnten Jahrhunderts im Umland in Barmen, Düsseldorf und Aachen von Mineralwasserabfüllern zum Straßenverkauf aufgestellt worden sein.

Die Städte vemieteten die Grundstücke sehr günstig, um den Alkoholkonsum einzudämmen …

Anfang des zwanzigsten Jahrhunderts gab es mehrere Hundert solcher Kioske zwischen Duisburg und Dortmund, die Krupp'schen Werke betrieben eigene Trinkhallen, es gab Ketten. In den zwanziger Jahren erweiterten viele ihr Angebot um kleine Snacks (Gurken, Heringe). Betreiber seien in den meisten Fällen »Kriegsbeschädigte oder sonstige hilfsbedürftige Personen«, wie Bergmannswitwen, schrieb 1922 ein Bürgermeister an den Regierungspräsidenten, um zu begründen, warum man es bei den Büdchen mit Ausschankvorschriften nicht so eng nehmen solle.

Selbstgemachte Snacks findet man an Buden heute kaum noch. Die Verkaufshalle neben dem Kämpen-Treff in Essen-Frohnhausen ist eine Ausnahme, dort wartet eine grauhaarige Dame in Kittelschürze hinter den üblichen Süßigkeiten und Zeitschriften, aber eben auch hinter einem Glas Soleier auf Kundschaft. Als ich bei ihr eines Abends Sekt kaufte, fragte sie: »Wat zu feiern? Noch 'n paar Frikadellen? Selbstgemacht!«

Sekt und Frikadellen – da ist das Ruhrgebiet ganz bei sich.

Solche Omma-Büdchen gibt es kaum noch, wer heute mit Tankstellen und den verlängerten Öffnungszeiten der Supermärkte mithalten will, muss Sortiment und Öffnungszeiten ausbauen. So wie ein Budenbesitzer, den ich in Altendorf auf der Suche nach Tabak und Bildern für eine Videoreportage getroffen habe. Willy Göken verkauft seit 1963 in seinem Kiosk Zigaretten, Bier und Süßkram wie die Rotella-Schnecken Nr. 22 für 5 Cent. Seit ein paar Jahren hat er auch Gasflaschen, Glühwein und Hundefutter.

Willys Bude stand am Ende einer zum Untergang verurteilten Straße, so wurde ich darauf aufmerksam. Bei meinem ersten Besuch schmiegte sie sich noch an den Bahndamm, die Kleingärten nebenan waren schon aufgelassen, nur zerbrochene Gartenzwerge, verbleichte Fantasy-Romane und zerknautschte Fußbälle erinnerten noch an die Zeit, als die Altendorfer im Garten entspannten und das Bier bei Willy holten.

Ein halbes Jahr später waren der Bahndamm abgetragen und die Kleingärten planiert, nur Willys Bude stand noch. Im Planungsentwurf der Stadt Essen läuft das Plattmachen unter Schlagworten wie »Wohnen am Wasser«, »städtebauliche Aufwertung« und »Revitalisierung«.

Wenn es nach der Verwaltung und den Investoren geht, werden in wenigen Jahren an der Stelle von Willys Kiosk drei Bäume einer »Uferpromenade« stehen. Aus der ehemaligen Kleingartenanlage wird ein See.

Mit der Bude geht mehr verloren, als man am Sortiment festmachen kann. Cracker, Milch, Gasflaschen, billiges Bier, die »Flasche incl. Pfand 0,65« – das ist nur ein Teil des Angebots. Die Bude lebt von Dialogen wie dem zwischen Peter und Werner, zwei Altendorfer Rentnern und Stammkunden von Willy:

Peter fummelt die rote Players-Packung auf und steckt sich eine Zigarette zwischen die Lippen, sein Hund bettelt Willy an, der im Verkaufsfenster lehnt. Werner – dunkelblaue Schirmmütze, weiße Haare, grauer Parka – kommt dazu und quatscht Peter an: »Dich hab ich schon lange nicht mehr gesehen.«

»Ich grüße dich.«

»Biste immer noch nicht umgezogen?«

»Nee.«

»Hasse noch Zeit?«

»Am 23., wurde um eine Woche verschoben.«

»Ach so. Und was macht die Frau?«

Peter schüttelt den Kopf. »Wenn ich mal zwei Tage nicht da bin, sagt sie: ›Oh, bist du schon da?‹«

»Ich hab das ja mit meiner Mutter mitgemacht, die war genauso.«

»Ja, ja.«

»Die hat zu mir gesagt: ›Wer sind Sie denn?‹«

»Erkennen tut sie mich noch. Auch die Geschwister und so.«

»Aber Werner, die Zeit kommt, da sagt sie: ›Wer sind Sie denn?‹ Da musst du ganz, ganz hart sein. Da musst du denken, wir wollen alle alt werden.«

»Neee, so will ich nicht alt werden.« Werner schüttelt den Kopf und zündet sich eine Zigarette an.

Willy Gökens Bude ist eine Mischung aus Eckkneipe, Stadtteiltreffpunkt und Veranstaltungsort. Im Wohnzimmer hinter dem Verkaufsraum trifft sich der Sparclub, auch einige Spieler vom Freizeitfußballverein BSC Göken kommen hierher.

Ein bisschen Budenkultur schimmert unverhofft bei manchem neuen Kiosk auf. Den türkischen Besitzer der Bude gegenüber meiner alten Wohnung habe ich einmal abends mit einem ungewöhnlichen Einkauf überrascht. Statt Zeitung oder Zigaretten wollte ich Mineralwasser. Der Budenbesitzer lachte: »Wasser? Warum? Kommt doch aus der Leitung.« Das sah ich genauso, aber nicht mein Besuch. Ich erklärte es ihm, er lachte noch mehr. »Ah, Freundin!« Dann lachte er mir immer zu, wenn ich Mineralwasser kaufte.

KICKERN IN MEKKA Gerd fühlte sich auf sicherem Grund, Schiss hatte er nicht. »Wir gehn jezz da rein, wat soll dat denn?«

Gute Frage. Warum zögerte ich? Wir kamen beide aus Arbeiterfamilien, hatten unsere Wurzeln also im richtigen Milieu, aber Gerd war als Steigersohn mit Pranken wie Ruderblättern näher dran. Sein Vater arbeitete unter Tage, er selbst sollte dort einige Jahre später eine Lehre machen. Mit sechzehn war er fast so breit wie hoch. Wo Gerd hinhaute, wuchs so schnell kein Gras mehr. Aber Keile würde es an einem Freitagnachmittag sowieso nicht geben. Nicht am helllichten Tag.

Die Kneipe lag an einer der Straßen, die zum Pütt hinunter führten, und sah klein und miefig aus. Viele Jahre später beschrieb man den Stil solcher Etablissements treffend mit »Eiche brutal«. Laut Gerd war es »dat Mekka«.

Hatte ich mir irgendwie anders vorgestellt.

Die Straße vor der Kneipe lag leer und verlassen da wie Dodge City, kurz bevor die Daltons breitbeinig die Straße herabstiefeln, um den Sheriff zu treffen, in jeder Hinsicht. Das würde hier natürlich nicht passieren. Es war eine Stichstraße ins Nirgendwo.

Was hier langfuhr, war meist groß und tankte Diesel: Laster, die zur Papierfabrik unten am Rhein wollten oder zum Schacht oder zu dem großen Getränkehändler. Der wurde wenig später mit der Abtäufung eines Mineralwasserbrunnens in der Rheinaue reich. Im lokalen Idiom sollte die Plörre »Uferfiltrat« heißen, verkauft sich aber trotzdem bis heute bundesweit ganz prächtig (und »taucht auch wat«, wie man im Pott sagt).

Gerds Mekka lag also im städtischen Nirvana. Der »Klappenaugust« war die archetypische »Feia-ahmd, jezz ersma 'n Pilsken«-Kneipe, in der so mancher hochtätowierte Bergmann verschwand, um die Wirtschaft anzukurbeln und den Weg nach Hause zu vermeiden. Marke rau, aber herzlich. Hoffte man, bevor man reinging.

Drinnen war auch wie Dodge City. Hinter der Tür öffnete sich ein kleiner Raum, in dem offenbar ein Brand schwelte: Dichte Rauchschwaden hingen in der Luft. Vor uns, kaum erkennbar, bis sich die Augen an das Halbdunkel gewöhnten und der spontan einsetzende Tränenfluss beruhigte, die Theke. Dann sahen wir der versammelten Belegschaft ins Auge: Die starrten uns an wie im Western.

Jetzt wurde mir klar, warum es draußen auf der Straße so leer war: Die waren alle hier drin. »Was soll's sein, Fremder?«, hätte der Wirt nun eigentlich fragen müssen. Tat er aber nicht. »Und?«, meinte er stattdessen.

Alle drehten sich wieder weg, eigenen Gesprächen, eigenen Gläsern zu. Ich atmete zur Abwechslung mal wieder aus. »Und?« war augenscheinlich die ortsübliche Variante von: »Schönen guten Tag, herzlich willkommen, was darf es denn sein, lieber Gast?«

»'n Pils?«, fragte Gerd, und irgendwie klang es wie die Bitte um eine Genehmigung: »Zwei Pils?«

Der Wirt – war er der Klappenaugust? – sah uns prüfend an und nahm wortlos ein Glas in die Hand. Er hatte uns als »alt genuch fürn Pilsken« verbucht. Sieben Minuten später – der Zeit, in der einem anständigen Pils die Krone wächst – fielen wir nicht mehr auf, und bis dahin hielten wir den Ball flach.

Apropos Ball. Schräg hinter uns erklang kurz und sehr

trocken ein Geräusch. Gerd und ich sahen uns an. Wegen diesem »Pock!« waren wir hier.

Es war das Geräusch eines kleinen harten Balls, der mit einer kurzen, kaum wahrnehmbaren Bewegung des Handgelenks auf einer Strecke von höchstens einem Meter kurzzeitig auf eine Geschwindigkeit beschleunigt wird, die ihn so gut wie unsichtbar macht. Trifft er dann fest genug in das handspannenbreite Tor, dass ihn die Wucht des Aufpralls für Sekundenbruchteile regelrecht an die Rückwand klebt, bevor er in die Ballrückführung fällt, macht es satt und trocken »Pock!«.

Anderswo hält man Kickern für ein Spiel. Im Ruhrgebiet wird aus einem Pock gern mal eine Salve: Bei »Tocktocktocktocktock« lässt der Spieler den Ball mit kurzen, harten Schlägen auf dessen Oberseite nach rechts und links wandern, bevor er im Fluss der Trommelbewegungen kaum merklich einen Schuss setzt, der »Pock!« macht. Zwischendurch, wenn der Ball von einer Spielfigurenreihe zur anderen abgespielt wird, um die Abwehr des anderen auszuhebeln, hört man »Ztck«, »Ztck«, »Ztck«. Bei extrem schnellem »Tocktock«, gefolgt von einem »Pack!«, setzt ein Spieler einen Block und beantwortet den Schuss des Gegners innerhalb von Zehntelsekunden mit einem Gegenschuss, was den Ball durch die Summierung von Schuss und Abprall so sehr beschleunigt, wie man es aus eigener Kraft niemals könnte.

Wie schnell der Ball werden kann, darum ranken sich seit Jahrzehnten Legenden. Die Messung ist schwierig, kolportiert werden Spitzengeschwindigkeiten bis einhundertfünfzig Stundenkilometer. Wahrscheinlich ist das nicht. Ambitionierte Hobbyspieler dürften Schüsse mit maximal dreißig bis fünfzig Stundenkilometern hinbekommen. Klingt nicht toll, reicht aber für ein »Pock!«. Immerhin braucht der Ball für die kurze Strecke einmal quer über das gesamte Spielfeld dann nur zwischen sieben Hundertstelsekunden und 1,2 Zehntelsekunden.

Eins hört man im Ruhrgebiet, wo Kickern kein Kinderspiel, sondern ein Hochleistungssport ist, übrigens nie: »Wrrrrrrrrrr!«. Das Geräusch entsteht, wenn die Stümper aus Gegenden, in denen man Kickern »Hackerschen«, »Tischfußball« oder »Krökeln« nennt, die Fußballerfiguren an ihren Stangen durchdrehen lassen. Passierte Gerd und mir natürlich nie, 1979 zwei selbstbewusste, aufgehende Sterne am Spielerhimmel. Das Killer-Doppel. Champions im Kreise der gymnasial gebildeten Spielergemeinde. Trainiert und gestählt in ungezählten geschwänzten Schulstunden, die wir im nahen Jugendheim verbrachten. Sechzehn Jahre jung und natürlich unbesiegbar, unsterblich und übermächtig. Oder hieß das übermütig?

»Klick!« ist das Geräusch, wenn man eine Münze auf den Rand eines Kickers legt. Damit fordert man den Gewinner des laufenden Spiels. »Klick!« ist der Fehdehandschuh des Kickerers. »Nee, lass ma stecken, Kinda«, bescheidet uns eine offenbar schon leicht angetrunkene Gestalt abfällig, »trinkt ne Cola und seid brav. Hia spieln Männa.«

Gerd (so breit wie hoch und ziemlich kräftig) war nicht auf den Mund gefallen. »Wat soll dat denn? Habter Schiss oder wat?«

Die Verlierer der letzten Partie sind abgezogen, der Wirt kommt angeschoben, wirft zwei Deckel auf den Tisch neben dem Kicker und stellt die Pilsken ab. Ich nehme demonstrativ einen Schluck. Schmeckt.

Von wegen Kinda! Kannsse ma kucken.

»Lass ma duach«, sagt eine kleine Gestalt, die sich von hinten durch den Raum drängt. »Ich mach dat ebend.« Was sich da auf die andere Seite des Kickers schiebt, sieht fast aus wie mein Oppa. Vielleicht Ende fünfzig, ein Gesicht, als hätte

man den Schädel mit Leder überzogen, Cordhose, schmudde-
liges Hemd, Kappe, gelbe Finger vom Rauchen, passend dazu
die Zähne. Und ungefähr einen Kopf größer als ein Dackel.

»Also, wat is?«, fragt er und guckt uns von unten heraus-
fordernd an.

»Is nett«, sage ich, »aber lass mal.«

Das war ein Fehler.

»Wat?«, bläfft der Alte. »Bin ich mich nich gut genuch
oda wat?« Ein Pole. Auch das noch.

»Ne«, sage ich, »aber wäa doch nich fair…« Weiter komme
ich nicht.

»Nich fair? Wat soll dat denn? Bisse Supermann? Bin ich
mich vielleicht 'ne Krippel? Bin ich mich nich gut genuch,
um mit die Jungs vom Gymnasium zu spiele?«

Ach du Scheiße. Das G-Wort, G wie »dicke Luft«.

»Na ja«, sag ich vorsichtig, »immerhin fehlt dia da 'n
Aam!«

Irgendeiner verpasst mir von hinten einen Schubs gegen
die Schulter.

»Höööööö!«, sirent der Kerl. »So nich, Kleina. Hia rein-
kommen un die Leute beleidigen! Willse sagen, der Jacek is
behindert oder wat? Pass bloß op, du!«

Auf einmal sind da überall Gestalten. Ziemlich kräftige
Gestalten.

»Wollte der nich!«, ruft Gerd. »Regt euch ab, geht klaa,
wia spieln!« Er wendet sich dem einarmigen Polen zu: »Gegen wen willsse denn?«

Der grinst. »Gegen beide«, sagt er ruhig, »aber nua füa
Kohle.«

Da bricht die Hölle los: Mit einem Mal ist Stimmung.
Die Kneipe johlt. Wer bis jetzt noch nicht am Kicker stand,
tut das wenige Sekunden später. »Ach du Scheiße«, flüstere
ich. Gerd gelingt es, den kleinen Polen auf einen Fünfer

runterzuhandeln. Nicht, dass die nachher noch sagen, wir hätten den ausgenommen.

Tocktocktocktock. Ztck, tck, tck, tck, Pock! Pock! Tck, tck, Pock! Tacktack – Pack! Pock! Pock! Pock! Pack!

Dann war Schluss. Der Klappenaugust explodierte, alle feixten und lachten, einer schlug mir auf den Rücken: »Zwei Punkte gegen den Jacek. Nich schlecht, Jung!«

»Heiamann!«, sagte Jacek und streckte seine eine Hand aus. Gerd gab ihm das vereinbarte Fünf-Mark-Stück. Die Menge zerstreute sich, strebte zurück an Tische und Theke. »Hasse gesehen«, hörten wir, »wie dea die nass gemacht hat? Wat hat der Lange doof geguckt!«

Später saßen wir an der Theke, noch später spielten und verloren wir knapp im Doppel. Ein Spiel hat sechs Siegpunkte, dann hört man auf: Der Münzapparat wirft jedes Mal elf Bälle aus, wer sechs Tore hat, hat gewonnen, die restlichen Bälle zählen ins nächste Spiel. Das spart Einsatz: Wenn alles optimal läuft, holt man aus einer Mark drei ganze Spiele. So wie Jacek, mit dem beim Klappenaugust keiner spielte, der sich auskannte. Gegen den konnte man nicht gewinnen.

»Der is imma hier«, erzählte uns einer. »Seit den Unfall. Is minnigens zwölf, fuffzehn Jahre hea.«

Anfang der Sechziger hatte es dem Jacek beim Einfahren im Förderkorb den Arm abgerissen. An irgendwas war er hängengeblieben, der Korb fiel mit zehn Meter pro Sekunde in den Schacht. Jaceks Arm blieb oben, Jacek danach auch. Die Zeche gab ihm einen Besen, bis er so oft soff, dass sie ihn vor die Tür setzten. Seither saß er im Klappenaugust und bekam täglich Besuch von den Kumpels. Die Knappschaft zahlte gewissermaßen die Zeche und das Training des Polen, der Deutschlands schnellster einarmiger Kickerer gewesen sein mag.

Bevor es dunkel wurde, waren wir pleite. Wir bekamen

noch zwei Freibier, dann zeigten wir Anstand und verabschiedeten uns artig. Eine ganze Reihe grüßte sogar mit einem »Jau!« zurück, einige lachten über uns, bevor sich die Tür schloss. Draußen blinzelten wir angeschickert in das Abendlicht.

»Hasse gesehen, wie dea dat letzte Tor gemacht hat?«, fragte Gerd.

»Ne«, sagte ich.

»Siehste«, sagte Gerd, »sach ich doch: Mekka.«

HINTERM OPEL-WERK RECHTS – UNDER-GROUND IM RUHRGEBIET, EINE LIEBES-ERKLÄRUNG *Du hast ihre Augen, du hast ihren Mund*, singt Jürgen Renfordt aus dem Autoradio. Nacht im Revier, endlich leere Straßen, die Büdchen haben noch auf. Oppas sind mit ihren Hündchen noch mal kurz um den Block unterwegs, sonst ist es sehr still, sehr leer. Der Soundtrack zu dieser dunkelgrauen, verlassenen Gegend ist der Sender mit dem wunderbaren Slogan »Schönes bleibt« und der »Musik zum Träumen« im Nachtprogramm – WDR4 lief immer im winzigen Seat von Klaus' Mutter. Wenn er den auslieh, um abends irgendwohin zu kommen, machte er sich nicht die Mühe, die Jugendwelle WDR1 einzustellen. Mit einer ironischen Distanz, die uns damals sehr lässig erschien, hörten wir jedes Mal Schlager im beliebtesten Reviersender, wenn wir mit dem Auto seiner Mama zur Subkultur fuhren.

Wenn ich an Ausgehen, Kino, Theater, überhaupt an Kultur im Ruhrgebiet denke, fällt mir zuerst die Fahrerei ein. Mit sechzehn wollte ich mit zwei Schulkollegen zum NOFX-Konzert in die Zeche Carl im Essener Norden. Als das dann nach Oberhausen in den Musikzirkus verlegt wurde, hatten wir ein Problem: Wie Dienstagnacht nach Essen zurückkommen? Uns hat dann der Papa eines Kollegen mit dem

Familienkombi abgeholt – nicht gerade Punk, aber anders ging es nicht.

Zum Hass-Konzert waren wir ein paar Monate zuvor mit der Straßenbahn zur Zeche Carl gefahren. Lustig, wie sich Konzerterlebnisse wiederholen: Ich sah bei einem anderen Konzert der Nordrevier-Punk-Band, wie ein Mädchen beim Pogen mit dem Augenbrauenpiercing an der Jacke eines anderen hängenblieb und das Piercing einfach rausriss. Viel Blut, ziemlich eklig. Der damalige Hass-Schlagzeuger Axel Schwers war ein paar Jahre zuvor mit dem Fahrrad aus Gladbeck über den Rhein-Herne-Kanal zu Konzerten in der Zeche geradelt. Und hatte in derselben Halle beim Pogen mitangesehen, wie jemand mit einem offenen Bruch am Zeigefinger und sehr, sehr viel Alkohol im Blut aus dem Pulk wankte.

Wenn ich um meine Wohnung in Hamburg einen fiktiven Kreis mit allen Clubs und Kinos ziehe, in denen ich in der Stadt Konzerte gehört und Filme gesehen habe, genügt ein Durchmesser von drei Kilometern. Im Ruhrgebiet beträgt der dreißig. Nimmt man das Palladium in Köln und das Zakk in Düsseldorf dazu, sind es schon hundert. Schon um *23* zu sehen, einen Film über die Achtziger, Hacker und Drogenmissbrauch, mussten wir nach Bochum fahren, ins Kulturzentrum Bahnhof Langendreer. Vom Ruhrschnellweg kurvte man da am Opel-Werk vorbei, unter einer Eisenbahnstrecke hindurch und eine düstere Straße entlang. Es war immer ein wenig wie in Elronds Haus in Tolkiens *Herr der Ringe*: die letzte Zufluchtsstätte östlich der See. Na gut, eher östlich der Bochumer Universität, aber der Kontrast zwischen einem Arthouse-Kino und der Umgebung ist im Ruhrgebiet überall größer als, sagen wir mal, in Freiburg. Passend hieß die Bochumer Filmoase endstation.kino – und ja, da war es heimelig in der Zeit, als es noch keine Navis gab und Prodigy in den Charts war.

Das Ambiente – schwarzer, genoppter Plastikboden, weiße Wände – war zum Abgewöhnen, da hatte ich den Hagebuttenteegeruch der Jugendherbergen und die Duftnoten von Mehrzweckhallen im Kopf. Aber es waren interessante Menschen dort. Die Flyer vom selbstverwalteten Uni-Kino nahm jeder mit: Ältere mit Lederjacken, Mädchen mit Henna-Haaren, Jungs mit kalifornischen Skateboardschuhen und Ausgaben der *Jungen Welt* oder *Marabo,* später der *Jungle World* in der Hand, eben alle, die gerne *23* oder die Kurosawa-Retrospektive sahen und sich das Zeug nicht in der Stadtbücherei ausleihen wollten, weil es sowieso nie da war. Kurosawa gab es im Video-Corner im Nachbarsviertel nicht, aber die Aushilfe (ein Typ mit Locken und kariertem Hemd, eine Zeitlang mein Idealbild der nahen Zukunft als Student) war angetan von der Frage und gab mir drei Tipps: Jetzt gleich *Clerks* hier im Video-Corner ausleihen, bevor der entsorgt wird, Kurosawa-Filme in der Stadtbücherei suchen und das Programm in Bochum studieren.

Im Nikolaus-Grill neben der Videothek holte ich mir Schaschlik, da saß Schibulski über einer Schale Pommes – Lammspieße waren ihm doch zu fremd. Schibulski mampfte und stierte in das wöchentliche Anzeigenblatt, das der Besitzer als Tarnung für den Mangel an Zeitungen auslegte. Und was las Schibulski? Samstag Straßenfest mit Schlager-Coverband! Bunter Herbst in Holsterhausen! Und, gehse hin? »Na klar, paar Pilsken am Mittag draußen, wat gibbet Besseres?« Das Radio im Nikolaus-Grill spielte WDR4.

Subkultur hat im Revier den Vorteil, dass sie nirgends auch nur ansatzweise dominiert. Macht eine winzige Galerie in einem alten Büdchen auf (so vor ein paar Jahren die Zone E, zehn Minuten vom Essener Folkwang-Museum entfernt), ist selbst in Museumsnähe der Abstand zu Bäckerei, Friseur und einer richtigen Bude groß. Im Revier muss man solche

Orte erst finden und dann hinfahren, meist irgendwo an den Rand, wobei das Ruhrgebiet von den Einkaufszentren abgesehen größtenteils aus Rand besteht. Die einzige Goa-Party meines Lebens zum Beispiel habe ich im Keller eines alten Ausflugslokals im waldigen Walpurgistal hinter einem Reiterhof erlebt. Die Gäste waren alle mit Fahrrädern da, die lehnten draußen an der Schleifmühle. Wahrscheinlich hatten die wie ich davon erfahren – ein Kollege von einem Kollegen wollte hin, und ich fand es aufregend – Goa, ein Kneipenkeller im Wald, in dem vor Jahren The Offspring und Green Day gespielt hatten? Wow! Ich hatte von der Schleifmühle nie zuvor gehört und war dann auch schnell wieder weg, weil in dem Keller alle verstrahlt und einige Jahre älter waren. Nachdem ein Anwohner den Besitzer wegen Lärmbelästigung mit Klagen überzog und über Jahre prozessierte, war es irgendwann aus mit der Schleifmühle. Heute steht dort ein lauschiges Wohnhaus.

Der Duisburger Phuture-Club war aus dem Landschaftspark Nord verschwunden, bevor ich mich aus dem zwanzig Kilometer entfernten Essen hintraute. Die Stadt wollte was Richtiges mit dem Ort anfangen. Ich kannte den legendären Namen aus dem Essener Baikonur, wo einige der DJs aus Duisburg Zuflucht fanden. Jahre später war ich zum ersten Mal abends im Landschaftspark Nord, dem ehemaligen Hüttenwerk Meiderich in Duisburg. Ein paar Hobbyfoto-Gruppen liefen die Stahltreppen hinauf, eine Schulklasse war mit einem Reiseführer unterwegs, und in der Pumpenhalle gab es einen netten Empfang mit Häppchen – alles sehr friedlich, gänzlich unspektakulär und bar jeder Überraschung. Einen Phuture-Club könnte das Gelände gut vertragen.

Subkultur erkannte man in den Neunzigern auch am Bier: Pilsken tranken alle, aber im endstation.kino war das zwecks Abgrenzung von all den Schibulskis ein niederländisches Pils in Bügelflaschen. Das Aufploppen der Grolsch-Pullen war der Sound der Filmkunsttheater und der abseitigen Kneipen, die sich durch Pommes Spezial mit gehackten Zwiebeln und Verirrungen wie belgischem Bananenbier hervortaten. Allesamt unausgesprochene Kriegserklärungen an die Schibulskis und den Bunten Herbst, wo aus Überzeugung wie auch mangels Alternativen nur heimisches Stauder getrunken wurde. »Das beste Bier der Welt«, sagt ein Schibulski nach dem ersten Schluck immer noch.

Ein Grolsch hatte ich in der Hand, als ich den Science-Fiction-Klassiker *Blade Runner* zum zweiten Mal in meinem Leben und zum ersten und einzigen Mal im Kino sah: im Eulenspiegel, einem Fünfziger-Jahre-Kino an einer Ausfallstraße in Essen, und der Saal war voll. Da habe ich auch – ebenfalls ein Grolsch in der Hand – *Metropolis* gesehen, mit Filmorgelbegleitung.

Die Kollegen, mit denen ich den Fritz-Lang-Klassiker gesehen habe, jobbten später als Filmvorführer, einer zog über Berlin und Kambodscha wieder zurück ins Revier, der andere ist dageblieben, studierte Archäologie und insbesondere Tonlöffel und führte Filme vor – man muss nicht mehr abhauen, um etwas von der Welt mitzukriegen.

Nur, dass Sie keinen falschen Eindruck bekommen: Keiner meiner Bekannten im Revier hätte je pikiert ein Pils abgelehnt, weil's kein hippes Grolsch war. Diesen Sektiererwahnsinn hab ich erst in München und Hamburg erlebt, an der Ruhr sind die Subkulturen erstaunlich durchlässig. Hey – ich als Rollenspiel-Nerd fühlte mich bei Drum 'n' Bass im Baikonur wohl, das kann ich mir in einem Münchner Club nicht vorstellen.

Alex Schwers, der Schlagzeuger der von mir verehrten Punk-Band Hass, spielt seit Jahren bei einer Partyband in Gladbeck und war einer der Musiker eines Schlagerstars. Ich weiß nicht, ob sich jemand außerhalb des Reviers an Ibrahim Bekirovic und Hits wie *Ich hab 'nen Bungalow in St. Nirgendwo* oder *Du oder keine* erinnert. Ich kannte Ibo dank WDR4. Auf seinem Grab in Gladbeck liegen zehn Jahre nach seinem Unfalltod noch frische Blumen von Fans.

Ich habe nirgends einen so toleranten Umgang mit den kulturellen Vorlieben anderer erlebt wie im Revier. Schlager? Rockabilly? Goa? Jazz? Da lacht niemand, ist alles irgendwie okay, und wen man kennt, den schätzt man. Alex Schwers mag den Schlagersänger Ibo oder den Essener Clubbesitzer Kay Shanghai. Der hat aus dem Metal-Schuppen Kalei das Hotel Shanghai gemacht, in das an manchen Abenden sogar Leute aus den Niederlanden anreisen.

Und Kay hat oft bei meinem Ex-Nachbarn René Pascal gefeiert, einem Schlagersänger, der heute vor allem von seiner Kneipe lebt. Pascals Drehscheibe mit ihren Glitzerketten, Diskokugeln, vergilbten Zeitungsausschnitten und Autogrammkarten vergangener Tage war zwei Minuten von meiner zweiten Essener Wohnung entfernt, und einige ganz unterschiedliche Kollegen hatten die Angewohnheit, sich dort abends zu treffen. Auf der Theke steht ein rotes Telefon, das hat die Deutsche Bundespost René 1990 geschenkt, als Dankeschön für seinen zum fünfhundertjährigen Jubiläum komponierten Song *Ich schenke Dir ein rotes Telefon.*

Ein paar meiner Schulfreunde waren regelmäßig in der Drehscheibe, mein Thomas Mann verehrender Chef schaute manchmal nach dem Fußball vorbei und die Nachbarin von ganz oben, die gern zum Likörchen lud.

Man darf sich das nicht zu glamourös vorstellen: René zapft Bier, Schlager und Oldies laufen von CD, werktags knobeln meistens nur ein paar Stammgäste am Tresen. Freitags und am Wochenende schauen Gelegenheitsbesucher zum Vorglühen vorbei, dann ist die Mischung interessant –

alte Damen in fliederfarbenen Kunstfaserpullis, Lagerarbeiter und viele unter dreißig. Dann muss René Pascal irgendwann *Lady Blue* auflegen:

> *Lady Blue, Lady Blue,*
> *Tausend Sterne rufen dir zu:*
> *Lieb mich noch einmal,*
> *unsre Nacht wird kein Tabu.*

Hach.

Kay Shanghai hat René Pascal mal bei der Hochzeit einer guten Freundin als Überraschungsgast singen lassen – ich bin mir nicht sicher, ob ich eine Party so crashen würde, vielleicht wohne ich einfach zu lange nicht mehr im Revier.

Auf dem Heimweg nach Essen von der *23*-Vorführung wollte Klaus eine Abkürzung nehmen, und so kurvten wir eine halbe Stunde später über das Gelände der Universität Bochum, durch Wäldchen, unter Betonüberführungen hindurch und standen auf einmal auf einem Uni-Parkplatz. Bis auf Roger Whittaker auf WDR4 war es still, und ich fühlte mich zwischen den Betonblöcken der Ruhr-Universität sehr einsam – wo waren die ganzen Leute hin? Klaus nahm einen Schluck aus meiner Grolsch-Flasche und sagte ganz global: »Das ist doch scheiße.«

Ich war nicht in der Stimmung, um nachzufragen, was genau er meinte – die Geografie, die Leere? Ein Jahr später zog ich wegen eines Studienplatzes weg, Klaus ein paar Jahre später wegen eines Jobs. Als wir uns kürzlich über München, Freiburg und Hamburg unterhalten haben, waren wir einer Meinung: Hätte nicht so kommen müssen, war aber besser so. Da weiß man wenigstens, was man am Revier hatte.

BLUT ZUM ABENDBROT – RUHRKÜCHE Ruhr-
gebietsküche habe ich viel zu lange mit massivem dunklen
Holz drinnen, Plastikstühlen mit Sitzpolster draußen und
Sahnebergen assoziiert. Der Kulturschock kam spät, als ich
mit fünfzehn den ersten von drei Sommern im Omma-Café
Lützenrath am Wochenende als Spüler arbeitete.

Bis dahin war ich mit den schlesisch-polnischen Gerich-
ten wie Pieroggen (gekochte Teigtaschen mit Fleisch-, Pilz-,
Kraut- oder Quark-Kartoffel-Zwiebel-Füllung) von Oma
und Eltern groß geworden. Dann also Lützenrath. Das Café
heißt lustigerweise auch Waldfrieden, und das trifft die Stimmung gut: Das Ding ist eine Institution, nach dem Ersten
Weltkrieg in einem Wald oberhalb der Ruhr eröffnet (später
baute die Stadt den Fluss zum Stausee um), gehört es zu den
Ausflugslokalen auf den Ruhrhöhen.

Ausflug, das hieß früher: sonntags mit der Straßenbahn
nach Bredeney, von dort durch den Wald in eine Gaststätte,
was trinken, Stullen verdrücken und zurücklaufen. Das
geht schon seit Generationen so, ich habe den Satz: »Da war
meine Oma jeden Sonntag«, sehr oft in Essen gehört, wenn
ich Lützenrath erwähnte.

Als ich dort spülte, brachte ein Linienbus die Omas bis fast
vor die Eingangstür. Und neben einer Ampel führte die Stadt
auch noch eine Tempo-30-Zone vorm Café auf der Hauptverkehrsstraße durch diesen Wald zu einem Vorort ein. Die Mas-
sen alter Menschen vor Lützenrath am Wochenende waren
überwältigend, die hielt auch keine rote Ampel auf, wenn sie
aus dem Wald kamen und Kaffee und Kuchen auf der anderen Straßenseite erblickten, da musste mindestens die Tempo-
30-Zone her, wenn nicht gar ein Gatter samt Unterführung.

Die Popularität spricht dafür, dass die Betreiber etwas
richtig gemacht haben. Richtig hieß groß und viel: Ich pro-
bierte während der zehn, manchmal elf Stunden Spülerei in

der Küche so einiges durch, Pommes, Schnitzel und natürlich den Pflaumenkuchen (drei Daumen dick) mit Sahne. Für mich waren selbst die Zwischendurchportionen zu groß, die mir die alte Köchin mit verschmitztem Lächeln reichte. An die Gäste gingen weit größere Mengen raus: Bockwürste, dick wie Kobras, Rindsrouladen in einem Meer aus brauner Soße, Kuchenstücke im Format der Hardcoverausgabe vom *Zauberberg* – und daneben ein Sahnegebirge.

Und das Erstaunlichste: Es kam fast nie etwas auf den abgeräumten Tellern zurück. Manchmal vielleicht ein Hügelchen Sahne, häufiger der Rand, wenn jemand ein Eckstück vom Blechkuchen erwischt hatte (zu hart für die Dritten).

Wie die Menschen diese Portionen verdrückt haben, ist mir bis heute unbegreiflich. Wir saßen nach Feierabend oft in der Gaststube zusammen: ein alter Oberkellner, der hektisch mit den Füßen wippte, ein paar adrette (so werden die Gäste sie wohl genannt haben) Studenten, die bedienten, die Küchenoma und die Chefin. Wer wollte, konnte noch Reste aus der Küche essen, eine schnell aufgewärmte Wurst, einen Kartoffelsalat oder Pflaumenkuchen. Niemand schaffte mehr als eine halbe Portion.

Und Kuchen nur ohne Sahne! Niemand aß die, den ranzigen Geruch der Sahnereste hatte man nach zwei Stunden Arbeit an den Händen, in den Haaren, in der Nase. Überall klebte Sahne, bei den Mengen kein Wunder. Wir hingen auf den gepolsterten Bänken (dunkles Holz) in der düsteren Gaststube (noch mehr dunkles Holz, Wandteppiche, Gemälde), rauchten und schauten apathisch raus, wie die Sonne langsam hinter den Baumwipfeln verschwand. Die Chefin rauchte auch, zählte die Einnahmen und gab jedem von dem Geldhaufen den Lohn bar auf die Hand und an guten Tagen noch ein paar Scheine Bonus dazu. Und jeder sonnige Tag war ein guter Tag.

Woher die Liebe zu großen Portionen deftiger Durchschnittskost kommt? Es gibt da nur Vermutungen, die der Bochumer Gastrokritiker Peter Krauskopf in seinem *Manifest einer kulinarischen Bewegung im Ruhrgebiet* sehr schön zusammengefasst hat: »In Westfalen, im Rheinland und im Bergischen hat sich jeweils eine eigene kulinarische Tradition mit Spezialitäten und Rezepten entwickelt. Sie ist meist rustikal geprägt und geht auf eine ›Arme-Leute-Küche‹ zurück. Hier macht sich bemerkbar, dass die Region weitab von den Residenzstädten und Metropolen früherer Zeiten liegt.«

Das Ruhrgebiet befindet sich zwischen diesen drei Regionen, schaut man sich die Verbreitung von Spezialitäten wie Panhas (eine Art Blutbrot aus Westfalen, später mehr) und der Bergischen Kaffeetafel (dazu gehört Wurst ebenso wie Kuchen) an, ragen Westfalen und das Bergische Land ganz schön weit ins Ruhrgebiet hinein. Klar, das gab es vor zweihundert Jahren noch gar nicht. Dann kamen viele Arbeiter in die Gegend, und vielleicht erklärt dieser soziale Hintergrund die traditionelle Liebe zu großen Portionen.

Die ist ungebrochen, mir haben gar nicht so alte Menschen im Ruhrgebiet schon von Restaurants vorgeschwärmt, wo die »Schnitzel groß wie Radkappen« sind, oder Tipps gegeben wie »Fisch muss in Butter schwimmen«.

Obwohl die Radkappenschnitzel immer noch serviert werden – die Gastronomie im Ruhrgebiet hat sich in den vergangenen Jahren drastisch verändert. Ich meine nicht die Michelin-Sterne für vier Spitzenrestaurants in Essen-Kettwig und Dorsten, viel auffälliger ist, wie viel sich im Mittelbau getan hat, in Wochenendrestaurants, Kiezküchen, gehobenen Häusern.

Das merke ich, wenn ich heute meinen alten Heimweg vom Lützenrath abfahre. Früher radelte ich hier mit Frittierfett auf der Haut und Sahnegeruch in der Nase entlang. Am Weg durch die beschaulichen Viertel im reicheren Süden der

Stadt lagen nur Ausflugscafés und bürgerliche Einkehrstuben mit dunklem Holz und Soßen in derselben Farbe.

Heute liegt etwa das Jagdhaus Schellenberg an der Strecke, wo man nach dem Gänseleberparfait mit Portweingelee zum Beispiel Suprême vom Perlhuhn, gebraten in Szechuanpfeffer mit Salbeiglacé speisen und das Essen mit warmem Picandou, Lavendelhonig und Haselnussbrot beschließen kann. Oder man isst fantastischen Kassler und Grünkohl, sitzt im Sommer im Biergarten neben dem Restaurant und schaut auf den Baldeneysee hinab, auf den man von hier eine bessere Aussicht als von der Villa Hügel hat. Im uralten Ausflugslokal Schwarze Lene nebenan gibt es inzwischen europäischchinesische Standardkost, wenig aufregend, hätte es hier nicht jahrzehntelang ausschließlich Kaffee, Kuchen und Würstchen gegeben. Okay, Kaffee und Kuchen gibt es immer noch.

Und etwas weiter im Osten, in Bredeney, hat schon vor Jahren im Bürgerkrug oder wie auch immer das Gasthaus mit den Butzenscheiben dort hieß, Toshinori Kawakami das wohl beste japanische Restaurant im Ruhrgebiet eröffnet. Wobei das Kyoto in Dortmund mit der am Rand leicht angegarten Sashimi-Variation harte Konkurrenz ist – man findet in jeder Ruhrgebietsstadt mehr als ein Restaurant mit gehobener Küche, die Freude macht.

Die Einflüsse der verschiedenen Einwanderergenerationen bereichern die gehobene Gastronomie im Revier. Türkische Küche gibt es flächendeckend fast nur auf Fast-Food-Imbissbuden-Niveau, aber in Essen liegt am Weg vom Hauptbahnhof nach Rüttenscheid das Tablo, vom *Gault Millau* mit dreizehn (von möglichen neunzehn) Sternen bewertet, sehr gute Küche also, die mehr als das Alltägliche bietet. Zum Beispiel Lammrückenfilet, gefüllt mit Korinthen, Pistazien und Pinienkernen.

Und der Italiener La Grappa auf der anderen Seite des

Gebäudekarrees hat seit Jahren sechzehn Punkte für den hohen Grad an Kochkunst, Kreativität und Qualität. Beim unscheinbaren Chinarestaurant Jade nebenan gibt es Gerichte jenseits des sonst üblichen Eurochina-Einerleis, zum Beispiel Dim-Sum mit gedämpftem Rinderpansen, Hühnerfüßen und erfrischendem Quallensalat als Vorspeise.

Leider gibt es keine vergleichbar gute polnische oder schlesische Küche im Ruhrgebiet, anders als zum Beispiel in London. Dabei beweisen die gehobenen gutbürgerlichen Restaurants im Revier, was sich aus den Produkten und der kulinarischen Tradition der Umgebung machen lässt.

Im Essener Hannappel kochen sie Steckrübencremesuppe mit Blutwurstkrapfen oder Himmel und Erde, also Stampfkartoffeln mit gekochten Äpfeln – hier allerdings zu gebratener Gänsestopfleber. Aus Westfalen stammen neben dem malzigen Schwarzbrot Pumpernickel (passt wunderbar zu warmem Ziegenkäse) traditionelle Fleischgerichte wie Pfefferpotthast, eine Art Gulasch, süßsauer abgeschmeckt mit Essig und Rübensirup und wie der polnische Bigos mit Nelken und Lorbeerblättern verfeinert.

Diese Klassiker der Regionalküche sind der Region gar nicht so vertraut. Jeder Hamburger kennt sein Labskaus, aber im Revier sind – je nach Stadt – westfälische, bergische oder rheinische Klassiker weitgehend unbekannt, Currywurst mit Pommes gilt als urtypisches Ruhrgericht. Mittlerweile trifft das zu, aber vor fünfzig, sechzig Jahren aß hier niemand so etwas. Viele der Regionalklassiker hingegen hat Henriette Davidis schon 1845 in ihrem *Praktischen Kochbuch* kodifiziert. Sie kam in Wengern zur Welt und starb in Dortmund, heute beides Ruhrgebiet, aber damals galt die Landschaft von den Fachwerkhäuschen im Süden bis zu den Wasserschlössern im Norden nicht als etwas Zusammenhängendes.

Die Probleme der Ruhrgebietsküche sind ein Zeichen

des Identitätsverlusts des ganzen Reviers: Seit die Industrie als Klammer verschwunden ist, wird deutlich, wie wenig die Menschen hier zusammenhält. Über die Wurzeln der Küche und der Menschen in Westfalen, im Bergischen, im Rheinland, in Schlesien, Polen, der Türkei, Italien, Griechenland, Korea und Spanien gibt es kein Allgemeinwissen.

Ich bin das beste Beispiel dafür: Meine gesamte Kindheit habe ich im Ruhrgebiet in einer kulinarischen Parallelgesellschaft verbracht. Klar, es gab an Geburtstagen Fleischberge beim Jugoslawen (Herzegowina-Platte!) und gebackene Bananen im eurochinesischen Restaurant. Regionalküche kannte ich nicht, die ersten – niederländischen – Spezialitäten lernte ich beim Zeltlager kennen: Vla (ein Puddinggetränk), Frikandeln (frittierte Frikadellen in Wurstform ohne Darm mit ein wenig Pferdefleisch für den Geschmack, gerne als Frikandeln speciaal serviert, längs aufgeschnitten und gefüllt mit gehackten Zwiebeln auf Ketchup und Frietsaus, einer dünnflüssigen Mayonnaise) und zum Nachtisch Stroopwafeln (mit Karamellcreme gefüllte Waffeln).

Aber was wir den holländischen Nachbarn ganz selbstverständlich zustanden beziehungsweise andichteten (Frikandeln sind kein altes Nationalgericht, sondern eine Fastfood-Erfindung der Fünfziger), hätten wir in der heimischen Region niemals vermutet.

Traditionelle Gerichte kamen zum Beispiel aus der alten Heimat meiner Oma, aber doch nicht von der Ruhr!

Zweimal die Woche bog der Oberschlesier mit seinem grünen Kastenwagen in die Sackgassen unserer Siedlung und hielt zwischen den Hochhäusern mit den schmutzig angelaufenen, einst weißen Kunststofffassaden. Der rollende Laden hieß der Einfachheit halber Der Oberschlesier, es stand noch etwas von Wurstspezialitäten auf dem zum Geschäft umgebauten Kleinlaster.

Der Oberschlesier kam am späten Nachmittag, ich spielte nach dem Kindergarten in der Küche meiner Oma mit alten Lappen. Das Küchenfenster ging nach hinten zur Autobahn hinaus, aber meine Oma schaute immer rechtzeitig aus dem Schlafzimmerfenster, um den grünen Wagen nicht zu verpassen. Wenn sie mich dann zum Fenster rief, konnte ich die Melodie hören, mit der der Fahrer die Kunden aufschreckte.

Unterdessen schnappte meine Oma schon Geldbörse und die Kunstledertragetaschen. Es musste schnell gehen. Ich hatte jedes Mal Angst, der Oberschlesier würde wieder abfahren, bevor meine Oma es mit mir bis auf die Straße schaffte. Ich weiß nicht, woher ihre Eile kam, vielleicht weil im kommunistischen Polen in den Zeiten der Versorgungsengpässe die Kunden am Ende einer Schlange in der Regel nichts mehr abkriegten. Die anderen Kunden des Oberschlesiers im Block mussten unter demselben Syndrom leiden – jedenfalls waren wir nie die Ersten am Wagen, obwohl meine Oma nur in der dritten Etage wohnte und wir uns wirklich beeilten.

Vor uns war immer eine runde, ältere Dame mit einer Schürze über der geblümten Bluse am Wagen. Sie hielt eine leere, rötliche Tragetasche mit einem Steppmuster in der Hand. Vielleicht war es immer dieselbe Frau, vielleicht habe ich auch alle oberschlesischen Damen auf der Neuen Höhe zu dieser einen zusammengefasst: Relativ kurz geschnittene Haare, ein glänzendes, volles Gesicht und ein immer offener Mund – entweder lachte oder redete sie.

Worüber und in welcher Sprache – darauf habe ich damals nicht geachtet. Ich starrte die Würste an, die in einer Reihe an der Rückwand des kleinen Verkaufsraums hingen. Am meisten mochte ich die dunkel glänzenden Krupnioki.

Zwanzig Jahre später habe ich erfahren, woher die Krupnioki die dunkle Farbe haben, als ich im Internet nach einer Bestellmöglichkeit suchte: Schweineblut. Ein Krupniok ist Schweinedarm, gefüllt mit einer Mischung aus Buchweizengraupen, Schweineleber, Lungen, Haut und Fett, gewürzt mit Pfeffer, Zwiebeln und Majoran und durchtränkt mit – nun ja – Schweineblut.

Ein richtig zubereiteter Krupniok schmeckt erheblich besser, als das klingt: Der Trick ist, dass man die ästhetische Erwägung ganz aufgibt (mein Gott, es sind blutgetränkte Innereien!) und nicht versucht, das Gemenge schön ordentlich in der glatten Hülle zu behalten. Ein Krupniok muss beim Braten aufplatzen und sein Innenleben im Fett kross anbraten. Meine Oma half mit einem Messer nach, wenn die Füllung nicht von allein in die zerlassene Butter quoll. Wir aßen die Krupnioki abends, mit etwas Brot, am Küchentisch, so wie meine Oma ein gutes halbes Jahrhundert zuvor ihre Krupnioki am Küchentisch gut tausend Kilometer östlich in Kochłowice gegessen hatte, und anschließend wischten wir mit Brotstücken das Fett und die Reste der herausgequollenen Füllung aus der Pfanne.

Für das, was aus so einem Krupniok beim Braten herauskommt, gibt es weit anschaulichere Begriffe. An manchen Orten Deutschlands soll die dem Krupniok ähnliche Grützwurst Verkehrsunfall heißen, des vielen Bluts und der Konsistenz der anderen Zutaten wegen. Im Vergleich dazu ist Krupniok eine geradezu zärtliche Bezeichnung, obwohl sie immer noch grob klingt, nicht so betulich verniedlichend wie das polnische Wort dafür: Kaszanka.

Kaszanka! Das singt sich wie ein Mädchenname, mit schöner Sprachmelodie, und gemeint ist Krupniok, die blutige Graupenwurst der Schlesier.

Ob es einen Unterschied zwischen dem schlesischen Krupniok und der polnischen Kaszanka gibt? Meine Oma winkt ab: »Am besten war das, als man jung war.« Sie schwört auf die Würste von Onkel Hermann Gojowczik, der zwischen den Weltkriegen eine Metzgerei in Kochłowice hatte.

In den unübersichtlichen Jahren, als ein Teil Oberschlesiens zu Polen und ein anderer, kleinerer, zu Deutschland gehörte und in beiden Fundamentalisten immer wieder Aufstände ausheckten, hat der hagere Hermann Gojowczik seine acht Geschwister und ihre Kinder mit Extraportionen Wurst versorgt. »Solche wie beim Gojowczik habe ich nie wieder gegessen«, erinnert sich meine Oma, und überhaupt: »Vor dem Krieg hat alles anders geschmeckt.«

Meine Oma war sechzehn, als die Wehrmacht Polen überfiel. Die Krupnioki vom durchs Ruhrgebiet kurvenden Oberschlesier kamen an Onkel Hermanns Meisterwerke aus ihrer Kindheit nicht heran. Und vielleicht ging es den Frauen mit ihren Kittelschürzen und Kunstledertaschen für die Einkäufe genauso: Der grüne Kastenwagen mit den Würsten, dem Symloki, dem Salzeson und Mohnkuchen lieferte vor allem einen Maßstab, an dem sich die eigene Erinnerung aktualisieren und verklären ließ.

Auch mir hat ein Krupniok nie wieder so geschmeckt wie damals, mit acht Jahren in der Küche meiner Oma, als die Dunkelheit hereinbrach, die Autos auf der Autobahn draußen die Scheinwerfer anschalteten und wir drinnen das Brot in die Pfanne tunkten. Der Grund ist profan: Meine Oma hat ihre ersten Krupnioki in einer anderen Welt gegessen, bevor die Nazis, die Wehrmacht, die Rote Armee und der Sicherheitsdienst der Volksrepublik Polen ihr Leben bestimmten. Ich habe nur irgendwann erfahren, dass Blut die Wurst so dunkel färbt.

Krupnioki kannten nur die Polen und die Schlesier, meine Schulkollegen hatten so etwas noch nie gegessen. Dabei ist das Gericht, und auch das merke ich erst Jahrzehnte später, dem westfälischen Panhas recht ähnlich, vor allem die Variante mit der angebratenen Krupniok-Füllung, die bei uns Standard war. Panhas ist deutlich knuspriger, weil man die Zutaten gar nicht erst in eine Wurstpelle stopft, um sie in der Pfanne wieder herausplatzen zu lassen.

Beim Panhas wird die Fleisch- und Blutmischung mit Buchweizenmehl aufgekocht, reduziert und dann zum Erkalten in eine Auflaufform gekippt. Die fest gewordene Mischung schneidet man in Scheiben und brät die Stücke dann an. Die Niederländer kochen und braten ein ganz ähnliches Gemisch aus Blut, Innereien, Speck, Schlachtabfällen und Buchweizenmehl, sie geben aber noch Rosinen dazu und nennen das Ganze Balkenbrij. In Schottland und Irland gehört so eine in Scheibenform geschnittene Wurst mit einer »weißen« Variante zusammen, bei der das Blut durch ausgelassenes Rinderfett ersetzt ist, beides zudem zur Förderung der Knusprigkeit mit Haferflocken versetzt wird, scharf angebraten als Black Pudding zu jedem anständigen Frühstück. In den USA heißt der »Pudding« schließlich – obwohl als Teil eines »englischen« Frühstücks serviert – Kiszka, und das kommt aus dem Polnischen.

Ob man es nun Krupniok, Balkenbrij, Black Pudding oder Panhas nennt, die Idee ist dieselbe: Aus dem, was übrig bleibt, formt und köchelt man etwas Neues, Großartiges. Etwas, das bei der Regionalküche im Ruhrgebiet bislang nicht geklappt hat.

Großartige Ideen für diese neue Ruhrgebietsküche brüten die Mitglieder des FC Ruhrgebiet – Küchenchefs aus der Region – aus, leider viel zu selten auf Veranstaltungen. Eine Kostprobe: Rollmops von der Maischolle auf Perlgraupenrisotto mit Cacik (türkische Joghurt-Gurken-Knoblauch-Creme) oder Himmel-und-Erde-Ravioli mit Zwiebelschmelze. Danach Knusperbonbon vom Panhas mit Chiliapfel und zum

Dessert vielleicht Armer Ritter mit Cranberryschaum oder Kalte Schnauze auf Orangenbalsamico.

Das Problem des Ruhrgebiets ist, dass die Mehrheit seiner Einwohner wahrscheinlich nicht erkennt, welche Regionalgerichte da neu interpretiert wurden.

HOMO MORBUS COLUMBA »Komm Jong, hol den ebend, sons geht dat hia nich weita!«

So viel war klar. Der dicke Hermann hatte sich vor dem ollen Bäcker aufgebaut und ihm Bescheid gegeben, dass er ein Blödmann sei, egal, ob er nun einen dicken Benz fahre und Duven aus Holland habe oder nicht. »Un datte Viecha auffe Auktion in Doatmund käufs«, brüllte der Hermann, »zeicht nua, datse dich ins Hian geschissen ham. Grips kannse nämlich nich kaufen.«

Die Antwort des Metzgers stand aus, als mich einer an der Schulter fasste und zur Tür drehte. »Mach hin Jong, dat gibt sons Tote.«

Draußen stand verwaist der Einsetzwagen, die Klappen vorn verrammelt. Kazmircak und Lantermann, bekennende Freunde des Schabau, teilten sich einen Wacholder zum Pilsken (im örtlichen Idiom heißt so was »Gedeck«), zumindest die Oberschlucker waren also bester Laune. »Wat gehten da ab, Jong?«, wollte Kazmircak wissen. »De Eichung«, erklärte ich den beiden. »De Abschlag passt nicht, jetzt hamse sich inne Wolle.«

»Ooch!«, sagte Lantermann, Vorname Hermann Josef, genannt natürlich Jupp. »Un uns sacht widda keina Bescheid!« Sprach's und sprang fast in die Kneipe: Diesen Teil des Entertainments wollte natürlich keiner verpassen. Nur, dass der ruppige Spaß diesmal etwas heftig ausfiel, und deshalb hatte man mich »Halbgaren« auf den Weg geschickt.

Den Schibulski sollte ich holen, denn der hatte Ahnung von der Technik, galt ansonsten aber als unparteiisch: Die Streithähne im Vereinslokal »Waldmann Sunkel« brauchten einen Schlichter, und Schibulski gehörte nicht zur RV (Reisevereinigung).

Ich nutze die Zeit, die ich mit dem alten, klapperigen Hollandrad auf den an jenem Sonntagmorgen Mitte der Siebziger noch so herrlich unbelebten Straßen unterwegs bin, um die letzten Absätze Menschen halbwegs verständlich zu machen, die ohne das oben angedeutete kulturelle Phänomen aufwachsen durften: Es geht um Tauben. Tauben sind nicht irgendwelche Vögel. Bis in die achtziger Jahre waren sie ein wichtiger Teil der Ruhr-Kultur.

Wenn die Züchter ihre oft noch aus Weidenruten geflochtenen Taubenkörbe freitags auf dem Fahrradgepäckträger zum Einsetzwagen und Uhren-Eichen fuhren, wenn sie nachmittags sternhagelvoll wieder gen Heimat eierten, wenn sie samstags oder sonntags nach der Tour mit ihren Konstatieruhren zur Zeiterfassung und Stunden später wieder sternhagelvoll nach Hause wankten, dann bestimmten – man muss das einfach anerkennen – sie das Straßenbild und gehörten zu den identitätsstiftenden Eigentümlichkeiten des Potts.

»Rennpferde des kleinen Mannes« seien diese Hochleistungsbrieftauben, heißt es in jedem Ruhrpott-Reiseführer. Was stimmt, aber nicht die ganze Wahrheit ist: Sie sind auch eine Geißel der Menschheit, waren stets eine der größten Belastungen des ruhrpöttischen Familienlebens und wahrscheinlich lange Zeit der häufigste ortstypische Scheidungsgrund. Für den Außenstehenden mögen Brieftauben Folklore sein. Für die, die damit aufwuchsen, sind sie entweder eine lebenslange Obsession oder eine ziemlich ambivalente Erinnerung – Stoff für Anekdoten ebenso wie für Albträume.

Gezüchtet wird die domestizierte Form der Felstaube, Columba livia, der weltweit wohl meistverbreitete Vogel überhaupt. Im niederrheinischen Teil des Ruhrgebiets wird die Taube auch Duve genannt, Plural »Tiere«, »Taum« oder »Viecha«. Die Züchter unterscheiden zahlreiche Farben und Musterungen (Blauscheck, Rotscheck, Gehämmerte etc.), doch Laien erkennen in der Regel vor allem eine Farbe: Grau. Weibchen sind zierlicher gebaut und sehen – anders als zum Beispiel Wikipedia behauptet – absolut nicht wie die Männchen aus, die der Fachmann Täuberiche nennt.

Zu unterscheiden sind die Geschlechter sehr einfach und selbst auf Distanz, ich kriege das heute noch auf fünfzig Meter hin: Weibchen haben eine fliehende Stirn, von der Schnabelspitze bis zum höchsten Punkt des Kopfes ist das eine völlig gerade Linie. Die Täuberiche hingegen haben eine ausgeprägte Rundstirn, die sich direkt hinter dem Schnabelansatz aufwölbt.

Sie sind zudem größer und haben eine breitere Brust, die sie balzend gern ähnlich wie ein Hahn aufplustern. Ihr gesamter Habitus hat auch etwas Hahnenhaftes: Inmitten der Weibchen stelzen sie mit einer großkotzigen »Hey, hier bin ich Chef, will wer was?«-Pose herum. Als Sohn, Enkel und Urenkel von Taubenzüchtern weiß man so etwas – und weiß auch, dass man eigentlich nichts davon wissen will. Taubenzüchter sind eine aussterbende Spezies. Warum das so ist, erkläre ich gern, denn kein Mensch ist ganz frei von Rachegelüsten.

Die gelten nicht der Taube an und für sich, sondern dem sie haltenden Menschen, einer Unterart der Gattung Homo sapiens sapiens. Für den Taubenzüchter könnte und sollte man allerdings auf mindestens ein sapiens verzichten, denn mit Vernunft oder Weisheit hat dieses sogenannte Hobby nichts zu tun. Taubensport, so nennt man das im Ruhrgebiet, ist weit mehr als eine Passion, eine bloße Besessenheit. Es ist ein kompletter Ersatz für ein normales Leben und geregelte zwischenmenschliche Beziehungen. Als das Gespräch einmal auf ein Pärchen kam, das sich scheiden lassen wollte, fragte der zufällig anwesende Schibulski so treffend wie verblüfft: »Wieso dat denn, dea hat doch ga keine Taum?«

Taubenfreunde, so die Selbstbezeichnung, im Singular allerdings »Taubenvatta«, beschäftigen sich damit, durch gezielte Zuchtwahl, dosierte Ernährung, biologisches, aber auch durch verbotenes Doping, geheime Rezepturen, lückenlose Gesundheitsüberwachung, permanentes Training, massiven Geldeinsatz und gelegentliches Einkreuzen von Tauben, die für im Extremfall sechsstellige Summen auf Auktionen in Holland, Belgien oder Dortmund erworben werden, einen Taubenbestand aufzubauen, der in möglichst kurzer Zeit von einem Hunderte Kilometer entfernt liegenden Auflassort zurück zum heimischen Schlag findet, ohne unterwegs mit einem Herzinfarkt vom Himmel zu fallen.

Das ist gar nicht so leicht (das mit dem Herzinfarkt, nicht das Nachhausefinden), nicht nur wegen der großen Distanzen von mehreren Hundert, im Extremfall bis zu tausend Kilometer. Taubenzüchter nutzen geschickt und gezielt Instinkte der Tiere, um diese zu Höchstleistungen zu treiben. Das funktioniert bei Weibchen wie bei Männchen.

Beliebt ist zum Beispiel die sogenannte Witwermethode. Dabei werden die Tauben »angepaart« – Tauben gehören zu den paartreuen Vögeln. Also macht man das Männchen zum »Witwer«, indem man ihn nach der Prägung auf ein Weibchen räumlich von seinem Weibchen trennt. Die Prägung wird aufrechterhalten, indem man die Vögel immer wieder kurzzeitig zueinander lässt (genannt »Weibchen zeigen«).

Die Folge: Der blöde Vogel kommt auf Entzug. Im Idealfall steht der »Witwer« voll im hormonellen Saft, wenn er auf

Tour geschickt wird. Durchschnittsgeschwindigkeiten von achtzig Stundenkilometern ohne jede Pause sind dann locker drin. Er will nur noch das Eine, was der Züchter gnadenlos ausnutzt: Denn für das Eine muss er ja erst einmal nach Hause, der Täuberich.

Und wozu? Damit man ihm wieder seine Braut zeigt, aber auch nicht mehr.

Noch besser klappt das biologische Doping mit den Weibchen. Die lässt man Eier legen – und tauscht sie gegen Gipseier aus. Muss man sich mal vorstellen. Die Viecher sind so dämlich, dass sie es im Idealfall wochenlang nicht merken. So ein Taubenweibchen versucht nach Kräften, selbst aus Gips was auszubrüten, egal, wie lang es dauert – und kann eine Trennung von ihrem Gelege nur schwer verknusen. Das »Wissen« um die daheim auskühlenden Gipseier treibt die Täubin zu Höchstleistungen an. Sie wird wirklich eher mit einem Herzinfarkt vom Himmel fallen, als auch nur eine Minute zu verschwenden – sie will unbedingt nach Hause, bevor die Eier kalt werden.

Verzögert sich aber der sogenannte Auflass zum Beispiel aus Wettergründen, ärgert das den Züchter sehr. Denn irgendwann rafft selbst ein Taubenhirn, dass dieses Gelege wohl verloren sein dürfte. Das Tier verfällt dann in eine Art depressionsinduzierten Bummelstreik. Manche schieben auf irgendwelchen Feldern ein paar Tage Weizen-Urlaub ein, aber auch das Gegenteil soll es gegeben haben: Tauben, die per Anhalter auf Zugdächern mitfuhren, weil das offensichtlich schneller ist. Darüber gibt es sogar wissenschaftliche Studien mit Peilsendern, die allerdings aus der Zeit vor der Erfindung des ICE stammen. Der Fortschritt der Zugtechnik hat den Tauben das Trampen mit Sicherheit erschwert, heute werden sie wohl alle wieder selbst fliegen müssen. Aber wofür trainiert man sonst auch tagein, tagaus?

Schaffen Taube oder Täuberich den Heimflug in preiswürdiger Zeit, machen sie Konkurs, wie Taubenzüchter das widersinnigerweise nennen. Erstrebenswert ist der erste Konkurs (= Preis), offiziell wegen der Ehre, aber auch wegen des mitunter kräftigen Geldregens – denn in Wahrheit ging es den Taubenfreunden zumindest damals nicht zuletzt ums Zocken. Heute ist das anders: Die RVs sind zu klein, der zusammenkommende Pott zu mickrig – Geld ist keine Motivation mehr. Bis in die Achtziger aber war das anders.

Die Einsätze waren klein, aber zahlreich, die Summen läpperten sich entsprechend. Wer es darauf anlegte, konnte batzenweise Geld verlieren – oder gewinnen. Wer je der Wettversuchung zum Beispiel auf einer Rennbahn erlegen ist, weiß, dass es auf die Höhe der Einsätze nicht ankommt: Man fiebert um 2 Euro nicht weniger als um 20 Euro. Und wenn aus 2 Euro satte 70 Euro werden, dann ist das ein enormer Kick.

Dafür bezahlten die Taubenfreunde jeden Preis. Sie passten ihren Tagesablauf dem Training der Tauben an, das aus Abfolgen von Flugstunden und Lockphasen besteht. Fliegen brauchen die Viecher nicht üben, wohl aber das zügige Landen und in den Stall »Fallen«. Lockrufe und Futterbelohnungen führen zur Konditionierung, einer Dressur, wenn man so will, um die Anflug- und Landezeit am Ende der sogenannten Tour zu verkürzen. Früher hockte der Züchter lauernd drinnen im Schlag, pfiff seinen ganz individuellen Lockruf, rappelte rhythmisch mit der Futterdose und säuselte: »Komm, Hans, komm! Kommkommkommkomm!« Übrigens heißen alle Tauben Hans, denn sie tragen keine Namen, sondern Nummern.

Kam Hans also nicht sofort, sondern trödelte herum und verzögerte die Zeitnahme, wurde es für den Züchter körperlich anstrengend. Puls und Blutdruck stiegen in lebensbedrohliche Höhen – lebensbedrohlich allerdings nicht für den Züchter, sondern für »dat blöde Mistviech! Ich hol meine Wumme und schieß dat runna!«

So was soll vorgekommen sein. Cholerische Anfälle von Züchtern, die verspätet einfliegenden »Taum« beim Einfallen in den Schlag angeblich noch in der Luft den Hals umdrehten, sind wahrscheinlich tragische Einzelfälle (oder doofe Gerüchte, gestreut von Menschen, die ihr Auto nicht gern täglich waschen). Zumindest bei Züchtern, die es mit verbotenen Substanzen nicht übertrieben, kam aber ab und zu Taube auf den Tisch, was nicht schlecht schmeckt, wenn man Geflügel mag, und für Stimmung sorgt. Denn die muskulösen Flügel eines gegrillten Täuberichs abzubrechen, war zwar bei kräftigen Jungs so ab dem zwölften, dreizehnten Lebensjahr prinzipiell drin, führte aber nicht selten dazu, dass das Grillfett quer über den Tisch spritzte. Ein magereres Brustfleisch als bei einer durchtrainierten Renntaube wird man dafür bei kaum einem Geflügel erleben.

Mager bleibt man auch selbst. Viel dran ist da nicht.

Im Idealfall aber kam Hans nicht in die Bratröhre, sondern zügig genug herunter, um ein Sonntagsessen zu verpassen. Fiel er durch die Einlassklappe des Taubenschlags, fing ihn der Züchter mit einer Hand, riss ihm mit der anderen den nummerierten und registrierten Gummiring vom Fuß und steckte den in die »Uhr« – den geeichten Zeitnehmer, der daraufhin dem Ring auf einem regulären Kassenbon per Stempel eine Zeit zuordnete.

Klingt kompliziert, war und ist aber vor allem eines: völlig gaga.

Denn damit war und ist es noch lange nicht getan. Die Vögel leben in Schlägen, die früher gern unter den Dächern der Zechen- oder Hüttenhäuser lagen und die Scheidungsquoten unter Taubenzüchtern schon deshalb hochjagten, weil sie die Grundversorgung des Hauses mit Staub, Taubenmilben und Federn gewährleisteten. Auch mein erstes Zimmer im heimischen Hüttenhaus lag Anfang der Siebziger unter einem Taubenschlag. Ich erinnere mich, wie einmal ein Freund bei mir übernachtete, die ganze Nacht mit weit aufgerissenen Augen im Bett lag und nicht schlafen konnte. »Wat is dat?«, fragte er leicht panisch. »Höase dat nich?«

»Wat? Wat is wat? Ich höa nix«, sagte ich so arglos wie genervt, drehte mich um und schlief weiter. Und ich hörte es wirklich nicht, das permanente Kratzen und Klicken von Vogelkrallen auf blankem Holzboden, das sonore Gurren von einhundertzwanzig eingesperrten Vögeln, das flirrende Geräusch, das Flügel machen, wenn zwei Tiere auf engstem Raum aufschrecken und hochflattern und in der Luft kollidieren. Man gewöhnt sich an alles, man blendet es einfach aus, es wird zu einem Grundrauschen unterhalb der eigenen Wahrnehmungsschwelle.

Mein Freund besuchte mich nie wieder. Ob er von den Tauben einen bleibenden Schaden davontrug, weiß ich nicht.

Ich habe auf jeden Fall ein Taubentrauma. Einige Jahre machte mein Vater den sinnlosen Versuch, mich in die Züchterei einzubeziehen. Ich durfte vom Habicht verletzte Tauben halten, wenn sie mein Vater mit Nadel und Faden nähte. Das ist relativ einfach: Man nimmt ihre Füße zwischen Ring- und Mittelfinger einer Hand und umschließt ihre Flügel mittig mit beiden Händen. Dreht man sie dann auf den Rücken, werden sie ganz ruhig und können verarztet werden.

Wahrscheinlich sind sie einfach starr vor Schreck. Ihre Haut ist dick genug, um auch unter Einsatz von regulärer Nadel und Nähgarn nicht zu reißen.

Apropos starr: Viele Samstage verbrachte ich bis zur pu-

bertären Rebellion gegen meinen Willen im Garten stocksteif, den Kopf im Genick. Wie Tausende anderer Erstge-
borene hatte ich die vornehme Aufgabe, den Himmel nach
den Tieren abzusuchen und dem im Stall lauernden Züchter
rechtzeitig Bescheid zu geben: »Zwei, von Aldenrade!« Darauf mein Vater: »Komm, Hans, komm! Kommkommkommkomm!«

Rappelrappelrappel. Blechdose mit getrockneten Maiskörnern. Rappelrappelrappel.

Ich stand derweil zur Salzsäule erstarrt, der gesamten
Familie waren alle körperlichen Bewegungen sowie Laut-
äußerungen verboten, solange die Tauben fielen. Hätte die ja
erschrecken können. Das häusliche Leben hatte sich an den
Takt von Training und Tour anzupassen.

Immerhin lernte man was: Erstens, dass man als Bären-
fellmützen-Wachsoldat vor dem Buckingham Palast hätte an-
heuern können, und zweitens, dass man nie, nie, nie wieder
etwas mit diesen Viechern zu tun haben wollte.

Zu dieser Zeit hatte das wachsende Raumbedürfnis meiner Schwester und meiner Wenigkeit sowie der nicht weniger
schnell wachsende Ärger über die häusliche Grundversorgung mit Staub, Lärm, Taubenmilben und Federn dazu geführt, dass zwar unser Dachgeschoss taubenfrei, unser eigentlich großzügiger Garten aber zu einem Taubenflugplatz mit
selbstgezimmerten Hangars mutiert war.

In den renovierten, aber kaum isolierten, heizungslosen
ehemaligen Taubenschlägen unter dem Dach lebten meine
Schwester und ich. Die Baracken im Garten hatten Fußbo-
denheizung, aber auch eine verblüffende Ähnlichkeit mit den
Slums von Soweto, die ich im Fernsehen sah. »Ob die auch
Tauben haben?«, dachte ich und hoffte für die offensichtlich
armen Schweine dort, dass das nicht der Fall sein würde.

Denn Tauben Halten bedeutet noch mehr: Wenn diese

eleganten Flieger, die man so oft als Ratten der Lüfte diffamiert, nicht fliegen, fressen oder scheißen sie. Man entschuldige mein Französisch, aber jeder andere Ausdruck wäre unpassend. Ein Taubenzüchter verbringt einen nicht unerheblichen Teil seiner Tage damit, den Boden seiner Schläge vom Dung freizukratzen. Tag für Tag.

Wer in so etwas Lebenszeit investiert, muss besessen sein. Daher ist es kaum verwunderlich, dass in unserer Weltgegend nur eine noch seltener ist als Braunbären, Mammuts oder Säbelzahntiger: Freiwillige, die den Kratz- und Fütterungsdienst zeitweise übernehmen. Was bedeutet, dass man nicht in Urlaub fährt, wenn man Tauben hat. Man fährt nirgendwo hin.

Wie weit das geht, begriff ich an einem Sommertag im Jahr 1978. »Vatta«, sagte ich im Garten stehend, »kannse ma gucken, ich hab 'ne Blutvergiftung.«

Antwort: »Lass mich in Ruhe, ich muss trainieren.«

Verstehen Sie mich bitte jetzt nicht falsch: Ich fand und finde das nach wie vor wirklich witzig. Ich hatte den linken Arm meines T-Shirts bis zur Schulter aufgerollt, damit man den schicken roten Streifen, der bis hinauf zu meiner Achselhöhle reichte, besser sehen konnte. Wollte mein Züchter aber nicht. Er rüttelte eine mit getrockneten Maiskörnern gefüllte Blechbüchse, rappelte, pfiff und lockte: »Komm, Hans, komm! Kommkommkommkomm!«

Ich ging stattdessen mal, weil rote Streifen kurz vor der Achselhöhle auf einen Fünfzehnjährigen ja doch irgendwie leicht irritierend wirken. Mit dem Mofa brauchte ich knapp zehn Minuten bis zum Krankenhaus. Als ich zurückkam, hatte ich einige Spritzen und Antibiotika intus und den Arm eingegipst (interessante Fahrerfahrung übrigens: Zum Glück fuhr ich da noch Automatik).

Meine Blutvergiftung war natürlich noch keine akut lebensbedrohliche Sepsis, sondern die häufigere, beispielsweise durch Wundverschmutzung entstehende Lymphangitis mit den dafür typischen roten Streifen. So was nennt man im Volksmund Blutvergiftung, und immerhin kann daraus eine echte werden. Die Geschichte vom roten Streifen und »Kommkommkommkommkomm!« erzählte ich lachend beim Abendbrot. Meine Schwester warf sich schier weg, mein Vater fand es auch komisch, bis er das Gesicht meiner Mutter sah. Was folgte, würde ich mal als Prioritätendebatte bezeichnen.

Die ist aber völlig zwecklos. Ein Taubenvatta ist ein Junkie, er tauscht sein Leben gegen die Befriedigung seiner Sucht. Im Haushalt eines Taubenzüchters sind die Prioritäten klar: Erst die Vögel, dann der Rest. Nachwuchs ist ein Wort, das er stets zuerst auf die beim Schlüpfen ausnehmend hässlichen Vögel bezieht. Der andere Nachwuchs ist entweder ein Störfaktor bei Training und Tour (»Ich hab gesacht, du solls dich nich bewegen!«) oder ein willkommener Dienstleister, sobald er alt genug ist, stundenlang stocksteif im Garten zu stehen und nach den Viechern Ausschau zu halten, ohne zu kollabieren: »Und? Schon wat zu sehen?«

Irgendwann, wenn alles gutgeht, werden Taubenzüchter zu Gästen im eigenen Haus, deren Marotten man achselzuckend duldet. Die Züchterei nervt nur die ersten paar Jahrzehnte, danach wirkt sie niedlich, sobald der Rest der Familie lernt, den Mann im Garten als periodisch zu fütterndes Außenanlageninventar zu begreifen und ansonsten eigener Wege zu gehen.

Diese Art Langmut aber wird immer seltener, und darum sterben sie aus, die Taubenfreunde. So ein Leben machen selbstbewusste, moderne Frauen nicht mehr mit. Was die Anwerbung männlichen Nachwuchses angeht, sehen sich die Tauben-Reisevereinigungen mit dem gleichen Problem

konfrontiert wie katholische Bettelorden: Zu einem zöli-
batären, ortsgebundenen Leben, beherrscht von an Selbst-
kasteiung grenzenden täglichen Routinen, ist kaum noch
jemand bereit. Wenn der Ruhrpott-Nachwuchs heute einen
Vogel hat, dann eher in *World of Warcraft*, und auf dem kann
man reiten und Orks vernichten. Ist zwar auch gaga, hat
aber einen gewissen zeitgemäßen Chic und stinkt zumindest nicht, wenn die Spieler nicht vergessen, sich ab und zu
zu waschen.

Das Durchschnittsalter der Mitglieder einer typischen
Reisevereinigung hat derweil methusalemische Höhen erreicht. Wann das Zeitalter der Taubenzucht im Ruhrgebiet
endgültig abgeschlossen ist, hängt also nicht zuletzt von
den Errungenschaften der Pharmaforschung und Geräteme-
dizin ab.

Zumindest in einer Hinsicht ist das bedauerlich: Die
Taubenväter gehören, wenn sie in Haufen auftreten, zu ei-
ner der originellsten und skurrilsten Unterarten der Gattung
Homo sapiens, die in freier Wildbahn überhaupt zu finden
ist. Bizarre Bräuche, eigentümliche Trachten, sonderbare
Kommunikationsformen und offensichtliche Mutationen des
Denk- und Wahrnehmungsapparates lassen sogar eine eigene
Artbezeichnung angebracht erscheinen: Ich schlage Homo
morbus columba vor – eine Kombination aus Mensch,
Krankheit und Taube.

Sieht man das Columba als Ablativ («durch die Taube»),
erklärt der Begriff so ziemlich alles – dann wäre ein Taubenvatta also ein »Mensch, krank durch Taube«.

Übrigens bin ich längst mit meinem klapprigen Hollandrad beim »Klappenaugust«, der Stammkneipe von Schibulski. Der ließ sich nicht lang bitten, schließlich ging es um
eine ernste Sache. Doch umsonst – im »Waldmann Sunkel«
war schon wieder alles im Lot: Der dicke Hermann und

der Metzger diskutierten vier, fünf Gedecke lang, ob das »Material aus Belgien« sein Geld wirklich noch wert und Knoblauch im Futter die ultimative Dröhnung wäre. Im Hinterzimmer tagte die Uhrenkommission, an der Theke plusterten sich die Züchter auf und gaben an, dass sich die Balken bogen.

Noch hatte die Stunde der Wahrheit nicht geschlagen, noch hatte jeder die besten Viecher von allen und das jeweilige Gegenüber eh keine Ahnung. Noch stand nicht fest, wer den Konkurs machen würde. Na denn Prost, Taubenfreund, so jung kommen wir nicht mehr zusammen!

Heute ist alles anders. Die Taube fällt, und die Zeit wird digital mit unerbittlicher Präzision eingebongt. Mancherorts melden die Geräte die Zeit online direkt per Mobilfunk. Es gibt keine aufwändige Uhreneichung mehr, keinen Streit um Zeiten, keine Uhrenkommission mit stundenlangen Beratungen und nur noch selten gemeinsames Warten, Angeben, Streiten und Saufen. Einsetzen, Uhren-Abschlag und Preisvergabe sind schnell erledigt und bieten nur noch wenig Gelegenheit für das Balzen der Züchter. Und das Vereinslokal verwaist zusehends, der einzige Ort, wo Taubensport tatsächlich immer Folklore und schön war.

Sorry, all ihr Ruhrgebiets-Romantiker: Ein Wunder ist das nicht und nur aus touristischer Distanz wirklich bedauerlich. Wie immer ist es Schibulski, der die Dinge auf den Punkt bringt: »Die«, so sein Urteil über den Homo morbus columba, »sin doch alle bekloppt. Taubenbekloppt.«

KICKEN MIT DEM KÜSTER Beim WM-Finale 1990 überraschten mich meine Eltern.

Es war einer der heißen Sommertage, bei denen sie die Rollläden unten, die Balkontür offen ließen und drinnen vor sich hin dämmerten. Ich las unterm Sonnenschirm auf dem Balkon ein Weltraumabenteuer des Commander Mark Brandis. Es wurde Abend, draußen auf der Straße strömten Menschen vom Park Richtung U-Bahn, und meine Mutter schaute durch die Balkontür und sagte: »Gleich gucken wir Fußball.«

Das war das erste und letzte Mal, dass meine Eltern Fußball schauten, da bin ich mir ziemlich sicher. Mit Fußball hatten sie nichts zu tun; als wir einmal auf dem Weg zur S-Bahn an Fans vorbeiliefen, schimpfte meine Mutter auf die »Durnie«, was mit Idioten zu hart und mit Trottel zu sanft übersetzt wäre. Fußball, das war für meine Eltern Proletensport. Sport war überhaupt verdächtig.

Woher kam der Sinneswandel beim Endspiel Deutschland–Argentinien? Ich glaube, sie sorgten sich um meine Integration. Ich hatte in den WM-Wochen aus der Schule zwei Panini-Bildchen mitgebracht, die damals in den Hanuta-Packungen steckten. Fußballfan-Kinder hatten Hanuta mindestens zusätzlich zu, meist aber anstelle von normalen Stullen dabei. Mitschüler hatten mir Bildchen geschenkt, die sie doppelt hatten. Ich bekam nie ein Hanuta mit, und Fußball interessierte mich weit weniger als Star Wars oder Mark Brandis. Aber in der WM-Aufregung war ich über meine zwei Panini-Bildchen froh. Keine Ahnung, wer darauf zu sehen war, ein Argentinier glaube ich – er brachte mir vorm Finale Anerkennung in den Pausen.

Die Panini-Bildchen, die ich sorgsam auf meinem Schreibtisch ablegte (natürlich wurden die nicht irgendwo eingeklebt!), hatten meine Eltern wohl als Signal interpretiert, Fußball sei ein Kindervergnügen ähnlich wie Mark Brandis und die Spinnenmonster. Also holte meine Mutter mit mir an diesem Juliabend an der Bude eine Packung Vanilleeis mit Schokosplittern (das gab es nur an besonderen Feiertagen) und eine Packung Zigaretten für sich. Die erste Halbzeit schaute mein Vater mit, dann musste er sich hinlegen, Montag hatte er Frühschicht im Labor.

Gejubelt haben sie nicht bei dem Spiel, geschimpft allerdings auch nicht. Allerdings schnaufte meine Mutter bei jedem Foul der Deutschen hörbar, behielt weitere Kommentare aber für sich. Das muss sie einige Überwindung gekostet haben. Ich jubelte bei Brehmes Elfmeter am Ende auch nicht, ich war nur erleichtert, dass es keine Verlängerung gab und ich weiterlesen konnte, wie Mark Brandis den Spinnen entkam.

Ich hatte nie etwas gegen Fußball, ich fand einfach eine Menge Dinge spannender. Dabei habe ich meine gesamte Pfadfinder- und Messdienerzeit über Fußball oder so etwas Ähnliches gespielt. Ein eigenwilliger Architekt hatte vor das Pfarrheim in unserem Viertel eine Kuhle buddeln lassen, in die man über eine breite Treppe hinablief, von dort kam man ins Kellergeschoss des Pfarrzentrums und in die Pfarrbücherei. Die Bodensenke war mit Beton ausgegossen, in den kleine, runde Steinchen eingelassen waren – der ideale Bolzplatz. Zu den Gruppenstunden der Pfadfinder und Messdiener kamen sechs, sieben Jungs immer zwanzig oder dreißig Minuten eher, Günni hatte einen Tennisball in seiner Jeansjacke, den kickten wir dann wie bescheuert gegen die Wände, den Eingang des Pfarrzentrums (ein Tor) und die Metalltür, die zum Keller unter der Kirche führte (das andere Tor). Ein Tor zu schießen war wegen der beeindruckenden Geräusche besonders erfüllend: Die Metalltür hallte dumpf wider, die Briefkästen am Eingang des Pfarrzentrums schepperten laut und blechern.

Da es von einem Tor zum anderen höchstens zehn Meter waren, schoss man oft, die Technik war bei dem kleinen Bällchen wichtiger als Kondition, was mir sehr entgegenkam. Ärger haben wir nie bekommen, im Gegenteil: Gelegentlich kam der Küster raus und kickte ein paar Runden mit. Mittwochs spielten wir manchmal nach den Gruppenstunden weiter, um die Zeit zu überbrücken, bis die Pfarrbücherei öffnete. Da gab es das Zeug, was mich noch viel mehr als das Kicken interessierte: Die aktuellen Ausgaben der Computerspiel-Zeitschrift *Powerplay*, der DOS und sehr viele Fantasy- und Science-Fiction-Bücher.

In dem Pott, in dem ich aufgewachsen bin, war man als Nerd nicht allein: Ich kannte in der Grundschule und später im Gymnasium mehr Mitschüler, die Computer spannend fanden, als begeisterte Fußball-Fans. Ich habe sogar mit einem BVB-Fanatiker ein paar Jahre lang regelmäßig Rollenspielrunden gespielt.

Schuld daran sind die beiden Ober-Nerds, die damals unsere Pfarrbücherei geleitet haben. Der eine hatte einen dunklen Vollbart, der andere einen roten Oberlippenbart und eine Bill-Gates-Brille, beide trugen im Sommer kurzärmelige Hemden in der Hose und Kugelschreiber in der Brusttasche – im Silicon Valley sahen damals Firmengründer so aus. Die beiden Herren bestückten die Pfarrbücherei nach ihrem Geschmack: Computerzeitschriften, *Mark Brandis*, mehrere Ausgaben von *Der Herr der Ringe*, einige der interaktiven Spielbücher von Steve Jackson und Ian Livingstone und viele Bücher von Stanisław Lem und Isaac Asimov. An irgendeinem Mittwoch vor den Weihnachtsferien empfahl mir der Bibliothekar mit der Gates-Brille Tolkiens *Herr der Ringe*. Ich hatte die drei grünen Bände nach den Ferien durch, und da war es mit meiner Fußballsozialisation endgültig aus: Wer nach Mittelerde will, geht selten auf den Platz.

Die Alternative zum Verein war Kampfsport: Wer mit Fußball und Handball (Tusem war damals groß) so wenig anfangen konnte wie ich, machte Karate, Taekwondo oder Judo. Von meinen Rollenspielkollegen waren zwei beim Karate, ich trainierte jahrelang Judo in einer Sportschule, wo der Schüler mit dem höchsten Grad gerade eine Doktorarbeit in theoretischer Physik schrieb und nebenbei Midgard-Rollenspiele leitete. Ich bin mir ziemlich sicher, dass die Eltern all der Kinder in den Kampfkunstschulen im Revier ganz ähnliche Ideen hatten: Ihre Kinder sollten in einer geschützten Umgebung etwas kämpfen lernen für die harte Welt da draußen.

Hat auch funktioniert, aber etwas anders als beabsichtigt. Geholfen hat mir der Kampfsport immer bei Fragen auf Teenager-Partys wie: Spielst du Fußball? Bist du im Verein? Was machst du? Konnte man Judo sagen, war das erheblich besser, als keinen Sport zu machen. Man musste nur aufpassen, dass man über Judo nicht zu viel erzählte, schon gar nicht, dass da nicht getreten, sondern nur geworfen wird, dass es der sanfte Weg ist, dass man die Bewegungen des Gegners ausnutzt, um ihn auf den Boden zu werfen. Nein, nein, so was bloß nicht einem Schibulski erzählen. »Sanfter Weg? Wat is dat denn fürn Kampfsport, wenne keinen verkloppen kannst?«

Die einzige brenzlige Situation, aus der mich meine Judokenntnisse gerettet haben, war der Moment, als auf einem asphaltierten Radweg in Holland bei recht hohem Tempo die Frau vor mir plötzlich beschloss, anzuhalten, und eine Vollbremsung hinlegte. Ich fuhr auf, flog über den Lenker, rollte mich ab und stand sofort ohne Verletzung auf. Mae Ukemi (Judorolle vorwärts rechts) sei Dank!

TANZ IN DEN MEISTER-MAI Der Anruf kam am 22. April 2011. »Frank«, meldete sich die Ressortleiterin Panorama, »Dortmund wird am Samstag vielleicht Meister. Wäre das nichts für dich? Du wohnst doch in der Nähe!« Was das genau heißen soll, wollte ich wissen, und sie erklärte es

Fanschal-Sammlung in der Bar des Fan-projekts Dortmund © Konrad Lischka

mir: »Wir stellen uns ein schönes Stück darüber vor, was die Meisterschaft für das Revier bedeutet. So, mit begeisterten Stimmen von vor Ort!«

Das sind so Augenblicke, in denen man aufpassen muss. Was Dortmunds Meisterschaft für das Ruhrgebiet bedeutet, ist eine Frage, die nur jemand stellen kann, der weder vom Fußball noch vom Revier Ahnung hat. Der Frage liegt der Gedanke zugrunde, dass es im Ruhrpott so etwas wie ein großes Zusammengehörigkeitsgefühl gäbe, stark genug, um die Animositäten zwischen den Fans der Ruhr-Clubs zu überdecken.

Das ist definitiv nicht so. Die »Zecken« aus »Lüden-scheid Nord« (Schalker Bezeichnungen für Dortmund und seine Fans) wurden kurz darauf wirklich Fußballmeister 2011. Für die Fans der anderen großen oder ehemals gro-ßen Revierclubs ist das erst einmal bitter. Die Bedeutung der Meisterschaft beschränkt sich in ihrem »Wir haben es geschafft!«-Gefühl weitgehend auf Dortmund und Westfalen, weil das außerhalb des Potts gern als Ruhr-Metropole gese-hene Dortmund im Pott selbst eher als westfälische Stadt am Revierrand gesehen wird – eine Art östlicher Annex.

Denn unterhalb von Dortmund beginnt das Sauerland, die Alpen Hollands, wo die Äpfel angeblich zwei Jahre zur Reifung brauchen, und oberhalb liegen die weiten Steppen Ostwestfalens, in denen fremdartige, wortkarge Menschen hausen, die ihre Sätze mit »Joooo…« einleiten und dann lange Zeit nichts sagen, weil sie vorher denken: Man kann kaum mit Worten beschreiben, wie fremd uns das ist.

Auf der anderen Seite konnte der Fußball, einst das stärkste kulturelle Element, das Menschen zwischen Ruhr und Emscher Identifikationsräume bot, in den letzten Jahrzehnten oft keine große Geige spielen. Von Vizekusen (die Leverkusener hatten den Humor, sich diesen Spottnamen auf ihren Verein schützen zu lassen!) bis zum gern auch mal zweitplatzierten »Meister der Herzen«, Schalke 04, sorgten NRW- und Ruhr-Mannschaften in den letzten Jahrzehnten eher für tiefe Depressionen auf den letzten Metern.

Das gehört zwar zur für den Fußball so wichtigen Dramatik, ist aber auf Dauer ernüchternd. Da sind die Selbstrettungsversuche von Borussia Mönchengladbach oder des in einer gefühlten Champions League spielenden, jedoch selten mehr als mittelmäßigen FC Köln fast schon spannender. Wenn es den beiden ehemaligen Top-Clubs wieder einmal gelingt, dem Abstieg in letzter Sekunde von der Schippe zu springen, greift der Underdog-Reflex: Seht her, ihr reichen Bonzen aus Bayern, ihr Großverdienerclubs, ihr könnt es versuchen, aber ihr kriegt uns nicht klein!

Der undankbare Vizemeistertitel, den unsere beiden besten Clubs oft einheimsen, prägt sich dagegen kaum ein. Sagenhafte zwölf Mal landeten Ruhr- und NRW-Mannschaften seit 1990 auf dem undankbaren zweiten Platz, Leverkusen allein fünf Mal, Schalke vier Mal. Nix, sagt man im Pott, ist scheißer als der zweite Platz. Neil Armstrong kennt jeder. Aber wer war noch mal Aldrin?

Wenn es dann doch mal klappt mit der Meisterschaft, ist das trotzdem mit Neid und Wehmut verbunden. Eine gewisse melancholische Grundfreude empfindet jeder Ruhrgebietler, wenn ein NRW-Club die Schale holt – selbst wenn man das als Fan eines anderen Clubs wohl eher verbirgt. Einen Club wie Mönchengladbach würde man wohl flächendeckend feiern, auch bei Köln, Leverkusen, Schalke, Dortmund, Bochum oder dem MSV käme zumindest noch das »Hauptsache, nicht die Bayern!«-Element ins Spiel. So ein Sieg ist zumindest ein Signal, das man so lesen kann: Siehste, et geht ja doch, wenn man will.

Seit 1990 gelang das nur noch Dortmund, und das stolze vier Mal. Das hat die Beliebtheit des Clubs im Revier keineswegs gemehrt. Denn viele Fußballfans im Revier nehmen Dortmund als eine Art regionale Bayern-Variante wahr.

Dortmund 2010 / 2011 wurde allerdings grundsätzlich milde beurteilt: Man gönnt der »Marke« BVB den Meistertitel nicht, wohl aber der Mannschaft und dem Trainer, dem mächtig burschikosen »Kloppo«: Den Schwaben Jürgen Klopp hat man im Pott regelrecht adoptiert, weil er mit seiner Art, die man hier als »kollerige Brotschnauze« beschreiben würde, zum Pott passt »wie Aaasch auf Eima«.

»Ooch«, überraschte mich meine Mutter ein paar Tage später: »Wir Alten ham uns alle gefreut.«

»Üba Doatmund?«, fragte ich entgeistert.

»Na, über den, wie heißta, Klops. Der is doch niedlich. Sieht imma so ungewaschen aus. Also, wia fin den lustich! Un außerdem klingt dat imma so lustich, wenn die da redn. Fast so wie hia.«

»Mudda«, sagte ich, »dat is ja auch Ruhrgebiet. Du reds doch selber so!«

Darauf sie: »Ja und? Daaf ich dat nich? Ich bin ja auch hia geboan.«

Ein wichtiger Punkt. Dass einige der ungewöhnlich jungen Spieler des BVB echte Ruhrgebiets-Gewächse sind, addiert zu ihrem Welpenschutzbonus die Freude über das offenbar doch in der Region vorhandene Erfolgspotenzial. Zugleich mehrt es den Ärger über die eigenen Clubs: »Wieso ham die den XYZ nich geholt, alse die Möglichkeit hatten?«

Deswegen hat noch lange keiner im Revier in der Nacht des 30. April 2011 gefeiert, nur weil die Borussen durch Kölns Sieg über Leverkusen vorzeitig die Meisterschaft sicher hatten – außer natürlich in Dortmund.

In dieser Nacht zog ich mit den Fans und Ultras durch die Dortmunder Innenstadt. Bis Geschäftsschluss mischten sich Shopper und die lautstarke Feiergemeinde, die gegen Abend anschwoll. Die Menge war trunken vor Freude und Bier, sie feierte, als gäbe es kein Morgen mehr: Sprechchöre, Gesänge und kleine Choreographien der Ultras machten mächtig Stimmung. Als es dunkel wurde, mischte sich in den reinen Jubel immer öfter diese andere Farbe, zuerst der Spott auf die Bayern: »Seht, ihr Bayern, so wird das gemacht!«, sangen die Fans. Und der Hohn, der zelebrierte Hass auf die Nachbarn, kam wieder hoch: »Schaaaalke Null Viehiii-ier!«, skandierte ein Ultra-Einpeitscher mit Megafon – und natürlich schallte es zurück aus tausend rauen Kehlen: »Die Scheiße vom Reviiiihiiiier!«

Klar ist das so, es wäre auf Schalke nicht anders gelaufen. Man muss das nicht ernst nehmen, es gehört dazu, es macht Spaß, solange Fangruppen nicht aufeinandertreffen. Es ist Teil der Rituale, die rund um die Insignien der Clubs Identifikationspunkte schaffen für Menschen, die in urbanen Räumen wohnen, die sich kaum unterscheiden, aber unterscheiden wollen: Ein Dortmunder ist kein Gelsenkirchener, ein Duisburger hat nichts zu tun mit einem Essener. Es ist wichtig, dass es Symbole und Dinge gibt, die dem eigenen Wohnort

ein Profil, eine sichtbare Identität geben, die über Fabrik-
schlote oder Einkaufspassagen hinausgehen. Die Symbole des
Fußballs haben diese einende Kraft für regionale Identitäten.

Schalke, heißt es, seien die »Knappen«, der Arbeiterclub,
das ist das Herz seiner Identität. Und es stimmt ja auch, denn
er ist ein Club aus der Arbeiterwelt und in der Arbeiterwelt.
Aber ist das beim MSV, bei Rot-Weiß Essen, bei Oberhausen,
Dortmund, Wattenscheid oder Bochum anders?

Natürlich nicht, aber gerade deshalb kann ein einzelner
Ruhrclub nicht die identitätsstiftende Kraft haben, um das
ganze Revier hinter sich zu bringen. Das bleibt, auch wenn
ein Teil des Ganzen einen Triumph erlebt, ein Flickenteppich
und als »Metropole« eine Fiktion. Eine Verwaltungseinheit
macht noch keine Heimat, schafft kein gemeinsames Selbst-
verständnis, auch wenn es so viel gäbe, was den Pott einen
würde: Mentalität und Sprache, Stadtbild und Lebensweise,
Herkunft und Entstehungsgeschichte, Wurzeln.

Strukturwandel in Altendorf: Hier plant die Stadt »Essens Notting Hill« (so die Wirtschaftsförderung). An die Stelle der Schrebergärten an der Güterstraße kommt ein See, daneben Eigentumswohnungen.
© Konrad Lischka

Strukturwandel in Altendorf: Hier plant die Stadt »Essens Notting Hill« (so die Wirtschaftsförderung). An die Stelle der Schrebergärten an der Güterstraße kommt ein See, daneben Eigentumswohnungen.
© Konrad Lischka

4. Umwelt
Stadtlandschaft

AUF HALDE Wenn man in einer flachen Landschaft aufwächst, gewinnen die wenigen hohen Punkte an Bedeutung. Sie sind mehr als »Landmarken«, wie man heute weithin sichtbare Brüche in der Topographie nennt: Leuchttürme auf Sandbänken, eine hohe Pappel in einem Weizenfeld, die Skyline von Frankfurt am Main, der Funkturm am Berliner Alex. Bei uns sind die Landmarken eben die »Rutsche« des Hochofens Schwarzer Riese, die Kühltürme der Kraftwerke oder das damals einzige achtstöckige Gebäude unseres Stadtteils, von uns Kindern »Hochhaus« genannt, das alle anderen um mindestens vier Stockwerke überragte.

Und natürlich der Monte Schlacko.

Seine schwarzen Wände dräuten und lockten weithin sichtbar unwiderstehlich, für uns Kinder die absolute Versuchung, denn nichts war verbotener, als sich seine steilen Flanken hinaufzuziehen, auf den ersten Absatz, danach noch steiler hinauf auf das Gipfelplateau: Wie Ayers Rock lag der Monte in der Landschaft. Verbotenes, gefährliches Terrain.

Größere Kinder erzählten schlimme Geschichten von

grimmigen Wächtern, die dort Patrouille liefen. Mit Schäferhunden, die sie von der Leine ließen, wenn sie irgendwo Eindringlinge vermuteten. Dann hieß es rennen, erzählten sie, denn wer wusste schon, was die mit einem machen würden? War es nicht merkwürdig, dass wir nie von einem Kind hörten, das erwischt wurde und wiedergekommen war, um uns zur Warnung seine Geschichte zu erzählen?

Wir schlossen daraus, dass da düstere Dinge geschehen mochten. In Wahrheit war das Wachpersonal nicht auf Kinder angesetzt, und wenn es mal einen von uns erwischte, dann war dieses Erlebnis nicht der Rede wert. Doch Zweifel an der sinistren Natur der unheimlichen Wächter beiseite: Es war viel spannender, sich vorzustellen, dass die Besteigung des höchsten Gipfels weit und breit – der Walsumer Schlacko erreicht eine Höhe von vierundsiebzig Metern! – mit tödlichen Gefahren verbunden sei.

Heldengeschichten gingen um, wenn wir im Sommer nachts in den Gärten zelteten. Einige Gefahren des Berges waren höchst real. Zwei Mal ging in meiner Kindheit auf dem Monte Schlacko eine Weltkriegsbombe hoch, denn der Jahr um Jahr wachsende Berg bestand nicht nur aus Bergbaubruch und Hüttenschlacke, sondern auch aus Kriegsabraum. Eine explodierte am Südhang, während wir in der Schule saßen. Die zweite Detonation habe ich gesehen, denn sie war angekündigt. Man jagte die Fliegerbombe direkt am uns zugewandten Westhang hoch, weil der Riesentrumm nicht bewegt werden konnte. Es rumste mächtig, dann erhob sich eine gigantische Wolke aus Rauch, Kohlen- und Schlackenstaub, die leider mit dem in unseren Gefilden eigentlich seltenen Ostwind direkt über unsere Häuser zog und sich zäh und klebrig auf alles legte: Es folgte ein sich über Tage erstreckender Putzmarathon.

Klar, denn die Halden bestehen aus Staub und Schutt.

Heute sind Kriegsaltlasten in der Regel kein großes Problem mehr, damals waren sie der Teufel im Inneren der künstlichen Berge – fast zweihunderttausend Tonnen Blindgänger sollen die Fliegerangriffe in NRW hinterlassen haben. Was nach den Bombardements 1943 bis 1945 nicht verwertbar schien, schob man zu Halden zusammen. Und Schutt zum Zusammenschieben gab es im Revier jede Menge: Die Innenstädte zwischen Emscher und Ruhr wurden im Zweiten Weltkrieg bis zu neunzig Prozent zerstört. Insgesamt vernichteten die Bomben rund fünfzig Prozent des Wohnraums. Im Duisburger Norden schob man gleich einen ganzen Stadtteil zusammen – Alsum – und nutzte die entstehende Freifläche für die Expansion der Stahlwerke. Der um Trümmer aus anderen Stadtteilen ergänzte, inzwischen renaturierte und begrünte Schuttberg ist heute ein beliebter Aussichtspunkt.

In den siebziger Jahren riss eine Mine oder eine Granate einem Jungen, der einige Jahre älter gewesen sein muss als ich, beim Aufstieg am Südhang des Monte Schlacko ein Bein weg und machte ihn zum Invaliden. Ich kannte ihn nicht, wusste nachher aber – wie alle Kids am Ort – wo er lebte. Er wurde zur Legende (und Mahnung aller Eltern an uns Kinder).

Von Verletzungen durch Stahlschrott und Stürze wussten wir natürlich. Kein Zweifel: Die Halde, damals noch gänzlich unbegrünt, war auch ohne Wächter und Hunde und Blindgänger ein gefährlicher Ort. Und oben, erzählten die etwas Älteren, war sie sogar ein Vulkan!

Ich wusste, dass das falsch war. Mein kindliches Herz gehörte der Wissenschaft, mein Held war der TV-Forscher Heinz Haber, ohne deshalb gleich als Nerd zum Prügelopfer zu werden: Dass ich freiwillig las – und zwar »schlaue Bücher« –, ließ mir mein Umfeld lästernd und spottend durchgehen. Immerhin konnte ich die Nachbarschaftskinder ab und an zu Expeditionen motivieren. Mal gruben wir den verschütteten Keller einer zerbombten Bauernhofruine am Rand des Driesenbuschs aus, mal fanden wir eine wahrscheinlich wirklich alte Hauskapelle, handbemalt aus gebranntem Ton, mal gruben wir unter zwei Metern Erde den alten Asphalt der Zufahrt zur zerbombten Ziegelfabrik aus, deren Ruinen hier und da noch im Gelände hinter unserem Haus aus dem Boden lugten. Einmal hatte ich im Wald ein totes Wildschwein entdeckt und wollte das stinkende Skelett (zur sehr eingeschränkten Begeisterung meiner Mutter) in unserem Werkzeugschuppen wieder montieren.

Wie auch immer: Dass eine Halde kein Vulkan sein konnte, war mir klar. Doch die Erzählungen über heißen Boden und bizarre Erdspalten, aus denen schwefelige Gase waberten, weckten meine Neugier: Konnte das wahr sein?

Irgendwann würde ich es erfahren: Die Besteigung des Schlacko war eine natürliche Station auf dem Wege vom Kind zum Mann – ein Initiationsritus der Ruhr-Aborigines. Noch aber überwog die Angst, obwohl der Berg selbst doch wirklich zu meiner Kindheit gehört hatte.

Denn nah heran und damit in Versuchung wurden wir immer wieder geführt. Mit sieben Jahren begann meine kurze, erfolglose Karriere als Verteidiger des DJK Vierlinden. Ausgerechnet diese geregelte Form der Freizeitgestaltung sollte mich zum ersten Mal nah heranführen an den unheimlichen Berg. Denn damals, 1971, war der aus der Vorkriegszeit stammende Schwarzascheplatz am Fuße des Schlacko noch in Gebrauch: Wir trainierten dort öfter und spielten manchmal an dem unheimlichen Ort.

Denn das war er. Man erreichte ihn nur über drei halb überwachsene Fußwege, die durch ein welliges, mit alten Bombenkratern übersätes Brachgelände führten, das sich gerade anschickte, zu einer Art Tundra mit Strauch- und rasant schießendem Birkenbewuchs zu werden. Rund um den Fuß des Berges war ein kleiner Wald entstanden, durch den zwei notdürftig freigehaltene Bahntrassen führten.

Vom Westen her brachten Güterzüge den Abraum aus dem Bergwerk, vom Süden ratterten die Züge aus den Stahlwerken heran. Das geschah vornehmlich nachts und nicht häufig, weil die Schwertransporte auch Straßen kreuzen mussten. Ich wuchs mit den Geräuschen dieser Transporte auf: Güterwaggons, die aufeinander krachten, das langsame, endlose »Rattatam, Rattatam, Rattatam«, wenn mehr als hundert Meter lange Güterzüge die B8 und die Straßenbahnschienen querten. Das unheimliche Quietschen und Knarzen stählerner Ladeklappen, wenn die Kippwagen ihre Last abluden. Das sommerliche Knarren und Knallen der im Driesenbusch vor dem Schachtgelände oder am Fuße des Berges geparkten Waggons, wenn nach Einbruch der Nacht die Temperaturen sanken und das Metall arbeitete und ächzte.

Im Sommer, wenn wir die Dachluken gegen die Hitze in den schlecht isolierten Zimmern auf ließen, mischte sich das Tuckern der Schiffsdiesel auf dem Rhein in den Klang-Cocktail der industriell geprägten Stadt. Mitunter blies der Schacht noch schlagende Wetter ab, und der Hochofen fauchte in der Ferne beim nächtlichen Anstich. Irgendwo hupte immer jemand, ein Auto raste zu schnell die Bundesstraße hinab, ein Betrunkener lallte und rief etwas. Stadtgeräusche bei Nacht – und bei Tag, wenn man am falschen Ort stand.

Ich lernte das, als ich nach dem Fußballtraining auf dem Platz blieb und zum Berg hinaufsah, während die anderen gingen. »Ich lauf von hia aus, Trähna«, hatte ich dem gesagt. Ihm war das egal.

Also saß ich am Westende des Sportplatzes und sah hinauf. Rund ums Feld Wald und Buschland, vor mir der schwarze Platz, dahinter ragte die Flanke des Berges auf. Es roch nach Grün und Asche und dem Stahl der Bahnschienen rechts vom Platz. Stand da im Buschwerk ein Güterwaggon? Es war still, für Ruhrgebietsverhältnisse, die Stadtgeräusche drangen so gedämpft zu mir durch, wie sie es normalerweise nur nachts tun. Über allem lag das Zirpen unzähliger Grillen wie ein alles verschlingender Tinnitus. Es schwoll an in meinen Ohren, während ich horchte. Hatte da ein Hund gebellt? War da wer? Die Wächter?

An diesem Tag packte mich die Angst mit kalter Hand. Die seltsame, relative Stille zerriss, als ich aufsprang und rannte wie ein Hase. Luftholen, Herzschlag, das Trommeln meiner Schritte. Ab jetzt wusste ich, dass der Schlacko ein zutiefst verwunschener Ort war, der ein Geheimnis barg. Und dass ich hinauf musste.

Die Stunde der Wahrheit kam wenig später, natürlich an einem Wochenende und natürlich nachts. Die ganze Straße hinab erklangen Lachen, gedämpfte Musik und Gläserklirren: Grillwetter im Pott schafft soziale Stunden. Die Eltern hatten sich zu bierseligen Feiern versammelt, wir Kids zelteten in den verlassenen Gärten. Ich glaube heute, dass das eine Art Pakt war. Sie ließen uns zelten, obwohl – nein – weil sie wussten, dass wir nachts losziehen würden. Ins Brachgelände, in den Wald. Sie ließen die Zügel locker und belegten uns zugleich mit Verboten. Damit war der elterlichen Verantwortung Genüge getan – und uns der Raum zur Initiation, zum Abenteuer gegeben.

Auf den Berg aber sollten wir definitiv nicht gehen.

Wir hatten uns abgesprochen. Treffpunkt und Zeit waren vereinbart, ich kam in einer Gruppe von vier Jungen. Wir hetzten gebückt über das Brachgelände Richtung Westen, auf den Waldrand zu. Nachts in einen Wald zu gehen, das ist, wie nachts in offenes Wasser zu springen: Man hat eine schwarze, konturenlose Fläche vor sich, in der alles lauern könnte. Man weiß nicht, was dahinter ist. Wagt man den Sprung, taucht man in eine plötzliche Kühle, die den Sinnen einen Kick gibt: Wir zögerten nur Sekundenbruchteile. Im Wald warteten schon andere.

Zusammen rannten wir so leise wie möglich durchs Unterholz Richtung Treffpunkt – eine Bank. Michael, der Längste und Älteste unter uns, hatte das Kommando. Ob die Zigarette in seinem Mundwinkel ein Herrschaftssymbol war? Etwas Besonderes war sie jedenfalls nicht, manche der Nachbarschaftsjungen hatten mit acht Jahren angefangen zu rauchen. »Heute Nacht«, verkündete Michael, »gehen wa da rauf. Wer Schiss hat, soll sich dat jezz überlegen.«

Ich spürte, wie die Angst in mir hochkroch. Alle hatten wir Bammel. Michael, klar, der war schon oben gewesen. Der wusste, wie und wo man hochkam.

Wir standen in der Schwärze des Waldes, und langsam begann die Diskussion, wer mitkommen würde und wer nicht. Die, die kniffen, hatten nichts zu befürchten. Keiner lachte sie aus – wer Held sein will, braucht Publikum. Unseres folgte uns bis zur B8, wir liefen über die Bahntrasse, unsichtbar für alle erwachsenen Augen.

Die Straße aber lag im fahlen Licht der Straßenlaternen. Eine Hauptverkehrsstraße um Mitternacht war im Ruhrgebiet der frühen Siebziger ein toter, gespenstischer Ort. Einen sich nähernden Wagen hörte man zehn Sekunden, bevor man ihn sah. Wir lauschten. Jenseits der Straße waren wir vielleicht noch zu acht, und davon verkrümelte sich die Hälfte, bevor wir den Fußballplatz erreichten.

Fast noch unheimlicher, als in die schwarze Wand eines nächtlichen Waldes zu rennen, ist es, ihn zu verlassen und auf einem Fußballplatz zu stehen, der völlig von Sträuchern und Wald umgeben ist. Natürlich hatten wir die Hosen voll.

Michael führte uns auf den Südhang zu, wieder folgten wir den Schienen. Als wir auf eine lange Reihe geparkter Waggons stießen, hielten wir uns links auf einem schmalen Streifen zwischen den Waggons und dem Fuß des in der Nacht übermächtig drückenden Berges. »Hia jezz!«, flüsterte Michael. »Und rackzack rauf, kein Anhalten!«

Der Hang war fast eine Steilwand: Wir gruben uns mit Händen und Füßen hinein. Wie bei einer Düne rutschte das Zeug unter den Füßen weg wie Sand. Pro Höhenmeter kletterten wir mindestens zwei und warfen uns keuchend auf den ersten Absatz. Irgendwo bellte ein Hund in der Ferne. »Weiter«, zischte Michael.

Wir spürten mehr, als dass wir es sahen, wie wir uns über die Stadt erhoben. Wir konnten abschätzen: Jetzt sind wir höher als die Bäume geklettert, höher als die normalen Häuser, höher schließlich als das Hochhaus. Schließlich erreichten wir das Plateau.

Wir standen mit pfeifenden Lungen oben, vornübergebeugt, die Hände auf den Knien. Und dann sah ich die Stadt.

Ein Lichtermeer lag unter uns, flach und ausgedehnt. Dazwischen viel mehr Wald als gedacht, überall Bäume. Im Südwesten aber gleißte wie weißglühendes Quecksilber die Industrie: Von oben sahen wir Warmwalzwerke und Hochöfen, die Kokerei und weiter weg im Hafen die Neonlichter von Raffinerie und Petrochemie. Wie ein Spiegel warfen die Wolken das Licht zurück. Man blickte gleichsam in einen gigantischen, von innen leuchtenden Dunst, Feenstaub, Magie. Einer der Jungs lachte leise: »Boah, ey! Boah, Mann, ey!«

Ich hätte es nicht besser in Worte fassen können. Der Moment fixte mich auf Jahre an. Keine Ahnung, wie oft ich insgesamt da oben stand, bei Tag oder Nacht. Ja, es gab die

Wächter. Und ja, manchmal ließen sie einen Hund von der Leine, um ein Kind zu verscheuchen. Letztlich aber kamen wir hinauf, wenn wir das wollten. Und wir wollten.

Es gab übrigens tatsächlich Stellen, an denen der Boden warm, fast heiß war. Es gab Spalten, aus denen es qualmte. Wirklich gut roch es dort oben nie.

Deswegen gehört die Walsumer Halde, unser Monte Schlacko, bis heute nicht zu den begehbaren Halden, den im Ruhrgebiet beliebtesten Naherholungs- und Freizeitangeboten. Es gibt Halden, auf denen man Kunst ausstellt, und solche, auf denen Klettergerüste Kinder erwarten. Es gibt Halden, auf deren Plateaus Lenkdrachenfans ihre Sportgeräte kreisen lassen, und solche mit Cross-Parcours für Mountainbiker.

Und es gibt schwelende Halden.

Als Kinder glaubten wir, das käme von der Schlacke aus dem Stahlwerk. Dass die da oben weiterglüht. Aber die Glut der schwelenden Halden kann sich ein Jahrhundert und mehr halten. Sie ist ein physikalisches Phänomen.

Schuld ist die Kohle. Der Abraum der Bergwerke enthält mit bis zu zwanzig Prozent einen relativ hohen Anteil Kohle und Kohlestaub. Wenn der stark verdichtet und unter erheblichen Druck gesetzt wird und mit Sauerstoff in Berührung kommt, kann es zur Selbstentzündung kommen. Die Glutnester erhitzen sich auf bis zu fünfhundert Grad Celsius, Risse öffnen sich, ausgeglühte Kammern kollabieren. Bricht die Halde auf und dringt Sauerstoff direkt bis zur Glut vor, kann es zum offenen Brand mit Temperaturen über tausend Grad kommen.

Bedrohlich sind auch die oft toxischen Schwelgase; ihre Zusammensetzung hängt natürlich davon ab, was man da alles zusammengeschüttet hat. Kohlenmonoxid, ein geruchloses, aber tödliches Gas, ist immer eine Gefahr. Es gibt also gute Gründe, Kindern das Besteigen schwelender Halden zu verbieten, sie zur Not mit Hunden fernzuhalten.

Es gibt aber auch gute Gründe, da hinauf zu wollen. Einen erhabeneren Blick, einen besseren Eindruck von der bizarren Stadtlandschaft Ruhrgebiet gewinnt man nirgendwo sonst. In den letzten zwanzig Jahren haben Befestigung, Erschließung und Begrünung der Halden zudem mitten in den Industriebrachen Oasen einer artifiziellen Semi-Natur entstehen lassen, die man wirklich genießen kann.

Sie haben mitunter etwas Postapokalyptisches: So oder so ähnlich könnten die Reste der Industrielandschaft aussehen, eintausend Jahre, nachdem der letzte Schlot in sich zusammenfiel und die Natur sich ihren Raum zurückholt. Nirgendwo ist das stärker als da, wo die alten Bahntrassen an die Berge heran- oder sogar hinaufführen: Verrostete Schienen auf verwitterten Schwellen, hier und da unterspült, immer aber überwachsen.

Dieser Magie kann man sich nur schwer entziehen. Nirgendwo ist Industrie malerischer als dort, wo sie ihren Schutt entsorgt. Wolfgang Berke hat 2010 im Klartextverlag den passenden Bergführer dazu verfasst: *Über alle Berge* stellt nicht alle Halden vor, nur die, die für Freizeitnutzungen freigegeben sind – die »Top-Halden im Test«.

Meine Halde, mein Monte Schlacko gehört nicht dazu, denn sein Herz glüht und schwelt noch immer.

ZUHAUSE IM PANTOFFELGRÜN Gestunken hat's bei uns im Viertel auch regelmäßig – wenn die Bauern in Richtung Ruhr Gülle auf die Felder gekippt hatten oder der Grugapark wieder mal großflächig mit Rindenmulch abgedeckt war. Ekelhaft!

Belag auf Straßenlaternen, Ausschlag auf Autos – hab ich

nie erlebt. Abgase hingen nur über dem Weg an der Autobahn hinterm Haus – er führt in ein Wäldchen, an dessen
Rand irgendwann, Jahre nach meiner Kindheit Schilder mit
dem Hinweis »Landschaftsschutzgebiet« aufgestellt wurden.
Da hat mein Vater im ersten Winter, den er in Deutschland
war, ein Weihnachtsbäumchen geschlagen – mit dem Beil,
mit dem meine Mutter sonst das Fleisch zurechtschlug. Ich
stand Wache, schaute auf den Wanderweg Richtung Autobahn, zum Glück kam niemand.

Als wir zurückliefen, mit dem Bäumchen in einem blauen
Sack, fragte mein Vater mich, was das denn für Baracken
hinter dem Stacheldrahtzaun zwischen Wald und Autobahn
seien. »Die Polizeischule«, erklärte ich auf Deutsch-Polnisch.
»Jeronie pieronie«, sagte mein Vater, legte ein paar Schritte
zu und zog mich hinter sich her.

In meinem Pott war der Wald nebenan, durchsetzt mit
Autobahnen, Schrebergärten, Köttelbecken und verfallenen
Industrieanlagen, aber allgegenwärtig.

Mein Revier am Südrand sah schon so aus, als Patalong
noch in den Abgasen seine Heiermänner verdiente – die
Zechen sind früh nach Norden gezogen, Stahlwerke und
Kokereien gab es hier nie. Und verglichen mit Oberschlesien
war der Pott schon 1978 ein Paradies.

Grau? Nein, so war das Ruhrgebiet nicht, in das meine
Großmutter kam. »Ich dachte, ich sei im Himmel«, sagt sie
und nennt drei Kriterien: Die Bürgersteige waren sauber,
die Straßen schlaglochfrei, und überall war Grün. Das sagt
meine Oma immer zweimal: »Grün. So viel Grün ... «

Sie kam offenbar nicht in dieselbe Stadt wie der *Spiegel*-
Redakteur, der ebenfalls 1978 in Essen war, aber nach ein paar
Tagen wieder verschwand und ins Magazin schrieb: »Zechen
und Kühltürme, Hochöfen und Stahltiegel – an Rauch, Ruß
und Geruch ist kein Mangel in der Krupp-Stadt.«

Vielleicht haben beide recht, Essen ist groß. Vielleicht sind es auch die Vergleichsmaßstäbe – in Katowice konnte man weiße Hemden in den siebziger Jahren nicht draußen aufhängen – sie wurden schneller grau als trocken.

Meine frühesten Erinnerungen an Essen jedenfalls sind grün. Als dort die letzte Zeche geschlossen wurde, sah ich im Gruga-Park, zwischen dem Alpin-Wasserfall und dem Nadelwald, zum zweiten Mal in meinem Leben Kohle. Das war im Herbst 1986, ich war sieben, und an Heiligabend fuhr auf Zollverein die letzte Schicht ein.

Ich stand mit meiner Grundschulklasse vor einer geologischen Wand. Unsere Lehrerin zeigte auf den riesigen Querschnitt des Essener Untergrunds, der mit Schieferplättchen und Kohlestückchen die Gesteinsschichten visualisierte und zeigte, wo unter der Stadt die Kohlenflöze liegen. Hinter uns quakten Enten im Margarethensee, auf dem Hang über der Lehrwand rauschte der Wind durch die Tannen.

An diesem sehr grünen und idyllischen Ort erzählte unsere Lehrerin von der Schwerindustrie, von Siegelbäumen, Umwandlungsprozessen, Flözen und Schächten. Niemand hörte so recht zu. »Quak, Quak« machten die Enten, die unsere Gruppe entdeckt hatten und aus dem Teich angewatschelt kamen. Wenn jemand vor der geologischen Wand stehen blieb, dann mit dem Rücken zu den Kohleflözen, um die Enten zu füttern oder zu ärgern.

Mangels Brot warfen wir mit Kieselsteinen erst aufeinander und dann auf die Enten. Kohle interessierte keinen, Kohle kannten wir nur aus dem Bergbaumuseum in Bochum. Da fährt seit Jahrzehnten jedes Kindergartenkind im Ruhrgebiet einmal gut zwanzig Meter unter die Erde, um in einem allein für diese Show angelegten Stollen zu sehen, wie Kohle abgebaut wurde. Da habe ich sie zum ersten Mal gesehen. Als Ausstellungsstück. Ich habe damals überhaupt nicht begriffen, dass das Bergbaumuseum etwas mit mir zu tun hatte. Der Ausflug in die Tiefe war ein großes Abenteuer wie die Fahrt in den Zoo.

Und der Museumsführer hat es inszeniert. Jahre später hat mir ein Ex-Bergmann in dem Museum verraten, wie er die Kinder beeindruckt: Wenn sich die Tür des Lifts schließt, lässt er ihn nicht gleich nach unten fahren, sondern wartet etwas ab und tut so, als sei man schon unterwegs. »Jetzt fahren wir nach unten ins Bergwerk, das wird noch etwas dauern«, solche Sprüche eben. Und dann drückt er heimlich den Knopf, und den Kindern kommt die Fahrt in die Tiefe ewig vor.

Industrie prägte nicht unseren Alltag. Das war in Städten weiter nördlich im Ruhrgebiet vielleicht anders, weil der Bergbau dort später angekommen ist und länger ausgehalten hat. Für uns musste das Revier bei Schulausflügen in Bergbau-Shows und vor geologischen Wänden inszeniert werden. Das viele Grün, das meine Oma so beeindruckte, ist zum größten Teil auf ganz ähnliche Weise entstanden: Die Form sollte eine Funktion erfüllen.

Der Gruga-Park ist ein besonderes Beispiel für diese im Ruhrgebiet auffällige Art von Natur – das sogenannte Pantoffelgrün. Den Begriff haben Essener Stadtplaner zu der Zeit erfunden, als meine Oma in die Stadt kam. Bürgermeister Horst Katzor gab das Ziel vor: Sechs Quadratmeter Grünfläche sollte jeder Essener Einwohner statistisch im Wohnumkreis von fünf Minuten finden – das Pantoffelgrün eben. Pantoffelgrün wirkt meistens gewollt. Es muss nach was aussehen. Einfach nur Bäume und eine Wiese, das reicht nicht.

In der Gruga ist das aufgrund der enormen Dimension (siebzig Hektar, halb so groß wie der Londoner Hyde Park) deutlich. Da läuft man in einer Viertelstunde aus dem west-

fälischen Bauerngarten durch den Nadelwald und die Alpen-
landschaft (mit Wasserfall!) ins Rhododendrontal.

Ich habe die Pantoffelgrün-Initiative der Stadt als Kindergartenkind miterlebt. Jeden Nachmittag nahm mich
meine Uroma zu einem Spaziergang mit, und ich sah, wie
meine Naherholungsflächen wuchsen: An den Rand der
Gruga baute die Stadt ein Bergnebelwaldhaus (wieder mit
Wasserfall!). Über die leere Wiese gegenüber von der Tankstelle in unserem Viertel pflasterten Bauarbeiter einen Weg
und stellten Sitzbänke aus türkisfarbenem Plastik auf. Und
hinter die Glascontainer am Waldrand baute die Stadt auf
einer winzigen Fläche in Vorgartengröße ein Pantoffelgrün-
Komplettpaket mit vier Holzbänken und einem Schachbrett-
tisch auf einem massiven Betonfuß.

Auf den Parkbänken gegenüber der Tanke habe ich nie
jemanden sitzen sehen. Vielleicht lag es daran, dass man von
den Bänken nur auf die Hauptverkehrsstraße, den Anwoh-
nerparkplatz links oder den Parkplatz des Supermarkts rechts
schauen konnte. Inzwischen sind die türkisfarbenen Bänke
abgerissen, genauso wie das Betonschachbrett, auf dem ich
immer nur geleerte Bierflaschen und nie Figuren stehen sah.

Von der idiotischen Ausführung (Schachspielen hinter
Glascontainern?) einmal abgesehen, ist diese Pantoffelgrün-
Initiative im Ruhrgebiet gar nicht so befremdlich – das hat
Tradition. Viele der grünen Flecken hier hat irgendwann ein-
mal jemand dort hingebaut, wo sie heute jeder für Natur hält.

Der Baldeneysee zum Beispiel, an dessen idyllischen Ufern
heute das halbe Ruhrgebiet wandert, wurde Anfang der
dreißiger Jahre als eine Art Kläranlage aufgestaut (wenn die
Schwebstoffe sich absetzen, können Mikroorganismen ran).

Ähnliches gilt für den Wald hinter dem Betonschachbrett,
der unser Viertel fast komplett umschloss. Manchmal nahm
mich meine Uroma auf einen langen Spaziergang mit, ein-

mal um die Margarethenhöhe durch den Wald. Ich dachte, der war immer schon da.

Als ich *Der Herr der Ringe* las, stellte ich mir die Wälder vor Bree so ähnlich vor. Jahre später raubte mir ein alter Stadtplan Essens bei einer Recherche die Illusion: Einen Teil des Waldes um unser Viertel herum gab es 1910 noch nicht. (Die Siedlung ebenso wenig.) Das Rundum-Wäldchen wurde angelegt, nachdem Margarethe Krupp eine Siedlung auf die zusammengekauften Ackergrundstücke bauen ließ.

Drumherum entstand der Waldpark, der die nach ihr benannte Siedlung Margarethenhöhe für immer umschließen sollte. In diesem Park, den ich damals noch für einen Wald hielt, steht ein uriges Fachwerkhaus mit einem Mühlenrad und einem Schmiedehammer am Ufer des Teichs im Nachtigallental.

Als Kind malte ich mir aus, wie unten an der Schmiede im Nachtigallental Reiter hielten, um ihre Pferde neu beschlagen zu lassen. Auch das stimmte nicht: Im Nachtigallental wurde niemals geschmiedet. In Betrieb war die Anlage zuletzt vor 1900, allerdings gut einhundertdreißig Kilometer weit weg bei Siegen. Das Schmiedewerk steht am Teich herum, weil Gustav Krupp von Bohlen und Halbach das für eine gute Idee hielt.

Der Mann war ein hochrangiger Diplomat des Kaiserreichs, bis Wilhelm II. ihn 1906 zum Gatten der Krupp-Alleinerbin Bertha auserkor. Der angeheiratete Stahlmagnat wollte wohl etwas beweisen, als er das kleine Hammerwerk kaufte, im Nachtigallental aufbauen ließ, bei der Eröffnung von den Hammerwerksbesitzern unter seinen Vorfahren schwärmte und das Showgebäude Halbachhammer nannte.

Als Kind hielt ich den Waldpark für Reste der Wildnis und den Halbachhammer für ein lange Zeit sehr einsames Stück Zivilisation darin (weil Schmieden in Märchen immer beruhigende Zufluchtsorte sind). Aber es macht überhaupt nichts aus, dass das nun als Fiktion enttarnt ist – ich habe gelernt, Natur sehr pragmatisch auszulegen.

Denn überall, wo im Ruhrgebiet Natur vorkam, stand irgendwelches Zeug herum – alte Mauern, Gleise, Fördertürme. Das stört nicht, im Gegenteil: Es gehört dazu. Mit ein paar Kollegen, die schon Autos hatten, grillte ich zu Schulzeiten häufiger unter der Theodor-Heuss-Brücke an der Ruhr. Das war ein großartiges Naturerlebnis: Wenn es regnete, waren wir die Einzigen. Keine Radler, keine Wanderer, nur wir und der Fluss. Wir standen im Trockenen unter der vierspurigen Bundesstraße und hörten, wie der Sommerregen ins Wasser prasselte. Herrlich!

Es gibt in Deutschland natürlich kaum eine Gegend, die nicht von Menschen gestaltet wurde. Aber es gibt nur wenige Landschaften, die in so kurzer Zeit so radikal umgebaut wurden wie die des Ruhrgebiets. Deshalb kann es sein, dass Orte im Revier, an die man sich erinnert, ein paar Jahre später nur noch dort existieren – in der Erinnerung. Zum Beispiel die stillgelegte Güterstrecke im Wald neben unserem Viertel, auf der wir als Kinder zu Expeditionen aufbrachen, die uns nie zum Ende der Strecke führten. Der Mut verließ uns immer bei der ersten oder zweiten Brücke. Auf der Strecke transportierten früher Züge die Kohle aus den Bergwerken im Süden Essens ab.

Die Zechen schlossen 1958 und 1966, und als wir auf der Strecke spazierten, war schon lange kein Zug mehr gefahren. Brombeergestrüpp rankte aufs Gleisbett, und es roch nach dem in der Sommerhitze flirrenden Teeröl der alten Holzschwellen. Heute sind die Schienen verschwunden, ein Radweg führt über den alten Bahndamm bis zur Ruhr.

Wenn ich an Ausflüge im Ruhrgebiet meiner Kindheit denke, steigt mir dieser Teerölgeruch in die Nase. Meine Eltern hatten lange Zeit kein Auto, wir fuhren mit der S-Bahn und Regionalzügen zu den Wochenendwanderungen. Viel aufregender als die Wälder und renaturierten Halden fand ich die Bahnstrecken und Bahnhöfe auf dem Weg. Vielleicht, weil mich diese verlassenen, der Zufallsrenaturierung überlassenen Landschaften an die im Film *Stalker* erinnerten, den ich als Kind gucken durfte (es war ja sowjetische Filmkunst).

Damals, 1990 war das vielleicht, verrotteten im Ruhrgebiet viele stillgelegte Gleise. Man sieht das heute noch, wenn man über Dortmund mit dem Zug ins Ruhrgebiet kommt: Rechts der Strecke sind immer wieder durch Lücken im Gestrüpp drei, vier oder noch mehr Gleise zu erahnen, auf denen Birken wachsen. So sahen viele Bahnstrecken schon zwanzig Jahre zuvor aus.

Einmal kamen wir nach einer langen Wanderung sogar an einem Bahnhof an, der auf der Karte noch existierte, tatsächlich aber seit einiger Zeit aufgegeben war. Kalkum. Ich betrachtete die abblätternde Farbe des Bahnhofshäuschens und fröstelte: Geschlossen! Einfach so, leer und nutzlos zurückgelassen.

Meine Mutter schimpfte: »Kalkum! Ein Bahnhof«, während mein Vater stumm auf die Landkarte starrte. Der nächste Bahnhof war noch offen, und wir entkamen Kalkum vor Einbruch der Nacht. Noch Jahre später sagte meine Mutter bei jeder Diskussion, in der mein Vater eine irgendwie abweichende Meinung vertrat: »Ja, ja, Kalkum!«

Das Kalkum-Gefühl überkommt mich überall im Ruhrgebiet: Im Schellenberger Wald im Essener Süden steht an einem Wanderweg eine alte Lore aus der 1958 geschlossenen Zeche herum, und auf manchen Nebenstraßen kreuzen Schienen die Fahrbahn, alte Güterstrecken, die links und rechts ins Gebüsch führen und dort jäh enden. Auf einigen

Strecken demontierte man die Gleise, aber man sparte es sich, die Straßen an den Überquerungen aufzureißen.

1928 fasste der Reporter Alfred Kerr nach einem Besuch in Essen seinen Eindruck so zusammen: »Man hat als Durchwanderer das vage Gefühl, in einer Goldgräberstadt zu sein.« Sechzig Jahre später bin ich in einer Stadt groß geworden, der das Gold ausging, zumindest das rentabel zu fördernde Gold. Es war eine Gegend, in der an allen möglichen Stellen ohne großen Plan provisorische Funktionsbauten standen, die längst ihre Funktion verloren hatten. Und dann war da noch ganz viel Pantoffelgrün.

Auch wenn heute niemand mehr von Pantoffelgrün spricht – die Idee lebt weiter. Zum Beispiel gräbt die Stadt seit ein paar Jahren zusammen mit der Emschergenossenschaft und EU-Förderung den alten Bach um, an dem ich mit meiner Uroma zum Halbachhammer spazierte. Die Bagger buddeln neben den alten Teich ein Regenrückhaltebecken. Zumindest behaupten die Bauschilder das. Sieht aber noch so aus, als könnte es auch eine Tiefgarage oder ein Einkaufszentrum werden. Aber, das steht da auch, das Umwühlen des gesamten Tals diene der Renaturierung. Ich glaube das erst, wenn da wieder eine Enteninsel steht und Kinder Äste ins Wasser werfen. Wir sagten natürlich nicht Äste, wir sagten: »Jetzt schmeiß den Stöcker schon rein.«

Die Renaturierung der Köttelbecken ist ein schönes Beispiel für das Paradox der Ruhrgebietslandschaft. Ende des neunzehnten Jahrhunderts kamen Stadtplaner angesichts der Bevölkerungsexplosion auf die Idee, die Emscher und einige ihrer Zuflüsse mal eben schnell zu einer Art offener Kanalisation umzubauen, das Flussbett zu betonieren, damit der ganze Mist schnell in den Rhein kommt.

Eigentlich müsste das Ruhrgebiet Emschergebiet heißen – sie fließt mitten durch die Region, viele Bäche münden dort.

Zum Beispiel der Bach meiner Kindheit (Anwohner streiten bis heute, ob er Kesselbach oder Kreuzenbecke heißt)
verwandelte sich bei den Kleingartenanlagen am Waldrand
in einen Schmutzwasserableiter: Das Wasser schoss in zwei
Metern Tiefe in einem umzäunten, spitz nach unten zulau-
fenden Betonkanal Richtung Mühlenbach.

Der Mühlenbach war lange Zeit ein größerer Betonkanal,
der im Essener Norden, nah beim Georg-Melches-Stadion,
in die noch größere Betonrinne der Berne schoss, die wenig
später wiederum in die Emscher mündet. Als Kind kannte
ich den Mühlenbach nur als Köttelbecke. Wir haben faszi-
niert von einer Brücke das reißende, graubraune Wasser betrachtet und Stöcke hineingeworfen. Ab und an sah man
Klopapier und anderes vorbeischwimmen – daher der Name.

Die Köttelbecke gibt es nicht mehr, die Betonwände
sind abgerissen, der Bach sieht wieder so aus, wie Bäche in
Kinderbüchern aussehen. Das Rückhaltebecken im Wald ist
Teil eines gigantischen Renaturierungsprogramms: Die Emschergenossenschaft baut neue Kläranlagen und Rückhaltebecken und reißt bei vielen Zuflüssen die Betonwannen ab.
2017 oder 2020 soll die Emscher insgesamt so aussehen wie
der kleine Abschnitt des Mühlenbachs neben der Margarethenhöhe heute schon. Dafür wird unter der Emscher ein
riesiger, unterirdischer Abwasserkanal gebaut: einundfünfzig
Kilometer lang, Röhren mit bis zu 2,8 Meter Durchmesser,
an einigen Stellen vierzig Meter unter der Erde. 4,4 Milliar-
den Euro soll die Renaturierung der Emscher und der Ne-
benflüsse kosten.

Mit enormem Aufwand baut die Emschergenossenschaft
eine Flusslandschaft nach, wie man sie an derselben Stelle
vor vielleicht einhundertzwanzig Jahren schon einmal sehen
konnte.

Vielleicht hänge ich – so geht es manchen Exilanten –

deshalb so sehr am Ruhrgebiet: Weil fast alles jederzeit verschwinden oder sich zumindest völlig verwandeln kann.

KOHLE UND WACKELBODEN Manche Verwandlungen im Pott gehen so langsam vonstatten, dass das kaum einer bewusst mitbekommt. Es gibt Ecken, die im Laufe der letzten hundert Jahre satte vierundzwanzig Meter sanken. Meistens geht das langsam, ein paar Zentimeter pro Jahr, mitunter aber auch schneller.

In Bochum verschwanden am 2. Januar 2000 zwei Garagen, ein Auto, elf Tannen und für einige Anwohner, die ihre Häuser aufgeben mussten, der Traum vom sicheren Eigenheim in einem Krater, der sich ohne jede Ankündigung über Nacht auftat.

Die Menschen im Ruhrgebiet leben seit dem späten neunzehnten Jahrhundert damit, dass der Boden, auf dem sie leben, absackt. Eine sichtbare Folge dieser Absenkung kommt Menschen außerhalb des Ruhrgebiets reichlich unnormal vor, den gemeinen Ruhri ärgert sie nur, wenn sie frisch sind und kurz nach einem Anstrich auftreten: Risse. Ein anständiges Haus hat Risse und Falten, wenn es älter wird, so ist das nun mal. Mitunter hat es auch Spalten, was der typische Pottbewohner aber mit Acryl zu flicken weiß: Das ist erstens flexibel, zweitens überstreichbar und stinkt drittens nicht so wie Silikon.

Bergsenkungskrater – in der Fachsprache »Tagbrüche« genannt, was viel schöner, schon fast positiv klingt – sind im Pott nichts Ungewöhnliches. In diesem konkreten Fall reichte es trotzdem für weltweite Schlagzeilen: Immerhin war der Bochum-Höntroper Krater, im Volksmund bald »Wattenscheider Loch« genannt, ein echter Kaventsmann, wie man im Ruhrdeutsch sagt, wenn man etwas mächtig

Dickes meint – zwölf bis fünfzehn Meter tief und anfänglich siebenhundert Quadratmeter groß. Der wuchs natürlich noch, weil er an den Rändern weiter wegbrach, was im direkten Umfeld zu Umsiedlungsaktionen führte. Im Gegensatz zu den Löchern im Gestein, die diesen ganzen Mist verursacht hatten, gelang am Ende zumindest die Verfüllung des Kraters.

Kann ja mal passieren, ist aber zum Glück nicht häufig. Aber die eine oder andere Bergsenkung auch der etwas heftigeren Art haben die meisten von uns schon mitbekommen.

Die harmloseste Form ist das Erdbeben. Natürlich sind das keine echten Erdbeben, sondern kollabierende Altstollen und, wenn man Pech hat, absackende Böden darüber. Die Ruhrkohle AG nennt so etwas »bergbauinduzierte Erderschütterungen«. Sie gehen mit Schwingungen verschiedener Amplitude und Magnitude einher, die man in den Maßeinheiten der Richterskala angeben kann, wenn man denn unbedingt will. Aber mit natürlichen Erdbeben hat das nichts zu tun. Auch, wenn es schon ziemlich rumsen kann und Häuser zerreißt.

Oder verschluckt.

Man lernte das bereits als »Blaach«, wie Kinder hier oft, aber nicht immer zärtlich genannt werden. »Mama!«, flüsterte man verängstigt neben ihrem Bett. »Man ey«, stöhnte der Familienernährer verständlicherweise, weil er um fünf wieder rausmusste aus den Federn, »wat will dat Blaach schon widda?«

Schiss hatte dat Blaach, weil es von einem dumpfen Grollen geweckt worden war, das mitunter von einem Nachzittern von Wänden und Möbeln begleitet wurde. Wie ein Hund nach einem Regenguss schüttelten sich dann kurz die Gläser in den Schränken. Dann war wieder Ruhe.

»Waaaaat?«, fragte Mama verschlafen. »Lech dich wieder hin. Wa nua dea Berch.«

Der Berg?

»Wat füan Berch?«

Nun leben wir Ruhrgebietler ja nicht gerade in den Alpen, was einem schon als Köttel auffällt, wenn man endlich mal Schlitten fahren will wie die im Fernsehen. Dafür gibt es allenfalls Rheindeiche – ein steiles, aber sehr kurzes Vergnügen – oder renaturierte Halden, aber das ist ein Thema für sich.

Am Südrand, klar, schrappt das Ruhrgebiet am Bergischen Land, im Südosten grenzt es ans Sauerland. Auch das aber sind nur Wellen und Huckel, soweit es den Einzugsbereich des Ruhrgebietes betrifft. Nicht mal genug, um als Mittelgebirge durchzugehen, geschweige denn alpine Gefälle zu bieten.

Und doch gibt es sie: Unsere Berge reichen nicht auf-, sondern abwärts. Eineinhalb Kilometer tief und mehr, was uns immerhin mit dem Schwarzwald in einer Liga kicken lässt – und schwärzer als der sind wir allemal. Perm und Karbon heißen unsere Gebirge, Karbon von Kohle. »Schwatter« als unter Tage geht nicht, und so stolz der Ruhr-Mensch auf all das lange Jahrzehnte war, so schwarz darf man die langfristigen Folgen sehen. Denn der Untergrund des Ruhrgebiets gleicht einem Schweizer Käse. Einem brüchigen Schweizer Käse.

Zehntausende Stollen und Stöllchen ziehen sich durch das Gestein – den »Berg« – und sind unter Tage weitflächig miteinander verbunden. 1981 wurde dieses unterirdische Netzwerk zur Kulisse eines Filmes, der (zumindest im Ruhrgebiet) bald als Kultfilm gefeiert werden sollte. In *Jede Menge Kohle* von Adolf Winkelmann bewältigt der zeitweilig ganz schön desorientierte Bergmann Katlewski seine akute Lebenskrise durch eine krasse Odyssee.

Deren erster Teil beginnt, als er in Recklinghausen ein-fährt und unter Tage verschwindet. Sein Irrweg führt ihn unterirdisch nach Dortmund, wo er zehn Tage später wieder auftaucht. Dort beginnt seine fällige Katharsis verständlicherweise mit der Suche nach einer Dusche – um schließlich daheim in Recklinghausen mit einer Gütertrennung per Motorsäge zu enden. Bis heute ist der berühmteste Satz Katlewskis ein geflügeltes Wort im Ruhrgebiet: »Et kommt dea Tach, da will die Säge sägen.«

Soll heißen: Zeit, dass was passiert. Denn Zupacken ist eine Tugend. »Denk nich rum, tu watt!«, ist ein beliebter Anfeuerungsruf in handwerklich herausfordernden Situationen.

Anders als mein Oppa oder mein Vadda (so sacht man dat) habe ich nie »vor Kohle« gearbeitet. Einige meiner Freunde erlebten aber als Hauer oder Handwerker die Spätzeit des Kohlebergbaus. Mitunter bestanden ihre Arbeitstage darin, auf Schacht Walsum oder Lohberg einzufahren und unter Tage drei Stunden irgendwohin zu pendeln, um dort zwei Stunden zu arbeiten. Oder auch nicht.

In den Achtzigern teufte man auch darum neue Schächte am Rand des Münsterlandes ab, erschloss von dort aus die Flöze im Norden, statt sie weiter von Süden her anzugraben. Der ausgeschabte Ruhrboden brachte nicht mehr viel, und die Flöze im Norden lagen zu weit entfernt – das rechnete sich längst nicht mehr. Schacht Walsum – einst modernste Zeche des Ruhrgebiets, dann eher die berüchtigtste – bemühte sich in seinen letzten Jahren nach Kräften, den Rhein zu unterkellern, um die linksrheinischen Vorkommen auszubeuten, was am Ende zur vorzeitigen Zechenschließung führte: Das ganze Areal schmierte derart zügig ab, dass sich niemand mehr fand, der die erwarteten Milliardenschäden noch bezahlen wollte – irgendwann reicht auch ein Kohlepfennig nicht mehr.

Nicht, dass die historische »Walsumer Einigung«, die das Ende des Kohleabbaus im Ruhrgebiet eingeläutet haben dürfte, vor Ort mit Applaus aufgenommen worden wäre. Die Leute trauern noch heute um ihren Schacht, obwohl da am Schluss kaum noch jemand arbeitete.

Obwohl sie sehen konnten, was Bergsenkung heißt und verursacht.

Ein Extrembeispiel: Im Stadtteil Vierlinden aufgewachsen, unterhielt ich – ganz Kosmopolit – früh schon grenzüberschreitende Beziehungen zu Menschen aus anderen Weltgegenden, zum Beispiel aus dem eher bürgerlichen Aldenrade ein bis zwei Kilometer südlich. Abseits der Hauptstraßen gab es eine praktische Querverbindung, die über einen rudimentär sichtbaren Mini-Park namens »Grüner Ring« und die Friedrichstraße führte.

Ende der Siebziger sackte diese in einer einzigen Nacht binnen Sekunden mehr als zwei Meter ruckartig ab, und ich musste fürderhin einen Umweg von mindestens fünfhundert Metern machen, bis endlich eine Treppe den so entstandenen Steilhang hinunter gebaut wurde. Ärgerlich, so was.

Noch einmal, zum Genießen: Das Ende einer bewohnten Straße sackte nächtens innerhalb weniger Sekunden über zwei Meter ab. Die Wohnhäuser standen schief. Wir hatten da Bekannte, die das Wochen später schon wieder lachend erzählen konnten: »Hömma, un auf einmal rutscht dat Bett inne Ecke und die Karin sacht füa mich …«

Verletzt wurde niemand, was auch einen bekennenden Heiden glatt zur Religion treiben könnte: Vielleicht liegt das daran, dass die Heilige Barbara nicht nur die Schutzpatronin der Bergleute ist, sondern auch der Helfer vom Technischen Hilfswerk? Irgendwie scheint die Gute für alle möglichen Berufe zuständig, bei denen man sich die Knochen brechen kann, inklusive der Pyrotechniker und der Dachdecker. Wie auch immer: Die Häuser wurden jedenfalls auf Kosten der Ruhrkohle saniert und einige der Besitzer wohl auch.

»Überkompensation« von materiellen Schäden sorgte lange für Zufriedenheit im Ruhrgebiet, auch wenn mitunter der Putz bröckelte. Oder mehr.

Man darf nicht vergessen, dass die Bergsenkungen für die Lebensqualität der Ruhr-Bewohner durchaus positive Nebenwirkungen hatten. Im Ernst: Bodengeologische Karten beweisen, dass der Grund seit Beginn des Bergbaus fast überall im Ruhrgebiet abgesackt ist. Es gibt Ecken, da sind es stolze drei Meter (wir reden hier vom Absenken ganzer Stadtteile!), an anderen kommt man auf unfassbare vierundzwanzig Meter.

Das Einzige, was bei Bergsenkungen nicht absackt, ist nebenbei bemerkt der Grundwasserspiegel – und damit sind wir bei den Nebenwirkungen.

Denn wir

– bekommen mitunter auch in Flussferne im Keller nasse Füße;

– leben mit dem wachsenden Risiko, dass die ganze Region nach und nach zu einer gigantischen Wanne wird und irgendwann vollläuft (was ohne die unzähligen Pumpwerke schon heute so wäre);

– erfreuen uns zum Ausgleich für diese kleinen Irritationen an wunderschönen Feuchtgebieten, die wir irrtümlich als »Natur« bezeichnen.

Und etwas Wichtigeres als Grün gibt es für uns kaum. So auch in Dortmund: Da entsteht seit 2006 südlich des Zentrums mitten im Stadtgebiet der Phoenixsee, ein Wassersportgebiet mit angrenzenden Edel-Wohnlandschaften.

Nirgendwo geht das so einfach wie im Ruhrgebiet. Das Rezept: Man nehme ein altes Stahlwerk und planiere es,

schaue sich den Boden darunter an und stopfe die Bergbau-
löcher, damit nichts abläuft. Dann baggert man ein Loch –
viel mehr als zwei oder drei Meter braucht man selten, um
das von Pumpwerken mit erheblichem Aufwand niedrig ge-
haltene Grundwasser anzustechen. Und siehe da: Die Kuhle
läuft voll.

Beim Phoenixsee hat es nur von Oktober 2010 bis zum
Frühjahr 2011 gedauert – natürlich aber vor allem, weil auch
das Wasser aus dem Oberlauf der dort noch oder wieder
sauberen Emscher in den See geleitet wurde. Dann hatte
der See seine Maße erreicht: eintausendzweihundertdreißig
Meter lang, bis zu dreihundertzehn Meter breit und bis zu
drei Meter tief. Macht summa summarum vierundzwanzig
Hektar Fläche und sechshunderttausend Kubikmeter Wasser.
Für so was braucht die Natur Millionen von Jahren, im Pott
reicht dagegen der Entschluss, eine abgesenkte Ecke volllau-
fen zu lassen. So, verspricht die Werbung des Planungsunter-
nehmens, entstehe nicht nur gehobener Wohnraum, sondern
auch ein Business-Viertel mit Yachthafen und mediterranem
Flair.

Was will man mehr – außer vielleicht das passende Wetter
und die passende Bevölkerung? Die Arbeitslosigkeit ist schon
gesunken: Im Sommer 2010 fiel sie zum ersten Mal unter
dreizehn Prozent. Feine Sache, jetzt liegt die Stadt mit dem
»spannendsten« sozialen Gefälle im Ruhrgebiet bundesweit
nur noch auf dem fünfzehnten Platz der Kommunen mit
der miesesten Arbeitsmarktsituation. Man merkt, es geht
aufwärts, vielleicht auch, weil es abwärts geht mit der Region – sie gewinnt dadurch an landschaftlichem Reiz. Ob
jemand über solche Dinge nachgedacht hat, als er den frisch
gefüllten See Phoenix taufte? Gut möglich, Humor haben
wir ja, wir Senkbodenbewohner.

SCHRANKSTADT – DER ERSTE EINDRUCK

STÄHLT Das Ruhrgebiet macht es einem auch nicht einfach. Für die meisten Straßenzüge kann man viele Adjektive finden – schön ist nicht der erste oder zweite und auch nicht der dritte Begriff, der einem in den Sinn kommt. Mir fällt lange erst mal gar nichts ein, wenn ich vor einer dieser komplett flachen Fassaden stehe, mit dem aufgerauten Putz in diversen Abstufungen von Dunkelweiß, Grau und Anthrazit (je nachdem, wie stark der Verkehr ist). Diese Häuser aus den Fünfzigern und Sechzigern, die so viele Straßen im Ruhrgebiet prägen, sehen aus wie Schachteln. Nichts springt an der Fassade hervor, keine Erker, keine Pilaster, kein Schmuck – pragmatische Einwohnerverpackungen.

Diese graue Architektur erinnert mich an die Schränke und Regale meines Vaters. Entwurf und Aufbau liefen immer gleich ab: Er vermaß mit einem Zollstock die Ecke der Diele oder die Wand, an der Stauraum geschaffen werden sollte, und notierte die Längen.

Dann fuhren wir mit der Straßenbahn ins Nachbarviertel. Der Baumarkt erstreckte sich in langen Kellerräumen unter einem Parkplatz und einer Sparkasse, oberirdisch war nur ein kleiner Eingangsraum mit zwei Kassen. Die Hölle!

Merkte ich zehn Jahre später, als ich in diesem Bauhaus bei der Inventur zwölf Stunden lang Pinsel, Klodeckel und Schrauben (das ist fürchterlich) zählte. Neonlicht und die mäßige Luftzufuhr unterm Parkplatz provozierten erbärmliche Kopfschmerzen. Als Kind war das Bauhaus aber ein Abenteuer: Ich schaute mir die riesigen Sägen an, während mein Vater sich ein paar nicht zu teure Bretter in der Holzabteilung heraussuchte, dann vielleicht noch ein paar Scharniere für die Schranktüren. Der mehrmals gefaltete Zettel mit den per Bleistift notierten Maßen war der einzige konzeptionelle Anhaltspunkt.

Die Bretter konnte man für den Transport im Bauhaus von einer riesigen Maschine zuschneiden lassen (für mich der aufregendste Teil dieser Ausflüge), den Rest brachte mein Vater im Keller mit der Stichsäge in Form. Und diese Form war allein vom Grundriss unserer an einigen Stellen verwinkelten Sozialwohnung bestimmt.

Und deswegen sieht das Ruhrgebiet heute an vielen Stellen so formlos aus, als habe jemand einfach irgendwo Wohnkartons hingestellt. Der Eindruck trügt natürlich.

Die Straßen, Häuser, ja sogar ganze Viertel wurden wie die Schränke meines Vaters extrem funktional nach bestehenden Anforderungen errichtet. Ende des neunzehnten Jahrhunderts baute man Wohnhäuser um Zechen und Stahlwerke herum dorthin, wo gerade Platz war (deshalb ist die Gegend so zersiedelt). Und nach diesem Prinzip hat man das Ruhrgebiet dann jahrzehntelang weitergebaut.

Das Problem dabei: Der Plan hat sich ständig geändert, die Zechen zogen weiter, die Stahlwerke wurden zerstört und viele der zugezogenen Arbeiter blieben für immer. 1818 lebten im Ruhrgebiet 221 000 Einwohner, 1905 waren es 2,6 – heute sind es gut 5 Millionen.

Die Menschen zogen zum Arbeiten ins Revier. Sie wohnten in schnell errichteten Siedlungen, die Lage der Schächte und Fabriken bestimmte letztlich, wo Arbeitsdörfer wuchsen, die später zu Stadtvierteln wurden. Die Identität des Ruhrgebiets prägt heute nicht so sehr die Kohle, sondern der Wahnsinn, eine dünn besiedelte, bäuerliche Gegend (auf vier Bochumer kam 1719 eine Kuh) ohne Plan in Jahrzehnten zum Ballungsgebiet zu machen, dem nach sechzig, siebzig Jahren der ursprüngliche Existenzgrund – die Schwerindustrie – abhanden kommt.

Wie diese Veränderungen die Gegend prägen, sieht man gut, wenn man die Altendorfer Straße in Essen entlangfährt.

Vor zwanzig Jahren bin ich hier in der Straßenbahn mit meiner Mutter durch eine Einöde gefahren. Diesen Eindruck machte das riesige Gelände der Krupp-Werke auf mich. Es begann dort, wo die Essener City endete, Luftlinie vom Ende der Fußgängerzone am Karstadt bis zu den ersten Brachen waren es vielleicht hundert Meter.

Als Kind gab es nur drei Ziele jenseits dieser Ödnis: den oberschlesischen Metzger in Borbeck, den polnischen Gottesdienst in Altendorf oder ein Supermarkt. Damals bekam mein Vater hier bisweilen das Holz für seine Handwerkerprojekte billiger als beim Bauhaus.

Fuhr die Straßenbahn nach der Innenstadt kurz hinter den leerstehenden Hallen des alten Krupp'schen Schmiedepresswerks aus dem Tunnel, schauderte ich: Die Gegend sah aus wie die Landschaften in den Katastrophenfilmen, die ich als Kind merkwürdigerweise schauen durfte, zum Beispiel die ausgestorbenen Wüstenstädtchen in *Andromeda*. Kein Mensch zu sehen, kaum Autos, große, leere, manchmal asphaltierte Flächen und hier und dort ein Ziegelbau oder ein Gewerbefunktionskasten, eine Ruine, dazwischen Gestrüpp und alte Bahngleise, die irgendwo im Gelände abrupt enden. Ich hatte immer etwas Angst, wenn die Straßenbahn an einer Haltestelle in dieser Gegend stoppte – wer weiß, was dort über die Straßenbahn und vor allem die Fahrgäste herfallen könnte.

Dieses Brachland war bis in die vierziger Jahre der wuseligste und mit Sicherheit lauteste Teil Essens gewesen. Bis zu hundertvierzigtausend Menschen arbeiteten hier, 1,5 Millionen Quadratmeter waren mit Fabrikhallen und Verwaltungsgebäuden der Krupp-Werke bebaut. Davon war 1945 ein Drittel komplett, ein weiteres Drittel teilweise zerstört. Übrig blieben dreihundert Hektar Fläche mitten in der Großstadt, die plötzlich ihre Funktion verloren hatten. 1990 sah die alte

Krupp-Stadt von der Altendorfer Straße zum Gruseln aus, zumindest für Zehnjährige.

Ich kam erst wieder mit siebzehn oder achtzehn Jahren häufiger in diese Einöde. Damals, in der zweiten Hälfte der Neunziger, stürzten sich zwei sehr unterschiedliche Gruppen auf den Leerstand, der später Industriekultur getauft wurde: Investoren und Drum 'n' Bass-Fans. Die Investoren stellten Möbelhäuser, ein Multiplex-Kino und ein Musical-Theater in und zwischen die alten Krupp-Hallen am Rand der Innenstadt. Dahinter war immer noch Einöde, und drei Straßenbahnhaltestellen die Altendorfer Straße hoch kam das Baikonur. Dieser Club, gegründet von ein paar Design-Studenten der Folkwang-Hochschule, hatte in der alten Schlosserei der Krupp-Zeche Sälzer & Neuack eine Zuflucht gefunden. Das erste Baikonur war eine Baracke am Güterbahnhof. Die wurde abgerissen, weil Investoren Platz für neue Büros brauchten. Also zog der Club in die alte Krupp-Stadt, und so kam ich wieder an die Altendorfer Straße.

Wenn ich nachts ausging, dann meist dorthin. Das Baikonur führte eine Nischenexistenz am Rand des Nachtlebens, womit ich mich sehr gut identifizieren konnte. Nebenbei ließ sich so mein Unbehagen in den von der Mehrheit besuchten Läden zu etwas Schickem überhöhen.

Auf dem Boden des Clubs in der Schlosserei lag Putz, der war von den Wänden abgebröckelt und nicht ersetzt worden. In den Etagen über der Tanzfläche standen Sofas und Sessel vom Sperrmüll. Entsprechend leger war die Tür, sogar ich mit meiner meist grauen Cordhose und dem Regenblouson kam immer ohne Probleme hinein. Man konnte tanzen oder auf den Sofas kiffen und Diaprojektionen ineinanderfließender Farben auf den Wänden verfolgen.

Ich habe es nur einmal geschafft, bis zum Morgengrauen zu bleiben. Wir sind zu dritt in die sehr stille Einöde der al-

ten Krupp-Stadt spaziert. Man musste nur auf dem Innenhof
der Schlosserei nach ganz hinten laufen, im Halbdunkel unter Efeuzweigen führte dort eine alte Treppe den Bahndamm
der Krupp'schen Ringbahn hoch. Wir setzten die Füße von
einer morschen Schwelle zur nächsten und schauten auf die
Industriebrache. Ich glaube nicht, dass jemand zehn oder
zwanzig Jahre eher auf diese Idee gekommen wäre. Für uns
drei Beinahe-Abiturienten aus dem Essener Süden war 1999
Industrie so weit weg, dass wir uns auf die Gleise setzten
und diese Funktionslandschaft ohne Funktion einfach schön
finden konnten. Wir schauten auf riesige silbrige Rohrleitun-
gen, auf alte Schienenkräne, auf löchrige Betondächer und
Zementklumpen, die an den Stahlträgern halb eingestürzter
Fabrikhallen hingen.

Diese Aussicht hat mich sehr wehmütig gemacht, das
lag vielleicht auch an der tiefen Morgensonne und der char-
manten Begleitung, aber vor allem daran, dass man sehr gut
sehen konnte, wie eine Epoche endet. Am Rand der Krupp-
Stadt waren die ersten Flächen planiert, neu erschlossenes
Bauland voller Baggerspuren, am Horizont winkten noch ein
paar windschiefe, nicht planierte Birken. Wenn es etwas zu
verstauen gibt, dann verstaut man es im Ruhrgebiet einfach
irgendwo, wo noch Platz ist oder mal eben Platz geschaffen
werden kann.

Schön wurde die Krupp-Stadt erst in dem Moment, als
sie jede Funktion verloren hatte. Es war damals klar, dass
dieses Brachland bald verschwunden sein würde. An den
Rändern fraßen sich Neubauten (Tankstellen, Autohäuser,
Möbelparadiese) in die Industrielandschaft. Ein paar Jahre
waren die Ruinen schick für Leute unter dreißig: Ich kannte
Design-Studenten, die fotografierten regelmäßig die Ruinen,
manchmal fuhren wir mit Freunden nach dem Kino abends
zum McDonalds-Drive-in, holten uns Burger für unterwegs.

Das Publikum war nachts immer etwas merkwürdig, die Hälfte der Leute kam vom Besuch der Bordellstraße nebenan hierher. Wir fuhren ein Stück in die Krupp-Stadt rein, eine Sackgasse führte bis zu einem Eisenzaun, durch den man auf das Brachland hinabschauen konnte. Wir saßen auf der Motorhaube, aßen Burger oder McSundae und schauten ins Nichts.

Fährt man heute mit der Straßenbahn die Altendorfer Straße hoch, ist kaum zu erahnen, dass hier die Krupp-Stadt stand. Die Schlosserei, in der das Baikonur seine letzte Zuflucht gefunden hatte, wurde abgerissen.

Der Damm der Krupp'schen Ringbahn auch, da steht nun eine Büroschachtel des Finanzamts. Die Gegend, die vom Bahndamm zehn Jahre zuvor so romantisch wirkte, beherbergt viele Autohäuser, die neue ThyssenKrupp-Zentrale (erinnert an das Deutsche-Bank-Logo ohne Diagonale) und sogar einen Boulevard (ohne Flaneure, führt ja nur zu Büros).

Alles wunderbar, aber der Verfall fehlt mir doch.

Fährt man die Altendorfer Straße weiter hoch, dorthin, wo früher viele Arbeiter der Krupp-Stadt lebten, sieht man bis Borbeck fast nur typische Schrankstadtarchitektur: vier, fünf Geschosse in Grau bis Schwarz, vereinzelt ein spätes Schweinchenrosa. Die Häuserzüge mit den Wettbüros, Billigpizzerien und Internet-Oasen im Erdgeschoss sehen sich – von der blinkenden Leuchtreklame mal abgesehen – erstaunlich ähnlich. Die Fensteröffnungen sind gleich groß, man hat schnell das Gefühl, jedes Haus sei aus wenigen Standardelementen zusammengesetzt, die aber bei einem Unglück über alle Gebäude der Straße verstreut wurden, so dass man wie bei Solitär die richtigen Grüppchen finden und zusammenlegen müsste, um eine ästhetisch befriedigende Gestaltung zu finden.

Warum sich diese schlüssige Komposition nicht finden

lässt, erklärt der Architekt Benedikt Boucsein in seiner Doktorarbeit über die graue Architektur des Ruhrgebiets sehr gut: Wer nach 1950 staatliche Förderung für den Auf- oder Wiederaufbau von Wohnhäusern haben wollte, musste nach strengen Regeln bauen – die Bauherren mussten genormte Bauelemente verwenden und eine ganze Reihe von Normen über Geschosshöhen, Raummaße, Fenster- und Türöffnungen erfüllen.

Da Essen eine der im Zweiten Weltkrieg am stärksten zerstörten deutschen Städte war, musste sehr viel in sehr kurzer Zeit aufgebaut werden – die Häuser mussten vor allem schnell fertig sein, und als man in den sechziger Jahren etwas grundsätzlicher planen konnte, kamen die Planer leider auf die Idee, in der Innenstadt erhalten gebliebene Altbauten abzureißen, um die Straßen zu verbreitern. Im Vorort Steele setzten die Stadtplaner in einem erbitterten Rechtsstreit sogar durch, den Großteil der Altbauten aus dem neunzehnten Jahrhundert abreißen zu dürfen, um Platz für moderne Betonhochhäuser und vierspurige Verkehrsadern zu schaffen. 1964 hat die Stadt Essen sogar ihr neugotisches Rathaus abgerissen.

Überhaupt kamen in Deutschland Traditions- und Geschichtsbewusstsein bei Stadtplanung und Wiederaufbau erst Anfang der Siebziger in Mode – da war im Ruhrgebiet Strukturkrise und wenig Geld für Rekonstruktionen übrig. Und so wurde die Gegend architektonisch in weiten Teilen »Mitte der 1960er Jahre eingefroren« (Boucsein, S. 156).

Den von Architekten zweite Zerstörung genannten Stadtumbau haben alle Ruhrgebietsgemeinden in unterschiedlicher Intensität durchgezogen. Warum das gerade hier so leicht fiel? Vielleicht weil das Bauen hier immer schon eher gut und günstig als schön und gut zu sein hatte. Das ist verständlich und irgendwie sympathisch, aber so sympathisch ich die zusammengezimmerten Schränke meines Vaters auch finde – schön sind sie nicht.

IN DIE STADT NACH HORTEN – LAND-SCHAFTSKUNDE »Ich fahr in die Stadt.« Das habe ich immer noch gesagt, als ich, zurück in Essen, eine Viertelstunde Fußweg durch den Stadtgarten südlich des Bahnhofs wohnte. An einem Ort also, den jeder meiner Freunde von außerhalb des Reviers mitten in der Stadt lokalisierte.

Wenn ich am Samstagmorgen aus dem Haus ging, um ein paar ordentliche Zeitungen am Bahnhof zu holen, schraubte der Hausmeister draußen an seiner Goldwing (einem Motorrad mit Rückwärtsgang) herum und fragte: »Wohin gehse?« Und natürlich sagte ich: »In die Stadt«, und nach einem Jahr: »Inne Stadt.«

Stadt, das bedeutet so viel wie: In die City, ins vermeintliche Zentrum. Dorthin, wo der ICE hält, wo man die *Herald Tribune* und die *Gazeta Wyborcza*, Bonsaidünger oder Räuchertofu kaufen kann. Abgesehen vom Einkaufen gibt es tagsüber wenige Gründe, in die Stadt zu fahren.

Das war schon so, als ich klein war. Klar, in der Grundschule erzählte der prahlerische Christoph von Fahrten »in die Stadt«. Er hatte immer neue Spielzeugautos dabei, und nicht nur einfache PKWs, sondern auch mal einen Laster. Aus Metall! So was kam aus der Stadt. Bei uns im Viertel gab's im begehbaren Büdchen Matchbox-Autos, aber Laster – da musste man schon in die Stadt. Wenn Christoph mit so einem Neuwagen ankam, erzählte er von der Fahrt in die Stadt und hängte meistens noch etwas dran, »in die Stadt, nach Horten« zum Beispiel.

Bei Horten stand eine halbe Etage voller Modellautos, Lego und Playmobil, damals, als ich nur mit Oma oder

Mama in der Stadt unterwegs war. Die Spielzeugabteilung war immer recht leer und still. Wenig Publikum, nur ein paar Kinder mit Eltern, die sich zusammengebaute Lego-Raumgleiter und Feuerwehrstationen auf den Kisten mit den Bausätzen ansahen. In die Stadt fuhr man nur, wenn es etwas zu tun gab, die Stadt war weit weg. Viel weiter als die dreieinhalb Kilometer, die unser Viertel vom Kaufhaus Horten entfernt lag. Eine der größten Attraktionen der Stadt war lange Zeit das Automatenrestaurant in der obersten Etage. Da konnte man sich selbst zusammenstellen, was man essen wollte: Pommes auf den Teller laden, dazu Kroketten – exotisch! In durchsichtigen Plexiglasquadern sprudelte Orangensaft und daneben in anderen Quadern giftgrünes und knallrotes Zuckergemisch, das meine Oma mir nie kaufen wollte. Ein Automatenrestaurant! So etwas gab es nur in der Stadt. Bei uns im Viertel kam zweimal die Woche der Pommesmann mit seinem weißen Kastenwagen vorbei, das war's.

»Nä, Schibulski, nach Horten?« Er winkt ab, zieht die Schultern hoch und lässt sie demonstrativ fallen, seufzt: »Hamse zugemacht das Restaurant!«

Schibulski fährt seitdem nicht mehr mit seiner Frau nach Horten, sondern ein, zwei Mal im Monat richtig schick zum Einkaufszentrum am Limbecker Platz. Ein bisschen deplatziert wirkt der Schibulski mit seiner schwarzen, hüftlangen Kunstlederjacke da zwischen Wasserspielen, H&M und Sushi-Läden. Wenn seine Frau (er sagt immer »die Alte«, aber ich kann mich nicht überwinden, das zu schreiben) zu lange beim Karstadt Tischdecken und Vorhänge betatscht, geht Schibulski schon mal vor zum Curry Karl. »Schön ist dat hier, richtig gut hamse das gemacht« – wenn er mal Besuch von außerhalb des Potts bekäme, würde Schibulski sie zuerst zum Shoppingcenter führen, nicht nach Zollverein: »Neee, dat alte Zeug, lass mich in Ruhe damit«, grummelt er.

Die Stadt erfüllt eine Funktion, die Stadt ist dort, wo alle einkaufen, wohin alle zum Einkaufen fahren. Deshalb ist die Stadt im funktional gegliederten Ruhrgebiet meistens anderswo. Für diesen Zustand haben Stadtplaner und Wirtschaftsförderer inzwischen schöne Namen gefunden, derzeit sagen sie »polyzentrische Metropole« oder auch »Metropole Ruhr«.

Könnte stimmen, denn zum Glück ist Metropole kein präzise definierter Begriff. Ich bin aber skeptisch, ein Zentrum für die Region mit politischem und wirtschaftlichem und kulturellem Einfluss wie die Metropolen im antiken Griechenland (Mutterstädte der Kolonien) ist das Ruhrgebiet nicht. Dortmund ist vielleicht Zentrum für einen Teil Westfalens, weil weiter im Osten nicht mehr so viel kommt. Im Süden gibt es aber Düsseldorf und Köln und Wuppertal.

Und braust man mit dem Auto geradeaus nach Westen, ist man nach zwei Stunden in Amsterdam. Man kann auf halber Strecke in Venlo halten oder gleich den Zug nehmen. Nach Venlo fahren die Alten aus dem Pott mit dem Bestatter auf Kaffeefahrt ins Krematorium, die Mittelalten mit den Blagen zum Kaffee- und Heringseinkaufen, und die Jüngeren kommen mit dem Zug zum Coffeeshop.

Das bedeutete eine Fahrt in die Stadt für uns mit sechzehn, siebzehn: Das Schülerticket mit Zusatzkarten bis Venlo erweitern und dann am Samstag »ins Ausland« und am Bahnhof in Venlo eine Frikandel im Automatenrestaurant ziehen. Dann in die Innenstadt, um erst Gras, später Vla und Falafeln zu kaufen. Das Drogenkaufen war immer stressig – es gab in Venlo Ende der Neunziger wohl eine so überschaubare Anzahl einheimischer Jugendlicher, dass die Werber der Coffee-Shops jeden Einwohner kannten und jeden anderen unter dreißig umso energischer als potenziellen Kunden bedrängten.

Aber hey, das war Stadt und Abenteuer für uns. Überall in den autofreien Gassen drückten sich Werber – Männer Mitte zwanzig, immer mit fetten Turnschuhen, meist auch mit Kapuzenjacken, in die Hauseingänge, um die Kundschaft blitzschnell anzuquatschen. Wir gingen nach drei, vier dieser Überfälle dann meistens doch mit dem aggressivsten Werber mit – man will ja niemanden beleidigen, und so weltläufig wir uns in Venlo auch fühlten, so wenig konnten wir die Verkäufer wirklich einschätzen.

Der Einkauf war jedes Mal eine beängstigende Erfahrung: Wir laufen hinter dem hastig voraneilenden Werber in eine Seitenstraße. Er spricht wenig, sagt nur immer wieder mit schiefem Lächeln: »Gutes Gras, gutes Gras«, dann Halt vor einer unscheinbaren, massiven Tür, der Werber drückt die nicht beschriftete Klingel, winkt in die Videokamera. Dann einen gekachelten Flur hoch, in einen gekachelten Vorraum.

Der Werber grüßt den Mann an der Tür, verschwindet. Hinter dem Vorraum kamen noch mehrere Zimmer, die mich an den Schüleraufenthaltsraum unseres Gymnasiums erinnerten: Irgendjemand, der sich da nicht aufhalten muss, hat ein paar Sofas für Menschen reingekippt, an deren Aufenthalt ihm nicht viel liegt. Entweder lief Bob Marley von CD oder MTV im halb laut aufgedrehten Fernseher – ein Klangteppich, der so gar nicht zu den Überwachungsmonitoren hinterm Tresen des Verkaufsraums passte. Wir scherzten – später – immer darüber, welche Waffen der Kassenmann wohl unterm Tresen einsatzbereit hat.

Baseballschläger? Glock? Das war unser Ausflug in die große Welt, in der Haschhändler sich vor Sturmkommandos oder sonstwem verbarrikadieren. Von uns gab keiner mehr als achtzig, neunzig Mark aus – etwas Gras, ein Tütchen Pilze, manchmal Piece für den Kakao.

Geraucht haben wir in den Shops nur selten. Wir wollten schnell raus aus den Seitenstraßen-Shops und dann als Belohnung nach der Aufregung Falafel und Pommes Spezial in der Stadt essen, zerbröselte Stroopwafeln und Vla für den Nachtisch kaufen.

In diese Einkaufsexotik flüchten auch die älteren Ruhrgebiets-Generationen: Die Muttis und Vatis und die Opas mit ihren Parkas fahren am Samstag zum Großeinkauf ins »2 Brüder von Venlo«, einer Art Holland-Woolworth. Da wird der billige Kaffee palettenweise eingeladen, die Bismarckheringe im Eimer gekauft, dann noch exotische Dinge für die Kleinen wie Erdnussbutter (Pindakaas met stukjes noot) und Hagelslag (bunte Streusel).

Die älteren Holland-Shopper aus dem Pott essen Pommes, ja, das Ruhrgebiet ist weltläufiger geworden in den Jahren! Schibulski war auch schon mal in Venlo, auf Kaffeefahrt mit seiner Frau, Bekannte hatten ihm davon erzählt: Mit dem Bus für zwölf Euro vom Hauptbahnhof hin und zurück, organisiert vom Bestatter, da muss man halt nachmittags noch ins Krematorium Venlo und eine Führung mitmachen. Aber, sagt der Schibulski: »Ist doch interessant, ganz billig da und so sauber und ordentlich. Muss man ja auch ma drüber nachdenken.«

1250 Euro kostet die Feuerbestattung in Venlo mit Überführung aus dem Ruhrgebiet und Urnenfeld und allem. Nach der Krematoriumsführung gab's Kaffee und Kuchen, dann waren Schibulskis noch in Venlo am Fluss, und ab nach Hause.

Wir haben es auch nie lang in Venlo ausgehalten, ein Bier aus der Flasche mit Blick auf die Maas vielleicht, dann fuhren wir zurück ins Ruhrgebiet, wo man auf der großen Wiese im Park oder auf der Brehm-Insel entspannt in der Abendsonne saß und ungestört von Werbern und anderen Haschtouristen rauchen, trinken und der Sonne beim Untergehen zusehen konnte. Im Park kamen manchmal die Parkwächter vorbei und erinnerten daran, dass man die Glasflaschen aber auch wirklich nicht liegen lassen und nach Einbruch der Dunkelheit aber auch wirklich so langsam Richtung Ausgang gehen solle. Da bin ich mit Schibulski einer Meinung: In der Heimat ist es doch am schönsten, zumindest, wenn man immer wieder mal wegfahren kann.

Mit den herkömmlichen Metropolenideen lässt sich das Ruhrgebiet nicht beschreiben. Paris beherrscht sein Umfeld politisch, das Ruhrgebiet wird von drei angrenzenden Landesbehörden verwaltet: Arnsberg, Münster und Düsseldorf. Man kann nicht mal sagen, dass alle relevanten Orte in der Nähe wären:

Standen früher die wichtigsten Kaufhäuser im Zentrum einer Revier-Stadt, ist das heute nicht mehr überall so.

Es gibt keinen Ort, wo für jeden der fünf Millionen Ruhrgebiets-Einwohner »die Stadt« ist. Für viele Omas auf der Margarethenhöhe (nicht mal neuntausend Einwohner!) war das der alte Marktplatz mit dem Konsum (hieß so, weil da vor Jahrzehnten der Krupp'sche Konsum residierte), sprich: dem Supermarkt. Dazu noch der Bäcker, der Gemüseladen, zweimal in der Woche Markt, die Straße rauf ein paar Boutiquen und zum Wald hin zwei Schuster sowie ein Gasthof für den Nachmittagskaffee.

Was braucht man mehr – das Leben spielte sich wie auf dem Dorf in einem Radius von zwei, drei Kilometern ab. Und die Straßen tragen die Namen der Bauern, denen Krupp das Land ein paar Jahrzehnte zuvor zwecks Siedlungsbau abgekauft hatte: Wortberg, Stens, Hülsmann. Klar, dass da »in die Stadt fährt«, wer in die U-Bahn steigt.

Geht man nach Südwesten aus dem Viertel, durch den schmalen Waldgürtel und über die Autobahn nach Düsseldorf, steht man plötzlich in einer Agrarlandschaft mit Äckern, sanften Hügeln, kleinen Wäldchen, da sieht das Ruhrgebiet noch so aus wie vor hundertsiebzig Jahren. Der Landschaftsarchitekt und Schriftsteller Hermann von Pückler-Muskau beschrieb 1826 begeistert die Flusslandschaft bei Steele (heute ein Vorort Essens) als »Ort, für den gemacht, der sich vom Getümmel des Lebens in heitre Einsamkeit zurückzuziehen wünscht«.

Weil das hier überall so aussah, ist es kein Wunder, dass das Ruhrgebiet keine Metropole ist wie Paris oder London, auch wenn Wirtschaftsförderer gern beanspruchen, den drittgrößten Metropolraum innerhalb der Europäischen Union nach eben diesen zwei Weltstädten zu vertreten.

1722 hatte London mehr als sechshundertdreißigtausend Einwohner, in Paris wurde der Elysee-Palast fertig, und in Bochum notierte der Regierungsbeauftragte Friedrich Wilhelm Motzfeld, fast vierzig Prozent der Häuser hätten nur ein Strohdach und es gebe zu viele »wüste Plätze«, also verfallene Gebäude in der Siedlung. Die meisten der etwa eintausendsechshundert Einwohner konnten von Berufen wie Leinenweber, Fassbinder oder Blaufärber allein nicht leben. Wer nicht hauptberuflich Bauer war, betrieb nebenher etwas Ackerbau, hielt Ziegen, sammelte Kohlen und verkaufte die vom Schubkarren am Straßenrand. Der letzte Kuhhirte in Bochum, Fritz Kortebusch, war bis 1870 mit den Kühen der Bochumer Bürger auf der Vöde unterwegs. Die Gemeindeweide ist heute der Stadtpark, und in der Innenstadt steht ein Denkmal für den letzten Kuhhirten.

Die Städte sind explodiert damals: Essen hatte 1896 hunderttausend Einwohner, 1925 waren es siebenhundertvierzigtausend. Die Bevölkerung im Ruhrgebiet hat sich binnen eines Jahrhunderts mehr als verzehnfacht auf 2,6 Millionen Einwohner 1905. Stadtplanung gab es kaum, Mittelpunkt des Lebens waren nicht länger Kirche und Marktplatz, sondern Zeche, Schachtanlage, Hütte oder Kokerei. »Fabrikvorstadt« nannte der große Reporter Egon Erwin Kisch Essen deshalb in den zwanziger Jahren.

Die Zwecksiedlungen überwucherten die alte Agrarlandschaft, das Ruhrgebiet entstand. Dörfer wurden zu Stadtteilen, die Stadtteile zur neuen Heimat von Hunderttausenden aus Ostpreußen, Pommern und Schlesien Zugezogenen. Vielleicht kommt daher das Bedürfnis, im eigenen Kiez zusammenzurücken, das Viertel nicht zu verlassen, es sich gemütlich in Straßen einzurichten, die »Trautes Heim« oder »Im Stillen Winkel« heißen.

Die dörflichen Straßennamen erscheinen vielleicht etwas merkwürdig in einer Gegend, wo 1950 im Umkreis von wenigen Kilometern noch ein halbes Dutzend Zechen Kohle förderten. Aber es ist nicht so eindeutig: Die Idylle einer Gartensiedlung wie der Margarethenhöhe ist zwar nicht gewachsen, sondern als Vorzeigesiedlung konstruiert, trügerisch ist sie trotzdem nicht.

Genau andersherum ist es mit dem Metropolenflair im Ruhrgebiet: Das findet man nicht unbedingt an den Orten, die mit dem Kalkül gebaut wurden, großstädtisch zu wirken. Die Neue Mitte Oberhausen, eine Mischung aus Einkaufszentrum und Freizeitpark auf einem alten Hüttengelände, ist einerseits ein überregionaler Erfolg, hierher kommen die Nachbarn aus den Niederlanden und aus Bochum zum Einkaufen. Aber mittig fühlt man sich da nicht, eher in einem Freizeitpark ohne Achterbahn. Wenn der zentrale Ort zum Verabreden »Coca-Cola-Oase« heißt, dann funktioniert das einfach nicht mit dem Metropolenfeeling, bei mir zumindest.

Es gibt einige Flecken, die sich nach Großstadt anfühlen, zum Beispiel der Isenbergplatz in Essen. Sobald es nicht mehr schneit, sitzen die Menschen draußen, vor dem halben

Dutzend Cafés und Kneipen. Ganz wichtig: draußen trinken! Second-Hand-Läden, Bäume und Altbauten schaden auch nicht, die Kinder toben auf dem Spielplatz, Zigaretten gibt es an der Bude nebenan, das hat alles Flair und eine eigene Geschichte.

Vor einer der Kneipen erinnert eine Bronzeplastik an Günther Semmler. Der Mann zog mit Akkordeon und Zylinder durchs Essener Südviertel, trank aufs Haus, spielte auf, improvisierte, reichte seinen Zylinder herum und warf spät am Abend einen Teil der Einnahmen in Spielautomaten.

Er konnte einem ehrlich gesagt ziemlich auf die Nerven gehen. Erst nach seinem Tod habe ich kapiert, wer der komische Trinker mit Akkordeon war, dem ich mit siebzehn oder achtzehn peinlich berührt einmal im Bahnhof Süd ausgewichen bin, als er sammelte, während ich reinkam und nichts damit zu tun haben wollte.

2004, als ich seit ein paar Wochen wieder im Ruhrgebiet wohnte, erkannte ich in einem Nachruf der Lokalzeitung den Trinker mit Akkordeon von damals und erfuhr zu spät, wer er gewesen war. Günni Semmler war lange obdachlos, Ende der Achtziger fasste er in Essen wieder Tritt, zog als Sänger durch die Kneipen, die Diakonie verhalf ihm zu einer Wohnung, und eines Abends muss ihn der Sänger Stefan Stoppok, der damals in Rüttenscheid lebte, gesehen haben, er produzierte mit Semmler Anfang der Neunziger eine Platte. Semmler sang immer wieder sein Container-Lied (»Ich möcht' ein Container sein, von Rhein und Ruhr, und ist der Container voll, so werd' ich rattendoll, jawoll.«).

Stoppok und der Musiker Hubert Dingenskirchen bekamen mit einem Benefizkonzert das Geld für ein Grab zusammen, und nun hat Semmler sogar ein Denkmal auf dem Isenbergplatz.

Es gab einige Typen im Viertel, die jeder kannte: den

Ranger zum Beispiel. Der Mann mit grauem Zopf hinten und Glatze vorne fuhr im Rollstuhl durchs Südviertel und schaute sich um, als sei er auf Patrouille. Der Ranger trug warme Karohemden und einen Cowboyhut. Den hatte er manchmal auf dem Kopf, häufiger hing er am Kinnband über seinen Schultern.

Der Ranger hatte an seinem Rollstuhl jede Menge Krimskrams – einen Fuchsschwanz, einen hölzernen Gehstock mit Abzeichen, Lederbänder. Wenn ich ihm begegnete, grüßte ich. Es ging nicht anders, er war so präsent, er gehörte so dazu – da grüßte man. Der Ranger blickte einem ins Gesicht und nickte knapp.

Oder Rasputin. Der hagere, bleiche Mann mit den langen, glatten Haaren und dem traurigen Gesicht lief immer zu Fuß am Park entlang zum Friedhof, immer allein, immer im Mantel. Er hatte oft Blumen in der Hand, angeblich brachte er sie zum Grab seiner Mutter, mit der er jahrelang zusammengewohnt hatte. Rasputin habe ich nie gegrüßt, er schaute immer zu Boden.

Und stadtweit bekannt war Franco ohne Schuhe, der Mann, der barfuß auf dem Salzmarkt vor der Templebar saß, barfuß über den Gruga-Platz in den Park lief und auch sonst – erzählte er, wenn man ihn fragte – nie Schuhe trug. Manchmal hatte er dafür Blümchen zwischen den Zehen.

Eine zeitlang behauptete er, dass sei eine Wette, wenn er ein Jahr lang durchhalte, gehöre ihm ein Haus auf einer Insel. Später habe ich ihn mal jemandem erzählen hören, er müsste zwei Jahre durchhalten. Ich glaube, er lief einfach gerne barfuß und wollte den Leuten eine Antwort geben, die jeder versteht. Gerne barfuß rumlaufen? Schibulski schüttelt den Kopf und winkt ab: »Geh mich wech mit sonem Kokolores!« Aber so was Handfestes wie eine Wette um ein Haus? Da

nickt Schibulski anerkennend und brummelt: »Dat gibbet
doch nich. Nen Häusken! So wat …«

Günni, Franco und der Ranger – das ist Kiezkultur, wie
die Einwohner sie an einigen Orten im Ruhrgebiet leben,
im Dortmunder Kreuzviertel, in Bochum-Ehrenfeld, in Rüttenscheid – es sind immer kleine Flecken, an denen die
Mischung der Einkommen, der Jobs, der Altersstufen, der
Bausubstanz stimmt, die Menschen draußen sitzen und man
gut essen kann.

Dieses Metropolengefühl ist auch ein bisschen dörflich,
man hat schon seinen eigenen Kiez und verlässt den nicht so
oft, aber manchmal eben doch: Da trifft man den Kollegen
aus Bottrop in Essen Rüttenscheid oder besucht einen Dortmunder im Kreuzviertel. Und glaubt man Gastronomen
auf der Rüttenscheider Straße, kommen am Wochenende
tatsächlich immer mehr Menschen zum Ausgehen hierher,
die nicht in Essen wohnen. Das ist eine kleine Kulturrevolu-
tion im Ruhrgebiet und immer noch die Ausnahme von der
Kiezregel: Bleib bei deinen Leuten.

Manchmal sind weniger als hundert Meter Luftlinie ent-
scheidend: Ich bin auf der Neuen Margarethenhöhe in einem Sozialblock aufgewachsen. Die Gegend war kein Brenn-
punkt, aber mit den Kindern, die ein paar Straßen weiter
südlich in Bredeney wohnten, kamen wir nie in Kontakt.
Bredeney klang für uns wie Saint Tropez und war ähnlich
weit weg. In Bredeney wohnten die Aldi-Brüder, da fuhren
dicke dunkle Autos durch sehr stille Straßen.

Ab und zu gingen meine Eltern mit mir auf einer Wanderung durch, das war der direkte Weg zum Ruhrtal. Ich
staunte immer über die Häuser, die man nicht sah: Einige
Anwesen waren riesig und mit Buschwerk, Mauern und
Holztoren gut abgeschirmt. Wie es dahinter aussah, weiß
ich bis heute nicht. Jedenfalls habe ich meinen ersten Ja-

guar dort gesehen, einen dunklen Jaguar XJ der Serie III.
Wie ein Jaguar aussieht, wusste ich aus der *Auto-Bild*, die
ich mir immer wieder einmal beim Einkauf im Supermarkt
erbettelte. Und dann fährt zwanzig Minuten Fußweg von
unserem Wohnblock so ein Fahrzeug aus einer anderen Welt
durchs Viertel. Heute glaube ich, dass da jemand zu Besuch
gekommen sein muss – so auffällige Autos passen nicht zum
versteckten Reichtum der Bredeneyer.

Die Grenzen verlaufen nicht immer so, wie die Stadtteile eingeteilt sind. Eine klare Trennung, zumindest bis zur
Grundschule, gab es auch auf der Margarethenhöhe: im Norden bis zur Lührmannstraße die neue Siedlung, im Süden
die alte. Den Unterschied beschrieb ein schockierter *Spiegel*-
Redakteur, der 1982 in der Krupp'schen Vorzeigesiedlung
patriarchalischer Planung aus kapitalistisch-wilhelminischer
Zeit und ihrem modernen Gegenstück »vorgeblich sozialer
und demokratisch fortschrittlicher Architektur« zu Besuch
war, so: »Wie ist solch ein Nebeneinander von ästhetischer
Oase und Wüstenei möglich?« Mit der Oase war das alte
Krupp-Viertel gemeint.

Die Unterschiede waren augenfällig: Auf der alten Mar-
garethenhöhe hatte jedes Haus einen Garten, wir hatten
Wiesen zwischen den Hochhäusern und einen Garagenhof.
In der Mitte der alten Siedlung liegt der Marktplatz mit
dem Schatzgräber-Brunnen (Eigenlob der Stifterin: »Grabt
Schätze nicht mit Spaten, sucht sie in edlen Taten«), in der
Mitte der neuen Siedlung steht ein Heizkraftwerk, immerhin
nur ein kleines.

Ein paar Meter unterhalb des Heizkraftwerks gibt es einen
Supermarkt, und am Rand des Neubaugebiets liegen Friseur,
Apotheke und Sparkasse, früher auch noch eine Filiale der
Deutschen Bank. Die ist inzwischen verschwunden, erst
war ein Solarium in den Räumen, dann zog ein Getränke-

markt ein. Einziger Treffpunkt war der Pommeswagen, der alle paar Tage für den Nachmittag am Supermarkt hielt. Die Autobahn am Nordrand hört man nur ein wenig, da wurde zum Lärmschutz ein Erdwall aufgeschüttet. Und wenn die Bäume auf dem Wall Blätter tragen, sieht man die A52 nicht einmal.

Die neue Margarethenhöhe war eigentlich ein typisches Ruhrgebietsviertel: Eine Menge Waschbeton, Glasbausteine, Blech und Sicherheitsglas wurden an einer bislang unbebauten Stelle abgeladen. Die Planung dieses architektonischen Stumpfsinns konzentrierte sich wohl auf Tiefgaragen, Garagenhöhe und Stellplätze, so dass die Bewohner schnell abhauen konnten.

Es gab einen eigenen Kindergarten für unsere neue Siedlung, die Grundschule war für das ganze Viertel. Banden bildeten sich nicht, vielleicht wurden die Schüler aus der neuen Siedlung absichtlich auf verschiedene Klassen verteilt, vielleicht lief es zufällig friedlich ab. Jedenfalls spielte ich bald mit den Kindern vom alten Teil. Rückblickend fällt mir auf: Im Kindergarten auf der neuen Höhe gab es Aussiedler aus Polen und der Sowjetunion, aber Türken, Italiener, Griechen oder Iraner lebten weder im alten noch im neuen Teil.

Diese anderen Einwanderer habe ich erst im Gymnasium kennen gelernt. Da war ich zum ersten Mal in Frohnhausen unterwegs, einem Stadtteil zwei Kilometer nördlich der A40, und habe zum ersten Mal türkischen Pop gehört. In dem Viertel wohnte ein Schulkollege, nur ein paar Straßenbahnhaltestellen weiter, als ich mit meinen Eltern sonst auf der Strecke gefahren bin. Manchmal nahm mich mein Vater zum türkischen Gemüseladen mit, da musste man vor der A40 aussteigen, die die Stadt teilt.

Frohnhausen beginnt an der Autobahn, in der ersten Reihe am Betontrog sind in einigen heruntergekommenen

Häusern die Fenster im Erdgeschoss notdürftig zugemauert, da unten will niemand wohnen. Die sozialen Unterschiede auf kleinstem Raum sind extrem hoch. Berliner Stadtforscher haben zweitausend Anwohner der A40 befragt, Ergebnis: Von denen, die direkt an der Autobahn leben, sind siebenundzwanzig Prozent Sozialhilfeempfänger, in der zweiten Häuserreihe sind es nur neun Prozent. Ein paar Minuten Fußmarsch Richtung Norden, vorbei an der Kneipe Anyway, die genug junge Menschen für Swing-Abende anzieht, wird es besser, die günstigen Mieten locken Studenten. Und noch ein Stück weiter kann sich der Kölner Hof halten, ein ausgezeichnetes Gourmetrestaurant mit Lammnüsschen, Kalbsnierchen und so weiter.

Die Städte sehen so verwirrend aus, weil sie recht planlos unter dem Primat der Industrie entstanden und sich alles ständig verändert: Die Krupp-Werke, in denen mal ganz Frohnhausen gearbeitet hat, sind beispielsweise Vergangenheit. Solche Umbrüche bemerken die Einwohner ein paar Kilometer weiter gar nicht. Strukturell hat sich im Essener Süden, etwa in Bredeney oder auf der Margarethenhöhe, weniger geändert als in den nördlichen Vierteln, wo die letzten Zechen und Kokereien in den achtziger Jahren schlossen, nicht schon in den Fünfzigern. Wo der Strukturwandel zuletzt angekommen ist, sieht es trostlos aus, die Arbeitslosigkeit ist höher und das Durchschnittseinkommen geringer.

Inzwischen kommen Menschen von außerhalb auch in diese Viertel, weil dort zur Industriekultur ausgerufene Ruinen wie das Zollvereingelände in Essen oder der Landschaftspark Duisburg-Nord stehen.

Früher kam so schnell niemand auf die Idee. Als ich zum ersten Mal in den Essener Norden fuhr, zu dem oben schon erwähnten Punk-Konzert in der Zeche Carl fuhr, betrachtete ich aus der Straßenbahn erstaunt mir völlig unbekannte

Straßenzüge. Dieses Nebeneinander war früher noch extremer ausgeprägt. Stephan Holthoff-Pförtner, in den siebziger Jahren Kreisvorsitzender der Jungen Union in Essen, erinnert sich an einen Ausflug der Jungen Union Bredeney: »Sie kamen auf die Idee, eine Busfahrt unter dem Motto ›Die Junge Union in Bredeney besucht den Essener Norden‹ zu machen. Ich war fassungslos, als ich das gehört habe. Ich habe gedacht: ›Geht's noch? Das ist ja wie ein Zoobesuch.‹ Aber die fuhren los, die Junge Union in Bredeney. So war das Bewusstsein. Ich hab an der Fahrt nicht teilgenommen.«

Heute setzt man sich einfach im Essener Süden in die Straßenbahn 107, in der Nähe der Villa Hügel mit ihren zweihundertneunundsechzig Räumen und den achtundzwanzig Hektar Park. Auf der siebzehn Kilometer langen Strecke nach Norden führt die Linie von Bredeney bergab zum Gelsenkirchener Hauptbahnhof, durch Villenviertel und Flaniermeilen, vorbei an stillgelegten Kokereien, Arbeitersiedlungen ohne Arbeit und an einer der letzten Trabrennbahnen.

Am Fuß des Bredeneyer Berges gleiten Gründerzeitvillen vorbei, an der Grenze zu Rüttenscheid Werbeagenturen, IT-Dienstleister. Dann taucht die Straßenbahn unter die Erde, eine Ruhrgebietsbesonderheit: Manche U-Bahnen fahren hier oberirdisch, einige Straßenbahnen einen großen Streckenabschnitt unter der Erde.

Die 107 schlängelt sich unter Rüttenscheid hindurch, das man aber unbedingt auch über Tage erkunden sollte: Am Straßenrand sitzen auf gut zwei Kilometern Menschen beim späten Frühstück draußen, zum Teil unter japanischen Kirschbäumen, mittags bieten ein paar Dutzend Brasserien frische, unverwechselbare, recht günstige Gerichte zur Auswahl an, und am Abend lohnt sich ein Abstecher in die Seitenstraßen, da findet man unverhofft zwischen Altbauten in einem Keller das Kino Galerie Cinema (fünfundvierzig

Plätze, das Wohnzimmer für die Filmvorführer nebenan ist fast so groß wie der Kinosaal), im Goethe-Bunker, die großartige Bar Fcuk Yoga, wo es unter Lüstern, zwischen unverputzten Backsteinwänden handwerklich perfekte Klassiker und fantastische Erfindungen des Barkeepers wie Le Gourk gibt. Le Gourk? Gin, Gurke, Holunder, Zitrone, Apfel.

Ab Hauptbahnhof verändert sich die Mischung: weniger Anzüge, mehr Baseballkappen. Der italienische Papa in seiner dick wattierten Jacke erklärt seinen kleinen Jungs, warum sie die Pudelmützen auf lassen sollen, und gibt nach langem Hin und Her doch nach. Ein älterer türkischer Herr mit Fischgrätmantel und Spazierstock versucht, das Klingeln seines Mobiltelefons zu aktivieren, es vibriert nur, er blickt auf, hebt die Schultern und lächelt peinlich berührt.

Nördlich der Essener Innenstadt taucht die 107 wieder aus dem Tunnel auf. Alte Herren stehen auf dem Bürgersteig an einem Trafokasten, auf dem haben sie ihre Pilsflaschen abgestellt, um beim Gespräch besser gestikulieren zu können. Richtig im Norden angekommen ist man, wenn die Straßenbahn nach der Stiftskirche den Stoppenberger Kapitelberg hinunterrollt. Der Blick geht auf das Gelände der Zeche Zollverein. Blasen etwa Kühltürme, Gasfackel, Schornsteine noch etwas in die Luft? Nein, nur die Wolken hängen tief. Und reißen plötzlich auf, zwischen ihnen leuchtet blauer Himmel. Industriekulturidylle.

Auf der Strecke nach Gelsenkirchen fährt die 107 an Zechensiedlungen vorbei: Glückauf, Meerbruch, Ottekampshof. Hier steht in manchem Garten noch ein Taubenschlag. Vor Jahren saß ich mal sonntags mit den alten Taubenvätern in der »Zollverein Klause« beim Bier und schaute, wessen Tauben gewinnen. Einen der Züchter hatte ich donnerstags auf der Trabrennbahn getroffen, und als ich hörte, dass es hier noch richtige Taubenväter gibt, musste ich hin.

Auch das ist so ein Nebeneinanderherleben: Im Süden der Stadt waren die Taubenschläge längst aus den Gärten hinterm Haus verschwunden, im Norden war das noch Teil der Alltagskultur. Ich habe bei einem Zollverein-Bergmann – er ging mit dreiundfünfzig in Rente, ein Jahr, bevor seine Zeche dicht gemacht wurde – den ersten Taubenschlag meines Lebens gesehen, da war ich siebzehn.

An dem Sonntagvormittag in der »Zollverein Klause« erzählte mir ein Neunundsiebzigjähriger mit dem Pils in der einen, dem Spazierstock in der anderen Hand: »Das stirbt langsam aus. Früher wohnte hier jeder Zweite im Zechenhäuschen mit Stall. Da konnte man ohne Probleme Tauben halten. Aber die Leute wollen das heute nicht mehr. Mein Sohn findet, ich soll die Tiere weggeben. Aber sie sind das Einzige, was mir geblieben ist. Die paar Jahre wird es wohl noch gehen.«

Das ist zwölf Jahre her. Der Mann ist höchstwahrscheinlich tot, die Brieftaubentradition verschwindet, aber es gibt noch immer Viertel, in denen sie noch nachklingt, etwa in Essen-Katernberg oder Gelsenkirchen-Buer. Die Trabrennbahn in Gelsenkirchen war zwischendurch pleite, aber es finden immer noch Rennen statt, eines am Wochenende für die ganze Familie, eines abends unter der Woche. Schon Ende der Neunziger war die Oppa-Fraktion bei Rennen in der Mehrheit: Strickjacke, Hut, im Sommer zu enges Polohemd, ganzjährig Schlabberbundfaltenhosen.

Die Cracks gingen gar nicht raus, sie hockten neben der Wettannahme auf weißen Plastikstühlen im Untergeschoss und verfolgten die Rennen – wenn überhaupt – auf dem Bildschirm. Nach kurzer Zeit lagen überall auf dem Boden verstreut blassgelbe Zettel, die auf die Falschen gesetzt waren. Die alten Männer standen nur auf, um die erfolgreichen Wettscheine abzugeben und dann einen Schlenker zum

»Treffpunkt am Ziel« (Bier) oder der »Bratwurst-Ecke« zu machen. Ich kam oft mit einem Kollegen aus der Schule, Klaus, der als Kind mit seinen Eltern hier Pferde guckte. Wir wetteten zwanzig, dreißig Mark, verteilt über viele Rennen – meistens spielte ich den Einsatz, ein Bier und eine Bratwurst ein.

Zehn Jahre später ist die Rennbahn unverändert, nur etwas leerer. Dinslaken am Donnerstag ist besonders traurig: In der riesigen Wetthalle hocken vereinzelt Grüppchen beisammen, vielleicht siebzig, achtzig Männer, dazu noch ein paar verteilt auf Kneipen und Restaurants. Einige Türken Mitte zwanzig wetten konzentriert, ein Teenagerpärchen steht draußen und guckt den Pferden hinterher.

Mit all den Sulkyfahrern und Helfern und Kassierern und Bierausschenkern sind gefühlt genauso viele bezahlte wie zahlende Leute da – die anderen wetten von Zuhause aus oder im Wettbüro oder gar nicht mehr.

Wer wirklich im Ruhrgebiet leben will, nicht nur in Essen oder Bochum oder Dortmund, kommt nicht ohne Auto aus. Ich habe es ein Jahr ohne versucht, aber ich kam da kaum aus Essen heraus. Einmal stand ich nachts am Dortmunder Hauptbahnhof, zu dem wir vom Cosmotopia in der Nordstadt schon gelaufen waren, weil kein Bus fuhr. Weder ein Regionalexpress noch eine S-Bahn fuhr in den nächsten zwei Stunden, und so nahmen wir ein Taxi durchs Revier.

Ich habe als Kind schon den Nahverkehr im Ruhrgebiet erlebt, und mein wesentlicher Eindruck hat sich seitdem nicht geändert: Durcheinander. Wenn man nicht nur die Anbindung zur »Stadt«, also dem Zentrum der eigenen Gemeinde, betrachtet, sondern das Ruhrgebiet als Ganzes, verlaufen die Strecken genauso planlos, wie die Stadtlandschaft gewachsen ist.

Die Bahn fährt meistens dorthin, wohin man nicht will. Wollten wir Baldeneysee im Süden, mussten wir mit der U-Bahn nach Norden, am Hauptbahnhof in die S-Bahn umsteigen und wieder nach Süden fahren. Überall im Pott kommt man relativ gut ins Zentrum einer Stadt, von dort auch zum Hauptbahnhof einer anderen Stadt (außer nachts), und von dort geht es irgendwie ans eigentliche Ziel. Die Linienführung ist eine Erinnerung an jene Zeit, als die Ruhrstädte noch nicht ineinandergewachsen waren.

Bundesstraßen und Autobahnen und Schleichwege hingegen durchziehen das ganze Ruhrgebiet – es gibt keine zentrale Ost-West-Achse wie beim Nahverkehr. Die Folge: Autoabhängigkeit und Autobegeisterung sind im Ruhrgebiet extrem ausgeprägt mit Tuner-Treffen, Oldtimer-Touren und überall Schrauberbuden.

Die Motorradbastler treffen sich bei »Karl am Kanal«, am privaten Motorradmuseum des Exbergmanns Karl Rebuschat im Niemandsland zwischen Gelsenkirchen Horst, Heßler und Schalke, Autofahrer versammeln sich auf Zollverein beim Oldtimer-Treff. Nach einem Jahr Pendelei von Dortmund nach Essen hat mein damaliger Büronachbar, der jeden zweiten Tag begeisterte Geschichten über den Regionalexpress erzählte, kapituliert und den Führerschein gemacht.

Der Vergleich mit der Verkehrsstatistik andernorts gibt ihm Recht: Einer Untersuchung der Wirtschaftsförderung Metropole Ruhr nach war der Anteil der im Ruhrgebiet mit dem ÖPNV zurückgelegten Strecken (elf Prozent im Jahr 2006) erheblich kleiner als in München (zweiundzwanzig Prozent) oder Greater London (neunzehn Prozent). Achtundsechzig Prozent der täglichen Strecken legen die Menschen im Ruhrgebiet mit ihrem Auto zurück, in München einundvierzig, in Greater London fünfzig und in Amsterdam gerade mal vierunddreißig Prozent (Fahrräder!). Warum die Menschen hier so selten im Regionalexpress sitzen, erklärt vielleicht die Zahl der Kilometer, die Nahverkehrsfahrzeuge insgesamt pro Jahr und Einwohner abfahren. Dieser Wert bezieht auch ein, wie oft auf den Strecken etwas unterwegs ist, und dieser Kilometervergleich fällt schlecht aus: Siebenundachtzig Fahrzeugkilometer im Jahr sind es hier, einhundertsiebenundfünfzig in Greater London, einhunderteinundzwanzig in München.

Am Steuer fühlt sich das Ruhrgebiet mondän an: Einmal auf dem Autobahnkreuz Duisburg-Kaiserberg unter zwei Brücken durch, auf einer Brücke über die Autobahn hinweg, und man fühlt sich wie in J.G. Ballards Roman *Crash*. Oder nachts auf dem Ruhrschnellweg zum Konzert in die Westfalenhalle nach Dortmund, auf dem Rückweg nach Essen blickt man auf die leuchtende Skyline der RWE- und RAG-Hochhäuser und ist zuhause. Dreißig Minuten bis Düsseldorf oder zum Spargelessen ins Münsterland, in zweieinhalb Stunden an die Nordsee.

Vielleicht sagt man ja im Ruhrgebiet irgendwann einmal »Ich fahr in die Stadt« und meint Amsterdam, aber irgendwie glaube ich nicht daran. Bis jetzt ist hier noch jeder, der länger blieb, Lokalpatriot geworden: Rüttenscheider, Ehrenfelder, Kreuzviertel-Bewohner, Werdener oder sonst etwas.

AUSBLENDEN, BITTE! »Frank!«, rief mein Vater: »Komm hea, kanns dian Fünfer verdienen!«

Die freundliche Aufforderung war natürlich ein Ultimatum, Widerspruch nicht vorgesehen. In den Siebzigern fragten Eltern ihre Kinder nicht, sie teilten ihnen mit, was zu tun war. Umso besser, wenn dabei etwas herumkam. Wobei der Heiermann – so hieß das begehrte Fünf-Mark-Stück – zuweilen sauer verdient war.

Schnell war mir klar, worum es diesmal ging: Der Ford sah aus, als hätte man ihn mit Schweißperlen beschossen, auf Dach, Motorhaube und Kofferraumdeckel prangten metallisch schimmernde Pocken. Das würde ein Knochenjob, und wie die Mistdinger dahin gekommen waren, wusste ich auch. Mit Pech oder Zufall hatte das wenig zu tun. Eher schon mit dem Heiermann – oder präziser: einem kleinen Haufen Heiermänner.

Denn zum Glück gab es einst im Ruhrgebiet Möglichkeiten, sich die Kasse aufzubessern, wenn da gerade Ebbe herrschte. Gemeint ist nicht, mit dem wohlgefüllten Sparschrank des örtlichen Kneipen-Sparclubs durchzubrennen: Das Privileg, die mitunter fünfstelligen, meist über die Laufzeit eines Jahres zusammengesoffenen Beträge illegal einzusacken, war und ist den Wirten vorbehalten, die kurz vor dem Bankrott stehend Fersengeld geben. Es gibt Leute, die nennen die skurrilen Sparkästen darum auch »Insolvenzversicherung«.

Für den gemeinen Arbeiter gab es nur wenige akzeptable Möglichkeiten, den eigenen Kassenstand aufzubessern. Überstunden und »Montage« – weg von Zuhause, dann zahlte das Stahlwerk die sogenannte Auslöse – schieden in akut drängenden Fällen aus, denn dieses Geld sah man erst im Folgemonat. Immerhin brachten Montageeinsätze in den goldenen Zeiten ein sattes Zusatzeinkommen. Heute gibt es dreiundzwanzig Euro Spesen pro Kalendertag, von denen allein fürs Essen dreißig draufgehen. So ändern sich die Zeiten.

Doch mitunter bot ausgerechnet die unmittelbare Nachbarschaft von Wohnungstür und Tor 1 kleine Vorteile.

Tor 1 meint kein konkretes Tor, stets und überall im Ruhrgebiet ist das die Bezeichnung des Hauptors, des Haupteingangs einer Schwerindustrieanlage. Mannesmann hatte so ein Tor 1, wo immer der Konzern vertreten war, Thyssen und Krupp, Babcock oder die Ruhrchemie – und natürlich jede Zeche. An Tor 1 saßen Pförtner, die wussten, wen sie anrufen mussten, wenn man mit einer Beschwerde kam.

Ein typisches Tor 1 war der Haupteingang zur August Thyssen-Hütte in Duisburg Nord, deren Werksgelände sich von Hamborn über Schwelgern und Beeck bis nach Laar erstreckte – eine Stadt in der Stadt mit eigenem Nahverkehrs-netz, mehreren Hundert Kilometern Gleisen und rund acht Kilometern Rheinufer.

Der Kernbereich des Stahlwerkes umfasste ungefähr vier-undzwanzig Quadratkilometer. Für Menschen ohne Werks-ausweis Terra incognita: Sehen konnte man das allenfalls von fern aus erhöhter Perspektive, wenn man die Berliner Brücke über die Ruhr und die Ausläufer des Binnenhafens überquerte oder auf dem Alsumer Berg am Rhein stand – die einzige nennenswerte Erhebung der Stadt, die keine Industrie-Abraumhalde war. Der Berg ist das, was von dem Ort Alsum übrig blieb, als man ihn planierte und gen Rhein zusammenschob, um Platz für die Expansion des Thyssen-Geländes zu schaffen.

Von seinen Höhen sieht man hinab auf eine immer damp-fende, stinkende Gegenwelt in Stahlgrau. Dicht an dicht drängen sich die Silhouetten von Warmwalzwerk und Koke-rei, weiter weg die des berühmten Schwarzen Riesen, damals einer der größten Hochöfen der Welt. Überall gaste es ab, hier und da flammte es, streng roch es immer. Was die Werke dort in der Arbeitswelt abließen, schlug sich auf der anderen Straßenseite in der Wohnwelt nieder, wo sich im Abstand weniger Meter die ersten Siedlungen an das Werksgelände schmiegten. Als Kind glaubte ich, dass die Straßenlaternen dort zweifarbig lackiert seien: grün von der einen Seite, rost-rot von der anderen. Rostrot waren auch die Fensterscheiben aller Gebäude ringsum, die ich junger Naivling damals für verspiegelt hielt. Dabei waren die nur abgasbeschichtet.

Das Rot kam mit dem Wind und dem Regen als schwefelhaltiger, rostig-ätzender Auswurf der Werke. Die vermeintliche Zweifarben-Lackierung der Laternen entsprach also dem Moosbewuchs von Bäumen im dichten Wald: An ihm erkennt der Förster, wo Norden ist. Der Ruhrgebietler wusste hingegen, dass die Schwefelseite der Straßenlaternen stets nach Westen zeigt. Denn West ist über das Jahr die vorherrschende Windrichtung.

Wer also östlich eines Industriegeländes lebte und Wert auf saubere Fenster legte, konnte täglich putzen. Ab und zu aber ergab sich aus der Nachbarschaft zu den Schloten aber auch finanzieller Fallout. Um sich an einem Tor 1 ein kleines Taschengeld abzuholen, musste man nur bei günstigem Wind direkt vor einer Dreckschleuder parken – idealerweise über das Wochenende. »Dann blasen die den ganzen Scheiß ab«, erklärte mir mein Vater einmal. Der »Scheiß« setzte sich im konkreten Fall als schwefelige, kleine Kügelchen auf dem Dach unseres Ford 12M ab. Meckerte Vater dann noch am Tor 1: »Guck dia den Scheiß ma an! Wie soll ich dat je widda abkriegn?«, zückte der Pförtner mit ein bisschen Glück einen Schein aus der Schweige- respektive Autowäschekasse und sagte: »Un jezz sieh zu, datte Land gewinns. Lass dich nich widda blickn!«

Ich habe solche Sachen im Pott zuletzt Anfang der neunziger Jahre als Hilfsarbeiter in einem Chemiewerk erlebt. Da ließ die Werksleitung jeden Freitag sonst teuer zu entsorgende, ammoniakhaltige Abfälle direkt per Kanal in einen Bach entsorgen, weil »dat Bundesumweltamt ab Freitagmittag nich mehr messen kommt«.

Dass ich das damals nicht mitmachen wollte und diese Arbeit verweigerte, hat man mir als Akademikerspinnerei angekreidet (ich war als Student sechs Monate im Jahr als Zeitarbeiter unterwegs): Der Herr war sich offenbar zu fein für die miefige, aber nötige Arbeit. Sonst hätte man die Entsorgung ja bezahlen müssen, und so was kostet Geld. Weniger Geld heißt weniger Jobs, wer wollte schon so ein Risiko eingehen?

Zum Umweltschutz hat der gemeine Pöttler eben ein ambivalentes Verhältnis. Er liebt das Grün und weist darauf hin, wo immer es gedeiht. Aber gesund ist es eher woanders: Wofür fährt man sonst in Urlaub? Wenn uns das Gift um die Nase weht, in die Gärten regnet, den Autolack zerfrisst, verbuchen wir Pöttler das als Kollateralschaden der Arbeit, denn die Schlote müssen rauchen. »Die Feuer verlöschen nie« heißt die legendäre, Ende der sechziger Jahre herausgegebene Chronik des Thyssen-Konzerns.

Anders gesagt: Wenn es nicht mehr stinkt, geht es abwärts. Dann gibt's Arbeitslose, dann ist Schluss mit dem Revier. Blauer Himmel, saubere Luft und eine Umgebung, die man nicht alle zwei Tage dampfstrahlen könnte, erscheinen in dieser Logik als Vorzeichen des Untergangs. Was liegt also näher, als sich den Mist in seiner Lebenswelt schön zu lügen und ansonsten das Beste daraus zu machen?

Wer heute im Web zum Beispiel nach Spuren der Kokerei August Thyssen sucht, wird problemlos fündig. Zahlreiche Industrienostalgiker, Fotografen und Heimatgeschichtler gönnen ihr Websites. Kein Wunder: Die – bezogen auf ihre Produktionsmengen – zeitweilig größte Kokerei der Welt brachte es auf hundert Jahre Betriebsdauer und gehörte zu den Keimzellen der Stahlindustrie im Ruhrgebiet.

So erfährt man viel über diesen Ort, an dem Kohle verkokst wurde, um den Brennstoff für die Hochöfen zu liefern. Man liest über die Ansiedlung der Arbeiter in Bruckhausen, in direkter Nachbarschaft zum Werk. Man erfährt beeindruckende Zahlen und dass in den Neunzigern das Ende begann – mit einer sukzessiven Schließung, die sich von 1998 bis 2005 zog. Mehrere Hundert Arbeiter verloren ihre Jobs, viele kamen später aber in der moderneren Kokerei Schwelgern unter. Und immer schwingt Bedauern mit über das Ende eines Stückes Industriegeschichte.

Dagegen muss man sich einige Mühe geben, um im Web herauszufinden, warum die Kokerei nach langem Zank damals geschlossen wurde: nicht zuletzt wegen des Giftes.

Jahrzehntelang hatte sie ihr Umfeld mit Feinstäuben, Benzol und Benzoapyren, Arsen, Cadmium, Nickelstaub und Ruß eingedeckt. In den Siebzigern und Achtzigern wuchs zwar das Problembewusstsein, es änderte sich aber zunächst wenig. Immerhin wurde die Wasserablöschung des Koks, bei der kontaminierter Dampf einfach in die Umwelt entlassen wird, 1984 durch das sogenannte Trockenverfahren mit einem Kühlgas ersetzt. Die Belastung mit Stoffen, die anderenorts per Gesetz zur sofortigen Einstellung des gesamten Autoverkehrs führen würden, blieb im Duisburger Norden trotzdem bis 1996 auf krass erhöhtem Niveau – nicht nur wegen der Kokerei, aber sie hatte ihren messbaren Anteil.

Möglich war das nur, weil (fast) alle wegsahen. Man maß die Schadstoffbelastung einfach nicht werknah, sondern nur in gehörigem Abstand. Es wäre nur sehr schwer möglich, dafür einen Verantwortlichen zu finden. Den gab es wahrscheinlich nie: Das Wegsehen war ein kollektives Verhalten. Man wollte nicht wissen, was da abging. Die wenigen, die sich über Jahrzehnte in Bürgerinitiativen engagierten, die etwas wissen wollten über die Ursachen der im Revier häufigen Erkrankungen, können ein Lied davon singen. Es ist eine Sache, die Wohnumwelt verbessern zu wollen. Es ist eine andere Sache, wenn das zu Werksschließungen führt.

Obwohl der Kokereikomplex eine der größten Dreckschleu-
dern im nördlichen Ruhrgebiet war, gab es in seinem Umfeld
keine Messstationen des Umweltamtes. Die zwei, mit denen
die Luft des Raumes Duisburg Nord zu dieser Zeit überwacht
wurden, lagen Kilometer entfernt und – zufällig? – nicht in
der Hauptwindrichtung: Die nächste sogenannte MILIS-
Messstation stand in acht Kilometern Abstand. Zudem leiste-
ten sie keine Dauerüberwachung, sondern waren auf Stichpro-
ben ausgelegt. Das erleichterte es ungemein, nichts zu finden.

Als man das Mitte der Neunziger endlich änderte, war
man ganz überrascht, dass die gesetzlichen Normwerte für
bestimmte Schadstoffe jeden Tag bis um den Faktor 20
überschritten wurden. Am 19. Oktober 1996 berichteten die
Zeitungen des *WAZ*-Konzerns über erste, in der Nähe der
Kokerei erhobene Messwerte: »Wenn man die Mittelwerte
kennt, stockt einem der Atem: Für den September hat die
Station einen Durchschnittswert von 22 Mikrogramm Benzol pro Kubikmeter Luft gemessen. Nach Zielwerten sollten
2,5 Mikrogramm nicht überschritten werden. Bei 15 Mikrogramm soll nach Aussagen des Landesumweltamtes sogar der
Verkehr lahmgelegt werden.«

Demnach hätte das Umfeld der Kokerei also zur perma-
nent Autofreien Zone werden müssen. Die Sache empörte
trotzdem nur wenige Menschen: Der Deal, jede Gesund-
heitsgefährdung, jede stinkende Zumutung stillschweigend
hinzunehmen, um keine Arbeitsplätze zu gefährden, ist so
alt wie das Ruhrgebiet.

Die Wohnlage Duisburg Nord war über die Jahrzehnte
eines der am stärksten mit karzinogenen Stoffen belasteten
Gebiete, viele Böden sind bis heute regelrecht toxische Flächen, die als Ackerbauflächen keine Zulassung bekommen
würden. Allerdings darf man dort Häuser bauen. Und gärt-
nern.

»Sach ma«, fragte ich mit zunehmender Irritation, »höast du mia eigentlich zu?«

»Mmmmhhh«, antwortete mein Vater, ohne von seinem Teller aufzusehen. Es war Mitte der Neunziger, die Ruhrgebiets-Presse – notorisch obrigkeitshörig und stets bereit, wegzusehen – hatte endlich das Thema der Giftemissionen aufgenommen.

»Die gasen euch hia ein, und ihr baut Tomaten an auf dem Scheiß.«

»Un die sin lecka!«, warf mein Vater ein. »Willse noch eine?«

»Uns geht et doch gut«, meldete sich meine stets um Vermittlung bemühte Mutter zu Wort, »und außerdem kann man dat doch nich ändan. Denk doch auchma an all die ahm Leute, die jezz keine Aabeit mehr ham.«

»Reg dich nicht auf«, flüsterte meine Frau, »hat doch kein Zweck.«

Hat doch kein Zweck: Sollte man zum Motto erheben, als Leitspruch und Mantra auf eine noch zu entwerfende Ruhr-Metropolen-Flagge sticken, jedem Pöttler und Ruhri noch im Kreißsaal auf die Stirn tätowieren: Hat doch kein Zweck. Reg dich nicht auf. Woanders is auch Scheiße.

Diese fatalistische Mentalität, über die du, Konrad, dich auch aufregst, ist das Resultat einer Formung über Generationen. Sie kommt aus einer Arbeitswelt, in der es nur zwei Arbeitgeber gab: Kohle und Stahl. Hatte man beim einen verschissen, konnte man noch zum anderen gehen. Hatte man bei beiden verschissen, hatte man verloren: Dann wurden die Arbeitswege lang, dann wäre Pendeln angesagt gewesen. Und sowas macht der Pöttler nicht.

Dann lässt er sich lieber fallen und zelebriert sein Opfertum. Wohnen in Duisburg, arbeiten in Essen? Früher undenkbar: »Bin ich bescheuert?« Ansonsten gilt, dass der

Ruhrmensch auf »die da oben« vertraut und immer jemand anders in der Bringschuld sieht. Laufen die Dinge falsch, muss das einer richten, der nicht »kleiner Mann« ist: Betriebsrat, Bürgermeister, Staat. Dessen Büttel, dank der Parteilisten oft unabwählbare Lokalfürsten, hofierte man wie kleine Könige, selbst wenn jeder wusste, dass diese Flachflieger ihre Stadtbezirke oft genug beackerten wie Erbhöfe.

Es ist ein Deal, der an das Lehnswesen des Mittelalters grenzt. Ich gebe dir mein Leben, meine Gesundheit, du gibst mir Schutz und sicherst mein Auskommen. Meine Lunge gegen deine Knappschaftsrente. Hirn gegen Arbeit. Wen wundert es da noch, dass es der Kohlelobby gelang, die Zechen selbst dann noch offen zu halten, als es volkswirtschaftlich gesünder gewesen wäre, alle Bergarbeiter auf Lebenszeit mit 5000 Euro Rente nach Mallorca zu evakuieren, als weiter das Ruhrgebiet zu unterkellern?

Wenn vor Ort keine Arbeit ist, dann muss man dem Ruhrgebietler eben Arbeit bringen. Pendeln oder gar wegziehen? Für viele undenkbar. Man hat sich vor Ort arrangiert mit allem Unbill, da ist »man« ihm doch etwas schuldig, oder?

Es ist mitunter zum Mäusemelken mit dieser Mentalität. So großschnauzig wir Pöttler daherkommen, so duckmäuserisch sind wir gegenüber dem, was wir für Autorität halten. Wir halten still, wenn wir Missstände sehen, die zwar Umwelt und Körper gefährden, aber den Bestand des alten Deals sichern. Wir sind Weltmeister im Ausblenden.

SCHLUSSWORT: DAT SCHÖNSTE AM WEIN IS DAT PILSKEN DANACH Es gibt einen unbestreitbaren Zusammenhang zwischen dem Charakter einer Region und den Charakterköpfen, die sie hervorbringt. Prominente Bayern oder Hanseaten stehen immer auch stellvertretend für die Gegend, aus der sie kommen. Die Antwort auf die Frage: »Was ist das für ein Typ?«, lässt oft Rückschlüsse zu auf den Ort und die Verhältnisse, aus denen er oder sie kommt. Die Kultur unserer Lebenswelt spiegelt sich in unserem Wesen.

Das kann man auch umdrehen.

Dem Ruhrgebiet haben die Eigenschaften seiner Menschen ein paar durchaus erstrebenswerte Attribute eingebracht: Bodenständigkeit, Humor, Direktheit, Pragmatismus, eine raue Herzlichkeit werden mit dem Begriff Ruhr verbunden. Aber nach wie vor auch eine fast bäuerliche Grobheit, ein Mangel an Bildung und Kultur, Weltläufigkeit und Manieren. Wahrscheinlich stimmt das alles, im Guten wie im Schlechten: Wer es sucht, wird es finden. Wer es nicht finden will, wird sich ebenfalls bestätigt finden.

Denn »das Revier« als einheitlichen Raum mit Zusammengehörigkeitsgefühl gibt es so wenig wie »den Pöttler« oder »den Ruhri«. Das Ruhrgebiet hat in den letzten einhundertfünfzig Jahren grundverschiedene Typen hervorgebracht. Prominente von der Ruhr sind beispielsweise Christoph Schlingelsief, Otto Rehhagel oder Dieter Nuhr. Fritz Eckenga und Dietmar Bär, Stan Libuda und Hape Kerkeling gehören in die Liste, auch der frühe Software-Guru Kai Krause. Peter Scholl-Latour kommt aus Bochum, Jens Lehmann aus Essen, Sönke Wortmann aus Marl. Was aber auffällt: Gemessen an anderen Regionen der Nachbarschaft (etwa Köln oder Düsseldorf) brachte das Revier relativ wenig große Kreative hervor, wenig einflussreiche Politiker auch. Das trägt zu einem leider traditionsreichen Minderwertigkeitskomplex bei, den man mit: »Wir sind nix, wir haben wenig und sprechen wir auch noch falsch«, zusammenfassen könnte.

Was noch auffällt: Die Kreativen und Geistesgrößen, die das Revier hervorbrachte, gingen oft früh weg und machten anderenorts Karriere. Selbst der vermeintlich ewige Bochumer Grönemeyer, der übrigens in Göttingen geboren wurde, lebt seit mehr als einem Jahrzehnt in London und Berlin. Singt er deshalb »Tief im Wessss-tehen«, obwohl Bochum im äußersten Osten des Ruhrgebiets liegt?

Aber das ist natürlich Polemik: Der Brain-Drain des Potts, das Abwandern von Talenten hatte immer damit zu tun, dass seine Arbeitswelt eine von Schwerindustrie und Kohle dominierte Monokultur war. Das Revier war kein gutes Pflaster für Talente anderer Art.

Und es war immer das Gegenteil von mondän, auch das ist Teil der Lebensart. »Einen Dicken maakieren« Ruhris nicht gern. Ball flach halten ist eine Tugend. Wozu außerdem den Charakter der Städte verändern: »Wa müssen uns doch nich schämen?!«

Vielleicht sind die Prominenten, die das Bild des Potts prägten, deshalb vorzugsweise »Arbeitertypen«. Weil nur blieb, wer passte? Weil nur solche populär wurden? Weil die prominenten Exil-Ruhris keine typischen Ruhris waren?

Keine Frage, dem Ruhri sind Ruhrdarsteller vom Schlage eines Jürgen von Manger (der aus Koblenz stammt und erst mit dreiundzwanzig Jahren ins Ruhrgebiet kam), eines Herbert Knebel, Atze Schröder oder Helge Schneider näher als die Vertreter der Hochkultur (oder selbst »unruhrige« Schauspieler wie Heinz Rühmann aus Essen). Politiker wie Günter Samtlebe, Oberbürgermeister von Dortmund von 1973 bis 1999 und Urheber des berühmten Zitats, das diesem Buch den Titel gab, oder Josef Krings (OB von Duisburg von 1975 bis 1997) waren »eina von uns«-Figuren, echte »Stadtväter« in dem Sinne, wie Johannes Rau noch einen »Landesvater« darstellen konnte. Geliebt wurden sie gerade dann, wenn sie mit der »kolligen Brotschnauze« des Potts Tacheles redeten, statt vorzugeben, mehr zu sein, als sie waren. »Dat Schönste am Wein«, soll Samtlebe gesagt haben, »is dat Pilsken danach.« Keiner seiner Sprüche wird öfter zitiert: Er ist fast die Essenz einer über vierundvierzigjährigen Politikerkarriere.

Solche Typen, die schmerzfrei von der Leber weg sagen, was ihnen gerade durch den Schädel geht, und auch auf glattem Parkett keck kleckern, ohne dass ihnen das peinlich wäre, liegen uns näher als ein Wolfgang Clement oder ein Otto Schily, die den Vollkontakt mit dem Ruhr-Volk niemals hinbekamen – der eine zu »bonzennah«, der andere zu intellektuell.

Dann schon lieber Führungspersonal vom Schlage eines längst mythischen »alten« Thyssen oder Krupp: Kultivierte, reiche Männer, denen der »kleine Mann« angeblich wie sonst nichts am Herzen lag. (Natürlich ist das Unsinn: Das waren beinharte Kapitalisten!) Deren Gattinnen Reha-Einrichtungen und Erholungsparks für die einrichteten, die sich in den Werken ihrer Männer zuschanden gearbeitet hatten. Die ihre Hand nährend und schützend über das arbeitende Volk hielten wie in grauer Vorzeit ein Lehnsherr.

Auch das sitzt noch tief drin: Der Ruhri will keine Manager, keine Machtpolitiker, sondern am liebsten milde Vaterfiguren vom Schlage eines Gustav Heinemann (knapp südlich des Potts in Schwelm geboren, aber zeit seines Lebens der Stadt Essen verbunden) »über« sich wissen. »Die da oben, wir da unten« ist eine Grundperspektive des Reviers.

Oder war es zumindest, denn natürlich sind die Dinge im Fluss.

Wir sehen das Revier heute anders. Es ist viel normaler, als es wahrgenommen wird, viel näher am Rest des Landes als früher. Noch ist es ärmer, immer noch ein wenig ungebildeter, chaotisch und zersiedelt, noch immer ist seine Infrastruktur unzureichend vernetzt. Noch immer braucht die schnellste Bahnverbindung zwischen Walsum und Gladbeck eineinhalb Stunden (in der Zeit könnte man bis Frankfurt fahren) bei viermal Umsteigen – mit dem Auto schafft man die fünfundzwanzig Kilometer in einer halben Stunde.

Das hat Tradition: Die Städte sind voneinander getrennt. Nur im Süden (wo das Geld sitzt und die Geschäfte gemacht werden) funktioniert die Ost-West-Bewegung durch den Pott. Der nördliche, industriell geprägte Teil mit seinen Arbeiterschlafstätten ist bis heute zweite Wahl.

Aber sonst hat sich viel geändert. Die Innenstädte wurden belebt (oder, wie im Falle des CenterO, quasi ausgelagert). Die Monokultur im Arbeitsleben hat einer stärker mittelständisch geprägten Wirtschaft Platz gemacht. Zwischen »denen da oben« und denen, die sich früher gern als »die da unten« sahen, schiebt sich auch im Pott ein Mittelstand.

Damit einher gingen Veränderungen des gastronomischen und kulturellen Angebots, das heute weniger provinziell und rustikal daherkommt, auch wenn das Revier mit seinen 5,5 Millionen Einwohnern nur drei Sterne-Restaurants hat. Im ebenfalls arbeitermilieulastigen, mit 3,4 Millionen Einwohnern »kleineren« Berlin sind es fünf. Düsseldorf, die Halbmillionenstadt am Ruhrgebietsrand, kommt auf vier Spitzengastronomien – die Sterne-Restaurantdichte dort liegt also um Faktor 14,4 höher als im Pott (die Reichendichte allerdings wohl auch).

Trotzdem: Es geht in jeder Hinsicht Richtung Normalität, und dazu gehört auch, dass durch Zusammenlegung und Verzicht auf Parallelsubventionierung mittelfristig die Zahl der großen Bühnen schwinden mag – denn davon hat der Pott eine Menge.

Seit Jahrzehnten versuchen Politik und Kultur im Revier, die Annäherung an die Normalitäten des Landes zu jeder sich bietenden Gelegenheit zu beweisen. Man kann das ganze Brimborium um die Kulturhauptstadt Ruhr2010 als

»Doch!« deuten: Fast krampfhaft wollte man beweisen, dass man *doch* Kultur hat und Kreativität, dass es *doch* schön und lebenswert sein kann zwischen Ruhr und Emscher, dass es *doch* gute Zukunftsaussichten gibt für die zerrissenen, von einem Vierteljahrhundert Strukturwandel gebeutelten Städte.

Aber das stimmt nicht immer und überall: Ja, es gibt Regionen an der Ruhr, die entwickeln sich und wachsen in jeder Hinsicht. Sie sind kreative Hotspots, in denen kulturelle Trends gesetzt werden, in denen Wirtschaft und Forschung boomen. Es gibt andere, da sinkt die Einwohnerzahl, die vergreisen und verelenden, da steigt die Kriminalität auf ein in Deutschland ungekanntes Maß, da wächst nur noch das Ghetto. Davor verschließt man im Ruhrgebiet gern die Augen, schweigt es tot, redet und schreibt es schön. Wir finden das sinnlos: Auch die rauen Ecken, die düsteren Seiten des Potts gehören dazu. Auch sie haben uns geformt, auch sie prägen unsere Mentalität.

Und die unterscheidet sich in vielerlei Hinsicht von der »Norm« des Landes, wenn es denn eine gibt. Wir sind ein bisschen weniger deutsch, weil wir aus einer Region ohne lange Traditionen und Identifikationspunkte kommen. Wir sind auf komische Art Multikulti: Am besten funktioniert die Integration verschiedener Kulturen an der Ruhr seit einhundertfünfzig Jahren, wenn alle ihre Identitäten abwerfen und zu Pöttlern werden. Jeder Ruhri freut sich, wenn eine türkische Frau im TV-Interview sagt: »Wia sin Marxloha. Also ich bin hia zuhause.« Die Freude wäre eingeschränkt, würde der Satz in einem anderen Dialekt oder Akzent serviert.

Ruhri ist also nur, wer sich mit Habitus und Sprache und dem Verzicht auf kulturelle Eigenheiten ganz darauf einlässt.

Oder im Pott geboren wird und aufwächst. Das Ruhrgebiet ist nach wie vor eine Stadtlandschaft und ein Kulturraum, der nachhaltig prägt: Man kann den Ruhri in sich nie ganz ablegen.

Dabei geht es um mehr als nur um Dat und Wat. Es schließt eine Perspektive auf das Leben ein, vor allem aber auf die Mitmenschen: Falsches Standesbewusstsein und elitärer Dünkel vertragen sich für die meisten von uns nur schwer mit unserer Mentalität – da müssten wir ja unsere Wurzeln vergessen und verleugnen. Ein Pöttler vergisst nie, dass er im Grunde ein »kleina Scheißa« ist oder – egal, wie weit ihn sein Aufstieg geführt hat – schnell wieder werden kann.

Deswegen sind wir zu jedermann gleich freundlich – oder eben unfreundlich, aber dat meinen wa nich so. Ganz äählich.

*Ausflugs- und
Freizeittipps*

ANNE BUDE Elli Vogel-Gdanietz ist eigentlich Grafike-
rin und seit ein paar Jahren Budenbesitzerin. Das sieht man
»Anne Bude« (so der Name des Kiosks): Drinnen hängt ein
Hirschgeweih, in der Weihnachtszeit sind manchmal Bom-
meln dran. Ihr Eckbüdchen hat im Gegensatz zu den meisten Konkurrenten ein Logo – und das ist auch noch ziemlich schick. Abgesehen davon ist es eine klassische Bude im
besten Sinn: Hier trifft sich die Nachbarschaft. Und weil
in Rüttenscheid die Designer- und Grünenwähler-Quoten
überdurchschnittlich hoch sind, läuft hier am Wochenende
Radio Funkhaus Europa und morgens WDR 2. Es gibt ab
halb sieben in der Früh Brötchen mit Teewurst oder Nutella,
mittags Kassler mit Kraut.

Bei Willy Göken in Altendorf läuft WDR 4 – Schlager!
Seit 1963 verkauft er in seinem Kiosk Zigaretten, Bier und
Süßkram, früher auch Kohle für die Grillabende in den
Schrebergärten nebenan, aber heute sind die planiert, der
alte Bahndamm, an den sich die Bude schmiegte, wurde
komplett abgetragen – der Stadtteil wird saniert, in die

Mitte soll ein See, daneben eine Promenade und dahinter Eigentumswohnungen. Willy Göken mit seiner Betriebssportgruppe, dem von ihm organisierten Straßenfest, dem Sparverein und den Fußballrunden im Hinterzimmer des Büdchens ist in Altendorf so verankert wie Anne Bude in Rüttenscheid. Fragen Sie ihn mal, wie das klang, als auf dem Bahndamm hinter dem Büdchen noch die Güterzüge mit dem Eisen durch die Nacht donnerten. Wenn sein Büdchen abgerissen wird, finden Sie ihn ein paar Meter weiter die Straße hoch, im Haus der tausend Pokale.

Einen winzigen Einblick in die Büdchen-Infrastruktur geben die dreißig Kioske, die beim Kulturhauptstadt-Projekt »Designkiosk Ruhr« mitgemacht haben.

Anne Bude, Essen, Brigittastraße 12,
www.annebu.de

Kiosk Willy Göken, Essen, Rüselstraße 60

Haus der 1000 Pokale, Essen, Grieperstraße 13,
www.designkiosk-ruhr.de

DAT PILSKEN DANACH: BRAUEREIEN IM POTT Die meisten heute bekannten Biermarken sind Produkte national oder international aufgestellter Konzerne. Die wenigsten der einst zahlreichen Brauereien im Pott haben diesen Trend mitmachen können oder überlebt. KöPi etwa, das »König der Biere«, wurde zur bundesweit vertriebenen Premium-Marke und Teil der Holsten-Gruppe mit Sitz in Hamburg, um bald darauf an Carlsberg verkauft zu werden. Heute ist die Traditionsbrauerei ein Tochterunternehmen der Bitburger Holding (in NRW nennt man das »Bit« übrigens gemeinhin »Eifel-Hasch«). Die Besichtigung der Brauerei in Duisburg-Beeck hat also mehr mit Großindustrie zu tun als mit Brauer-Romantik, ist aber beeindruckend: Trotz flächendeckender Absatzkrise produziert KöPi über 1,5 Millionen Hektoliter Gerstensaft im Jahr.

Seit rund eineinhalb Jahrzehnten wird weniger getrunken, aber wieder vielfältiger gebraut im Revier, oft naturtrübe Biere in kleinen Hausbrauereien mit angeschlossener Kneipe. Näher an den alten Brauertraditionen des Potts als diese Newcomer oder die Großmarken ist aber das Dortmunder Bergmanns-Bier, das seit ein paar Jahren gezapft und unter anderem über eine Trinkhalle, die längst Kult ist, verkauft wird. DBB ist die Wiederbelebung einer 1972 gestorbenen Traditionsmarke, was mit so viel Erfolg gelang, dass der Bedarf nicht immer gedeckt werden kann. Die Kleinbrauerei hat wieder ein echtes Export im Angebot – bis in die Siebziger das Standardbier des Ruhrgebiets. Besichtigungen haben etwas Exklusives: Möglich sind sie an jedem ersten Samstag im Monat oder auf Anmeldung.

Einen Ausflug wert ist auch die vielleicht originärste Brauerei im Ruhrgebiet: Die Biere von Moritz Fiege bekommt man in und um Bochum, Fiege ist eine der letzten florierenden Familienbrauereien – und das seit 1876. Für eine Führung durch den Betrieb muss man sage und schreibe drei volle Stunden einplanen, auch weil die Bierverköstigung nebst ruhrtypischem Imbiss (Currywurst) inklusive ist. Der Spaß kostet 10 Euro, worüber man absolut nicht meckern kann.

König-Brauerei, Duisburg, Friedrich-Ebert-Straße 255–263, www.koenig.de/brauerei/besichtigung

Bergmann-Brauerei, Dortmund, Ritterstraße 18, www.harte-arbeit-ehrlicher-lohn.de

René Pascal:
Der Schlagergott
in seiner Kneipe in
Rüttenscheid

FEIERN Kann man natürlich überall im Revier, für einen breiten Querschnitt empfiehlt sich folgende Tour in Essen: Erst Schlager und Pilsken bei René Pascal in der Drehscheibe in Rüttenscheid, dann Elektronik im toleranten Hotel Shanghai und für die Mutigen ein Frühbier in Michas Kännchen – von der Leibesvisitation am Eingang nicht allzu sehr abschrecken lassen, die dient inzwischen nicht nur der Sicherheit, sondern auch der Traditionspflege.

Mehr unter
www.schlagergott-essen.de/die-drehscheibe
www.michas-kaennchen.de
www.hotelshanghai.de

FRITTEN UND EIN HALBER FLATTERMANN

Dieser Imbiss ist so winzig, dass man sich gleich näher kommt. Beziehungsweise vielleicht vier Gäste kommen drinnen ins Gespräch, die anderen müssen auf dem Bürgersteig essen. Ist am Stehtisch unter der Markise auch ganz nett. Der Imbiss wurde 1959 von Xaver Schnöller gegründet, die Hähnchen sind frisch gegrillt, die Currywurst ist köstlich und wird nicht zerstückelt. An den Wänden kann man sich auf Schwarzweiß-Fotos anschauen, wie Essen im vorigen Jahrhundert ausgesehen hat. Auf der großen Wanduhr steht: »Kein Bier vor vier«, das sieht man aber nicht so eng. Ein Pils kostet so viel wie eine Portion Pommes – 1,30 Euro.

Es gibt im Ruhrgebiet eine Menge anderer Pommesbuden mit überdurchschnittlicher Qualität. Raimund Ostendorp im Wattenscheider Profigrill hat gute Soßen, Peter Pomms Pusztettenstube in Duisburg-Marxloh gibt's seit 1958. Pusztetten kamen allerdings später zu den Pommes hinzu, die Marke für die Bällchen aus Schweine- und Rindfleisch in würziger Tomatensoße ist erst seit 1975 registriert. Das alles ist gehobene Fastfood-Küche, deren wesentliche Elemente nicht ruhrgebietstypisch sind. Schmeckt trotzdem, einen hilfreichen Überblick gibt der *Pommesführer Ruhr*.

Der Einfluss der Einwanderer auf die Imbissküche im Revier geht oft in Currywurst und Pommes Rot-Weiß unter. Da gibt es zum Beispiel Peter Smiarowskis schlesische Wurstspezialitäten an der A2 in Recklinghausen. Ein idealer Zwischenstopp auf dem Weg ins Grüne, etwa in die Haard nördlich von Recklinghausen oder in den Schlosspark Herten. Von Smiarowskis wechselnden Mittagsgerichten sind Bigos und die polnische Erbsensuppe besonders empfehlenswert und natürlich alle Spezialitäten von Kminkowa über Kabanosy bis zu Krupnioki. Fragen Sie, was drin ist und ob Sie die Wurst unterwegs essen können oder garen müssen. Peter Smiarowski beißt auch gerne mal in einen ungebratenen Krupniok – das ist nicht jedermanns Sache.

Überall im Revier bieten einzelne türkische Imbisse mehr als den Döner aus der Industrieproduktion, zum Beispiel der Stern-Grill in Essen, wo es auch Rote-Linsen-Suppe, die Knoblauchwurst Sucuk und Rote-Bete-Joghurt-Salat gibt. Unter den Imbiss-Pizzerien sticht der Kleine Zodiac hervor, eine von iranischen Einwanderern gegründete, vegane Pizzeria (sie gehört zum vegetarischen Restaurant nebenan) mit Kombinationen wie Zwiebeln, Kapern, Kräuter, das Ganze auf Vollkornteig – verblüffend gut.

Zum Xaver, Essen, Gemarkenstraße 44,
www.zum-xaver.com

Profi-Grill, Wattenscheid, Bochumer Straße 96,
www.profi-grill.de

Peter Pomms Pusztettenstube, Duisburg,
August-Bebel-Platz 7

Wurstspezialitäten P. Smiarowski,
Recklinghausen, Philipp-Reis-Straße 2,
www.smiarowski.de

Stern-Grill, Essen, Dorotheenstraße 2

Der kleine Zodiac, Essen, Witteringstraße 41–43,
www.restaurant-zodiac.de

www.pommesfuehrer.de

FUTTERN Die Einwandererküchen des Ruhrgebiets findet man in vielen Restaurants der Region auf hohem Niveau – italienische Küche zum Beispiel im La Grappa in Essen, türkische im Tabolo nebenan. Polnisches von Pieroggen (gefüllte Teigtaschen mit Quark und Zwiebeln oder Pilzen und Sauerkraut) über Kaszanka und die wunderbaren Suppenspezialitäten Żurek (säuerliche Roggenmehlsuppe) bis zur Barszcz (Rote-Bete-Suppe) serviert man im Gdanska in Oberhausen, einem der wenigen polnischen Restaurants, die lange durchhalten. Es ist eine Oberhausener Institution, da geht man auch auf ein Bier hin. Die Spezialitäten aus dem Bergischen Land (Bergische Kaffeetafel etwa) und Westfalen (Panhas!) gibt es auch in gehobenen gutbürgerlichen Restaurants.

Einen kleinen Überblick des kulinarischen Angebots im Revier liefert das Magazin *Ruhr* 2011 *geht aus!* Es stellt neunundneunzig Restaurants vor, allerdings ohne unabhängige Gastrokritik. Die Auswahl ist hilfreich, obwohl zum Beispiel das Restaurant Hannappel in Essen fehlt. Kritiken findet man im empfehlenswerten Restaurantführer *Dortmund genießt*. Der Chefredakteur Perik Hillenbach hat jahrelang die Hefte *Essen geht aus* und *Dortmund geht aus* gemacht – die Magazine sind allerdings zuletzt 2009 erschienen und dürften inzwischen vergriffen sein. Ein Blick auf die Website der Köchevereinigung FC Ruhrgebiet lohnt sich. Kann man ihre Kreationen irgendwo probieren, sollte man die seltene Gelegenheit unbedingt nutzen.

Ruhr 2011 geht aus!, Verlag Publikum Z, 4,90 Euro

Gdanska, Oberhausen, Altmarkt 3,
www.gdanska.de

www.dortmund-geniesst.de

www.fcruhrgebiet.de

KELLERKINO Ein paar Minuten Fußweg von der Flaniermeile Rüttenscheider Straße entfernt hinter einer Birke liegt die Galerie Cinema im Keller eines Wohnhauses. Man steigt die Treppe hinab; wenn der Film schon läuft, kommt man nicht mehr rein. Der Kellereingang führt direkt in den Zuschauerraum mit gerade mal fünfundvierzig Plätzen. Das Kleinste und Gemütlichste der Essener Filmkunsttheater besteht seit 1971 – der Eröffnungsfilm war *Easy Rider*, seit 1975 läuft Hal Ashbys *Harold and Maude* jeden Sonntag um fünf Uhr. Die aktuelle Filmauswahl ist entsprechend gehoben. Neben dem Kinosälchen gibt es ein erstaunlich geräumiges Wohnzimmer für die Vorführer – da hat früher der Gründer geschlafen. In der Nähe des Pantoffelkinos gibt es ein paar Restaurants und Bars in derselben Größe, zum Beispiel die sich als Bistro tarnende Rotisserie du Sommelier (fünfundzwanzig Plätze, aber Gerichte wie geschmorte Ochsenbacke nach provencalischer Art). Wer nur kuschelig etwas trinken will, ist in der Zweibar oder dem Fcuk Yoga gut aufgehoben.

Galerie Cinema, Essen, Julienstraße 73,
www.essener-filmkunsttheater.de

Zweibar, Essen, Rüttenscheider Straße 63

Fcuk Yoga, Essen, Emmastraße 13,
www.fcuk-yoga.de

LANDSCHAFTSPARK DUISBURG NORD Ja, es stimmt: In Duisburgs Norden kann man in einem mit 21 Millionen Liter Wasser gefüllten Gasometer das Tauchen lernen. Man kann aber auch bummeln, im Biergarten sitzen, Open-Air-Kino erleben oder Rockkonzerte. Ein El Dorado ist der Landschaftspark mit seinen langsam verfallenden, an vielen Stellen von Grün überwachsenen Stahlwerkruinen für Fotografen: Tagsüber sieht der Ort so aus, wie man sich die Erde zwanzig Jahre nach Evakuierung der letzten Menschen vorstellt, und nachts … Nachts ist der Park einfach nur schön in unwirklichen, grellen Farben illuminiert. Sehenswert.

Mehr unter *www.landschaftspark.de*

LINIE 903: SCHICHTENFAHRT Man kann den Pott erkunden, indem man sich per Fahrrad über ausgeschilderte Wege zu Industriedenkmälern führen lässt. Oder man fährt Straßenbahn. In Duisburg rumpelt die Linie 903 von einer aufwändig renovierten City-Lage durch industriell geprägte, teils deprimierend heruntergekommene, dann wieder über-

raschend grüne Ecken und mehrheitlich muslimische Viertel
bis an den Niederrhein. Für 5,50 Euro (Tagesticket) lässt sich
auf der Nord-Süd-Trasse ein repräsentativer Schnitt durch
den Pott erleben. Stationen der kleinen Reise, die ganze Welten erschließt:

- Ruhrort mit Hafen (zweistündige Hafenrundfahrt ab
  Haltestelle Schwanentor, März bis November jeweils
  um 11, 13:15 und 15:30 Uhr)
- Beeck und die König-Brauerei
- das industrielle Weltuntergangsszenario der Stahlwerke,
  Hochöfen und Kokerei zwischen Laar und Schwelgern
- Marxloh mit seinen türkischen Brautgeschäften und
  Juwelieren
- Deutschlands viertgrößte Moschee (Haltestelle Heck-
  mann: Besuch lohnt sich!)

Auf dem Rückweg wechselt man bei Marxloh / Pollmann
Eck auf die Linie 901 und zockelt auf alternativer Route
zurück in die City. So »erfährt« man das soziale Gefälle des
Ruhrgebiets von bürgerlich bis »prekär« aus erster Hand, in
dem der Norden immer »unten« ist, aber auch den Witz und
Facettenreichtum gerade der Stadtteile, die zunächst wenig
einladend wirken. Schlägt jede Kulturroute!

MIETKINO FÜR SECHZEHN PERSONEN Die
vom Verein No Budget Arts in Bochum betriebene Bastion
ist vielerlei: Location für Kunst, aber auch für Partys, eine
Bar und höchstwahrscheinlich Deutschlands kleinstes Mietkino. Bis zu sechzehn Filmgucker passen da rein, geöffnet
hat es nur auf Bestellung: Man meldet sich an, zahlt 3 Euro
pro Person (Mindestsumme 30 Euro), sucht sich einen Film
aus dem reichhaltigen Fundus aus und bekommt eine Pri-
vatvorstellung. Alternativ für kleinere Grüppchen gibt es die

Kinemathek, nichts anderes als eine Art Mietwohnzimmer mit großem Fernseher. Wie die Räumlichkeiten aussehen, konnten wir bei Redaktionsschluss dieses Buches nicht sagen: Die Bastion hatte im Januar 2011 geschlossen und zieht um, die neuen Räumlichkeiten in der Nähe des Bochumer Bahnhofs sollen ab Herbst 2011 auf Gäste warten.

Mehr unter *www.no-budget-arts.de/bastion/index.html*

MONTE SCHLACKO, MONAMUR Wer nicht im Ruhrgebiet aufgewachsen ist, kommt nicht unbedingt auf die Idee, Abraumhalden zu besteigen. Früher waren sie Sehnsuchtsorte: Halde war da, wo man nicht hin durfte. Heute schleppen Ruhrbewohner ihre nölenden Blagen hinauf (»Nich schon widda, Mama!«), denn erstens sind die meisten Halden inzwischen Naherholungsgebiete, viele davon zweitens mit Schnickschnack von Kunst bis Sport bepflastert, sie bieten drittens Raum zum Drachensteigenlassen, ein paar dienen viertens als Aushilfs-Wintersportgebiete, und fünftens sind sie noch immer die höchsten Punkte weit und breit. Schau dem Pott auf den Kopp von der Halde!

– *Halde Prosperstraße, Bottrop.* Das grüne Bottrop (im Ernst!) ist eine Art Disneyland des Potts: Freizeit und auch das Haldenaufschütten ist dort eine Großindustrie. Im Angebot der Prosperstraße: Sommerrodelbahn, Hochseilparcours, Skydiving, Skihalle, Almhütte mit Gastronomie. Kostet natürlich 'ne Kleinigkeit …

– *Halde an der Beckstraße, Bottrop.* Fast nebenan liegt das »Haldenerlebnis Emscherblick« mit spektakulärem Stahltetraeder, dessen achtundfünfzig Meter Höhe man besteigen kann, vorausgesetzt, man muss dabei seinen Mageninhalt nicht mit den weiter unten Kletternden teilen … Im Ernst: ein seltsamer Ort.

– *Halde Rungenberg, Gelsenkirchen.* Abraumhalde mit nackter Spitzkegelhalde obendrauf. Nachts »verlängert« eine Lichtinstallation den Berg in den Himmel. Cooles Panorama.

– *Halde Alsumer Berg, Duisburg Nord.* Blick über Rhein, Niederrhein und das vielleicht meistfotografierte Industriepanorama der Republik (Schimanski lässt grüßen). Dort oben zweifelt man, ob der Strukturwandel je stattgefunden hat. Nachts ist das spektakulär!

– *Landschaftspark Hoheward, Herten und Recklinghausen.* Gleich mehrere Halden werden nach und nach zu sportlichen (Mountainbiking) oder kulturellen (Skulpturenpark, Observatorium) Orten ausgebaut. My Favorite: Sonnenuhr und Horizont-Observatorium – da trifft Kunst auf Wissenschaft. Dreitausend Quadratmeter Sonnenuhr sollte jeder im Garten haben, finde ich, und die spektakulären Stahlbögen des Horizont-Observatoriums funktionieren wie Newgrange oder Stonehenge – das rockt. Hoch kommt man ganz bequem per Treppe. Sind nur fünfhundert Stufen.

Das ultimative Nachschlagewerk zum Thema:
Wolfgang Berke, Über alle Berge. Der definitive Haldenführer Ruhrgebiet. Klartext-Verlag, Essen. 13,95 Euro

MOTORRADMUSEUM REBUSCHAT: KARLS RUMPELKAMMER »Karl am Kanal« ist Kult unter Motorradfahrern: Das kleine, hemdsärmelig-vollgepfropfte Hinterhofmuseum macht auf den ersten Blick nicht viel her, ist aber eine Institution. Der 1932 geborene Karl Rebuschat ist ein Sammler vor dem Herrn. Auf engstem Raum zeigt er rund neunzig klassische Mottorräder, von denen einige nur noch auf Schränken unter der Decke Platz finden. Die Hauptattraktion aber ist der Teilemarkt – jeden zweiten Sonntag im Monat tummeln sich vormittags mitunter mehr

als tausend über und über tätowierte Herrschaften, Leder-
und Kuttenträger, vor allem aber Oldtimer-Liebhaber auf
der Wallstraße in Gelsenkirchen-Horst.

NATUR Man kann es nicht mehr hören, stimmt aber: »So
viel Grün haben Sie hier.« Wer faul ist, fährt zum Jagdhaus
Schellenberg auf die Ruhrhöhen und schaut vom Biergarten
oder Wintergarten auf die zum Baldeneysee gestaute Ruhr
hinunter. Ein schöner Spaziergang mit fast so guter Aussicht
beginnt im Park der Villa Hügel, von da aus läuft man zum
Baldeneysee. Hier kann man auf der Regattatribüne in der
Sonne sitzen, dann über das Stauwehr in die Altstadt Werden
wandern. Wer etwas mehr Zeit hat und längere Strecken sucht,
findet im *Rother Wanderführer Ruhrgebiet* großartige Touren.
Ja, wirklich, der Bergverlag Rother München hat einen Wanderführer fürs Ruhrgebiet veröffentlicht. Lustig wirken die
Höhenprofile für jede Strecke – da geht es schon mal steile
fünfzig Höhenmeter hoch (wenn eine Halde im Weg ist).

Uli Auffermann: Rother Wanderführer Ruhrgebiet –
Grünes Revier zwischen Rhein, Lippe und Wupper,
50 Touren, 12,90 Euro

RUHR RENITENT: DIE RIPSE Wer seinen Navi auf
Oberhausens neue Mitte programmiert, will gemeinhin zum
Konsum-Disneyland CentrO oder zum spektakulären Gasometer, ein Ort für bemerkenswerte Ausstellungen und allemal
einen Ausflug wert. Seltener dürften Menschen die Ripse
suchen, amtlich Ripshorst genannt – ein paar Straßenzüge
originärer Arbeitersiedlungen, die nicht etwa zufällig von der
Planierung eines ganzen Stadtteils verschont blieben: 1981
wurde das erste Haus, binnen weniger Jahre eine ganze Straße
besetzt – der renitente Ripse-Virus bewahrte die alten Arbeiter-

häuser vor dem Abriss. Zwanzig Jahre hartnäckige Besetzung brauchte es, bis der Alt-Eigentümer Thyssen endlich aufgab und die Sträßchen den in der Riwetho-Genossenschaft organisierten Bewohnern übergab. Die hatten die Ripse längst zu einer Art Dorf in der Stadt gemacht, ein pulsierender kleiner Ort mit massiv erhöhter Künstler- und Musikerdichte. Wer nach dem Konsumterror noch Zeit hat, fahre ruhig vorbei, am besten im Sommer. Dann ist etwas los in der Siedlung. An der Ripse ist die Zeit stehen geblieben, hier hallt die Protestkultur der Achtziger noch wider – und liefert Denkanstöße, ob CentrO nun wirklich alles sein kann im Leben.

Mehr unter *www.riwetho.de*

SPORT Trabrennbahn muss sein – gibt es aber nur noch ein, zwei Mal die Woche live zu sehen: In Dinslaken oder in Gelsenkirchen. Die Renntage wechseln – also online schauen. Große Renntage, die Eintritt kosten, sind stimmungsvoller und lohnender als die meist während der Woche stattfindenden Gratisrenntage mit kleinen Gewinnsummen: Da zocken die meisten über das Web, statt selbst hinzugehen.

Wenn Sie wetten wollen, holen Sie sich das Rennprogramm entweder in der aktuellen Ausgabe der *Traberwelt,* oder Sie drucken sich das Vollprogramm auf *rennen.trabtipp.de* aus. Wichtige Anhaltspunkte für die Chancen eines Pferdes

Trabrennbahn Dinslaken: Beim Rennen am Montagabend ist wenig los in der großen Halle – die meisten der regelmäßigen Besucher sind Rentner.
© Konrad Lischka

(und seines Fahrers!): die Gewinnsummen in diesem Jahr und dem Vorjahr, die bisherigen Zeiten (immer beachten, auf welche Distanz eine Zeit erfahren wurde!) und Details, etwa, ob ein Fahrer schon Rennerfahrung mit dem Pferd hat. Allzu kompliziert sollte man es sich nicht machen – lieber einfache Sieg- (erster Platz) und Platzwetten (erster oder zweiter Platz, bei mehr als sechs startenden Pferden auch der dritte). Fußballplatz muss ebenfalls sein, und wenn Ihnen vor allem an Stimmung und Lokalkolorit liegt, gehen Sie zu Rot-Weiß Essen, der Macht von der Hafenstraße.

Trabrennbahn Dinslaken, Bärenkampallee 24,
www.dintrab.net
Trabrennbahn Gelsenkirchen, Nienhausenstraße 42,
www.gelsentrabpark.de
www.rot-weiss-essen.de
Privatbrauerei Moritz Fiege, Bochum,
Scharnhorststraße 21 – 25

TANKE Wenn man in einer Seitenstraße ein paar Minuten vom Folkwang-Museum entfernt auf den Hinterhof fährt, rollt man ein paar Jahrzehnte in die Vergangenheit: An der Hinterhoftankstelle bedient der Tankwart am Wagen. Es gibt keine Leuchtreklame, keinen Aufback-Schnickschnack, keine Punkte für die Kundenkarte, aber einen netten Plausch. Und Schokoriegel. Hierher kommen fast nur Stammkunden – sonst findet niemand die Tankstelle, zudem ist das Benzin ein paar Cents teurer als bei den Ketten. Benzin gibt es auf dem Hinterhof in Holsterhausen seit 1924, der heutige Besitzer Manfred Caspar-Milz arbeitet seit 1967 hier, der Sohn des Gründers hatte ihn damals eingestellt und später adoptiert. Fragen Sie ihn mal, wie sich die Gegend verändert hat oder wo seine Band Uhrwerk demnächst spielt. Wer das

Auto für eine Komplettreinigung da lässt, kann in der Zeit ins Folkwang-Museum und danach vielleicht noch auf ein halbes Hähnchen zum Xaver.

Tankstelle Caspar-Milz, Essen, Gemarkenstraße 18, www.alte-tankstelle.de

UNTERWEGS Wer im Ruhrgebiet mal aus seinem Kiez raus will, ist eine halbe Ewigkeit unterwegs. Zumindest als Tourist sollte man sich nicht groß darüber aufregen, sondern das Beste daraus machen, losfahren und gucken und den Weg genießen. Zum Beispiel mit der Straßenbahn 107, eine der wenigen Nord-Süd-Verbindungen. Sie startet im Süden Essens, auf den Ruhrhöhen. Und dann eiert man eine gute Dreiviertelstunde lang siebzehn Kilometer gen Norden – erst zwischen Villen, dann unter einem Szeneviertel und ein bisschen Kulturmetropole und schließlich durch Arbeitersiedlungen, Industriebrachen und Industriekultur, immer knapp an Brennpunkten vorbei. Die meiste Zeit fährt die Straßenbahn oberirdisch, nur in Rüttenscheid und der Innenstadt nicht. Also auf jeden Fall zwischendurch aussteigen, auch bei Zollverein und an der Trabrennbahn, wenn Renntag ist. Inzwischen gibt es sogar ein Buch und einen Audio-Reiseführer zur Straßenbahn. Mit dem Auto kriegt man auf der B224 von Essen-Werden im Süden bis Gladbeck im Norden einen vergleichbaren Eindruck – ohne Zollverein, Mitreisende und Reisetipps allerdings.

Die klassische Ost-West-Route mit dem Auto ist der Ruhrschleichweg – auf der A40 zwischen Dortmund (dort heißt sie eine Zeitlang noch B1) und Duisburg geht es oft nur in Schrittgeschwindigkeit voran. Der berühmte Ruhrstau ist nur an Werktagen morgens und nachmittags zu sehen.

Mehr unter *www.kulturlinie107.de*

Jin-Kun Baek
Lothar Dohr
Jörn Finger
Willy Göken
Perik Hillenbach
Stephan Holthoff-Pförtner
Daniel Koslowski
Stefan Meutsch
Judith Park
René Pascal
Alex Schwers
Kay Shanghai
Peter Smiarowski
Tadeusz Talik
Wolfgang Wendland
Maria Zydek

Biermann, Christoph: »Geboren in Tichy, Tczew oder Gliwicze«, Süddeutsche Zeitung, 14.06.2006, S. 28

Boucsein, Benedikt: Graue Architektur, Verlag der Buchhandlung Walther König, 2010

Büschemann, Karl-Heinz: »Wir brauchen keine Leuchttürme«, Süddeutsche Zeitung, 31.07.2010, S. 32

Dahlmann, Dittmar (Hrsg.): Schimanski, Kuzorra und andere, Klartext, 2006

Degens, Marc: Mein Poppott, http://www.satt.org/gesellschaft/10_01_poppott.html

Ernst, Thomas (Hrsg.); Florian Neuner (Hrsg.): Ruhrgebiet, Wieser, 2009

Gehrmann, Siegfried: Fußball, Vereine, Politik. Zur Sportgeschichte des Reviers 1900-1940, Bouvier, 1988

Gumpert, Gregor; Tucai, Ewald: Ruhr.Buch: Das Ruhrgebiet literarisch, dtv, 2010

Hauser, Heinrich: Schwarzes Revier, Weidle, 2010

Hering, Hartmut: Im Land der tausend Derbys. Die Fußball-Geschichte des Ruhrgebiets, Die Werkstatt, 2002

Hillenbach, Peter-Erik: Gebrauchsanweisung für das Ruhrgebiet, Piper, 2009

Hillenbach, Peter-Erik: Geierabend-Premiere in Dortmund – eine Publikumsbeschimpfung, 210lab, 15.01.2011, http://www.2010lab.tv/blog/geierabend-premiere-dortmund-eine-publikumsbeschimpfung

Kift, Dagmar; Osses, Dietmar (Hrsg.): Polen – Ruhr. Zuwanderungen zwischen 1871 und heute, Essen, Klartext, 2007

Kraemer, Brigitte: Die Bude: Trinkhallen im Ruhrgebiet, Klartext, 2009

Krauskopf, Peter: Manifest einer kulinarischen Bewegung im Ruhrgebiet, 2010, http://genussbereit.blogspot. com/p/manifest-zur-ruhrgebietskuche.html

Krüger, Karl-Heinz: „Glückliche Lösung«, Der Spiegel, 11/1982, Seite 228 ff. (http://www.spiegel.de/spiegel/ print/d-14336520.html)

N.N: »Zweiter Hebel«, Der Spiegel, 33/1978, S. 43 ff.

N.N.: Bericht in »Italiani nel Mondo«, Auszüge in Übersetzung in: »Der Kumpel«, Werkzeitung der Bergwerksgesellschaft Walsum, 11.11.1957, Bundesarchiv Koblenz, Akte B 119 Nr 3054/1 (http://www.angekommen.com/ italiener/Bundesrepublik_WoWohnenIhreGastarbeiter. html)

Motzfeld, Friedrich Wilhelm: Motzfeld, Historischer Bericht von der Stadt Bochum (1722). In: GStA Preuß. Kulturbesitz, Rep. 92, Nr. 54, zitiert nach: Seebold, Gustav: Aspekte der Wirtschafts- und Sozialgeschichte Bochums zur Zeit Carl Arnold Kortums, http://www. bochum.de/C125708500379A31/vwContentByKey/ W27DXAKX184BOLDDE

Piorr, Ralf: Fußballtage im Westen: Die Oberliga West 1947 bis 1963 im Bild, Klartext, 2007

Pückler-Muskau, Hermann Fürst von: Briefe eines Verstorbenen, Band I, Zweiter Brief, http://gutenberg.spiegel. de/?id=5&xid=2108&kapitel=5&cHash=4a5e87b9cd2

Reger, Erik: Das wachsame Hähnchen, Edition Nautilus, 1984

Reger, Erik: Ruhrprovinz. In: Die Weltbühne 24, 1928, S. 919

Reger, Erik: Union der festen Hand, Klartext, 2007

Regionalverband Ruhr (Hrsg): Städte- und Kreisstatistik Ruhrgebiet 2005, Essen, April 2006

Regionalverband Ruhr: Beschäftigte nach Berufen, http://

www.metropoleruhr.de/fileadmin/user_upload/metro-
poleruhr.de/Bilder/Schulung/proll/berufe_lang.pdf

Regionalverband Ruhr: Hintergrund Demographischer
Wandel, November 2009, http://www.metropoleruhr.
de/fileadmin/user_upload/metropoleruhr.de/Daten_
FaktenRegionalanalysen/Bevoelkerung/Hintergrund/
Hintergrund_Demographischer_Wandel.pdf

Regionalverband Ruhr: Zahlenspiegel metropoleruhr CD-
ROM, Stand: April 2010

Scheffler, Hans-Walter: „Tonnenschwere Last«, Der Westen,
5.10.2007, http://www.derwesten.de/staedte/essen/
Tonnenschwere-Last-id2029075.html

Schanetzky, Tim: Endstation Größenwahn, Klartext, 2008

Schmenk, Holger; Krumm, Christian: Kumpels in Kutten:
Heavy Metal im Ruhrgebiet, Henselowsky + Bosch-
mann, 2010

Schneider, Helge: Guten Tach. Auf Wiedersehn: Autobio-
graphie, Teil 1, KiWi, 1992

Schütz, Erhard (Hrsg.): Die Ruhrprovinz, das Land der
Städte, 1990

Schücking, Levin: Eine Eisenbahnfahrt von Minden nach
Köln, Marowsky, 1987

Springer, Johannes; Steinbrink, Christian; Werthschulte,
Christian: ECHT! Pop-Protokolle aus dem Ruhrgebiet,
Salon Alter Hammer, 2008

Stachelhaus, Tankred: »Kunst im Alltag – die Straße ist
kein Schrottplatz«, Der Westen, 30.12.2010,
www.derwesten.de/staedte/essen/kultur/Kunst-im-
Alltag-die-Strasse-ist-kein-Schrottplatz-id4111135.html

Stachelhaus, Tankred; Kintscher, Wolfgang: »Notfalls
verbuddeln«, Der Westen, 6.5.2010, www.derwesten.
de/staedte/essen/kultur/Notfalls-verbuddeln-id3503529.
html

Walter, Franz; Micus, Matthias: »Der Aufstieg aus den Armuts-
quartieren«, Frankfurter Rundschau, 28.12.2006, S. 7
Welt, Wolfgang: Buddy Holly auf der Wilhelmshöhe,
Suhrkamp, 2006
Welt, Wolfgang: Doris hilft, Suhrkamp, 2009
Wirtschaftsförderung Metropole Ruhr: Mobilität in der
Metropole Ruhr im Vergleich mit anderen Metropolen,
August 2008, http://business.metropoleruhr.de/uploads/
media/Endbericht_Langfassung_04.pdf

Filme

Solino, 2002, Regie: Fatih Akın; Drehbuch: Ruth Toma;
Drehorte: Duisburg
Bang Boom Bang, 1999, Regie: Peter Thorwarth; Dreh-
buch: Peter Thorwarth, Alexander M. Rümelin;
Drehorte: Dortmund, Unna
Was nicht passt, wird passend gemacht, 2002, Regie: Peter
Thorwarth; Drehbuch: Mathias Dinter, Martin Ritzen-
hoff, Peter Thorwarth
Verlierer, 1986, Regie: Bernd Schadewald; Drehbuch:
Bernd Schadewald, Michael Lentz; Drehorte: Bochum,
Essen, Mülheim an der Ruhr, Oberhausen
Die Abfahrer, 1978, Regie: Adolf Winkelmann; Drehbuch:
Adolf Winkelmann, Gerd Weiss; Drehorte: Dortmund
Jede Menge Kohle, 1981, Regie: Adolf Winkelmann; Dreh-
buch: Adolf Winkelmann, Gerd Weiss, Jost Krüger;
Drehorte: Dortmund
Nordkurve, 1993, Regie: Adolf Winkelmann; Drehbuch:
Michael Klaus; Drehorte: Dortmund
Johnny Flash, 1986, Regie: Werner Nekes; Drehbuch:
Werner Nekes, Peter Ritz; Drehorte: Mülheim

Die Pawlaks, 1982, Regie: Wolfgang Staudte; Drehbuch:
    Otto Jägersberg, Michael Lentz
Hans im Glück aus Herne 2, 1983, Regie: Roland Gall;
    Drehbuch: Roland Gall, Renke Korn, Willi Thomczyk;
    Drehorte: Herne, Wanne-Eickel

Hörspiele

Helge Schneider: Hörspiele Vol. 1 1979 – 1984
Helge Schneider: Hörspiele Vol. 2 1985 – 1987

KONRAD LISCHKA (32), Redakteur bei *spiegel online* im Ressort Netzwelt, war zuvor Chefredakteur von *bücher* sowie Mitarbeiter der *Süddeutschen Zeitung* und *Frankfurter Rundschau*. Lischka wuchs in Essen auf und schrieb als Schüler für die Lokalseiten von *WAZ*, *taz* und *BILD*.

FRANK PATALONG (48), seit 1999 bei *spiegel online*, zuerst als Leiter des Ressorts Netzwelt, seit 2011 als Autor. Zuvor arbeitete er als Journalist, Pauschalist und Lokalreporter in Essen und Duisburg. Als Spross einer Bergarbeiterfamilie hat er den Strukturwandel hautnah erlebt.

Werden Sie Teil
der Bastei Lübbe Familie

Lernen Sie Autoren, Verlagsmitarbeiter und andere Leser/innen kennen

Lesen, hören und rezensieren Sie unter www.lesejury.de Bücher und Hörbücher noch vor Erscheinen

Nehmen Sie an exklusiven Verlosungen teil und gewinnen Sie Buchpakete, signierte Exemplare oder ein Meet & Greet mit unseren Autoren

Willkommen in unserer Welt:
www.lesejury.de